《职通汉语·阅读5》审订组

（按音序排名）

崔永华

刘珣

王俊毅

张程

张健

职通汉语

应 用 型 院 校
国家通用语言文字系列教材

职通汉语
阅读 5

张丽娜 主编
张丽娜 梁静 雷蕾 巴荷夏·沙合曼 编著

北京语言大学出版社
BEIJING LANGUAGE AND CULTURE UNIVERSITY PRESS

图书在版编目（CIP）数据

职通汉语阅读．5 / 张丽娜主编 ；张丽娜等编著
．-- 北京 ：北京语言大学出版社，2017.12
ISBN 978-7-5619-5155-2

Ⅰ．①职… Ⅱ．①张… Ⅲ．①汉语－阅读教学－少数民族教育－教材 Ⅳ．① H194

中国版本图书馆 CIP 数据核字（2017）第 322752 号

职通汉语 阅读 5

ZHITONG HANYU YUEDU 5

排版制作：北京创艺涵文化发展有限公司
责任印制：陈 辉

出版发行：北京语言大学出版社
社　　址：北京市海淀区学院路 15 号，100083
网　　址：www.blcup.com
电子信箱：service@blcup.com
电　　话：编辑部　8610-82303390
发行部　8610-82303650/3591/3648
北语书店　8610-82303653
网购咨询　8610-82303908
印　　刷：北京九州迅驰传媒文化有限公司

版　　次：2017 年 12 月第 1 版　印　　次：2017 年 12 月第 1 次印刷
开　　本：889 毫米 × 1194 毫米 1/16　印　　张：20.25
字　　数：337 千字
定　　价：48.00 元

出版说明

近年来，国家对职业教育越来越重视，不断加大对应用型院校的投入，应用型院校的学生规模也与日俱增。出于将来就业或学习深造的需要，这些院校的少数民族学生对汉语学习有很大的需求，对汉语教材也提出了更高的要求。目前少数民族地区应用型院校使用的教材较为零散，还没有一套成体系的包含听、说、读、写等各技能训练的汉语教材，且有的教材内容老旧。在这样的背景下，北京语言大学出版社的编辑们与少数民族地区 14 所应用型院校的一线教师面对面座谈，了解他们对教材的需求，并通过问卷、邮件等收集各方信息，最终策划、出版了这套专门针对少数民族地区应用型院校的大型汉语系列教材《职通汉语》。这套教材是对北语社经典教材的升级、改版、整合。改版后的教材包含综合、口语、听力、阅读、写作五种课型，每种课型按照从易到难分为六册，* 全套共 26 本，教材内容更加贴合少数民族地区应用型院校的教学实际。

▶《职通汉语》与老版教材的对应表

课型 / 册别	综合	口语	听力	阅读	写作
第 1 册	《初级汉语教程》（修订版）第一册	《直捷汉语口语初级本》上	《新初级汉语听力》（民族版）上	《步步高汉语阅读教程》第一册	
第 2 册	《初级汉语教程》（修订版）第二册	《直捷汉语口语初级本》下	《新初级汉语听力》（民族版）下	《步步高汉语阅读教程》第二册	
第 3 册	《初级汉语教程》（修订版）第三册	《直捷汉语口语中级本》上	《新中级汉语听力》（民族版）上	《步步高汉语阅读教程》第三册	《高职汉语写作教程》
第 4 册	《中级汉语教程》第一册	《直捷汉语口语中级本》下	《新中级汉语听力》（民族版）下	《步步高汉语阅读教程》第四册	《高职汉语写作教程》
第 5 册	《中级汉语教程》第二册	《直捷汉语口语高级本》上	《新高级汉语听力》（民族版）上	《步步高汉语阅读教程》第五册	
第 6 册	《现代汉语高级教程》上中下	《直捷汉语口语高级本》下	《新高级汉语听力》（民族版）下	《步步高汉语阅读教程》第六册	

* 《职通汉语·写作》分为上、下两册。

▶《职通汉语》的特点

每一册根据教学周数设置课容量

每册设置了18课左右的内容，一周学完一课，每册适用一个学期（18周左右）。*

一、二册各门之间语法点、话题横向匹配

为了增加重点内容的复现率，特别对初级各门课程的话题、语言点进行了匹配设置，以便于学生在滚动学习中加深对知识点的理解。

学习进程加快

《职通汉语》相对于老版教材，词汇、语法学习的进程都加快了一些，以提高学习效率，适应少数民族地区应用型院校少数民族学生的特点。

教材结构体现上课流程

从学习、讲解到练习，结构清晰，便于教师使用。

课文内容具有实用性、趣味性和职业特色

这次修订对老版教材的语料也进行了更新，增加了“微信”“网购”等时尚话题，也涉及职业道德修养、职业理念养成等内容。

课后练习有针对性，有互动性

课后练习结合语言应用，增加了小组活动，增加了语言社会实践，增加了自由表达练习。

时尚科技服务学习

本书配套的音频资源可以通过扫描书中二维码的形式实现用手机随时随地播放，同时，书中附有配套光盘供手机上网不方便的学生使用。

配有丰富的教学资源

本套教材每一门每一册每一课都提供了免费的教学PPT、教案，每一册还有教学示范课供教师参考。

---

* 《职通汉语·综合6》因选用了名家名篇，每一课篇幅较长，故设置为10课，建议每课学习10～12课时。

▶《职通汉语》使用建议

各门课程周课时安排建议如下：

综合 1	口语 1	听力 1	阅读 1
6～8 课时	4 课时	4 课时	4 课时
综合 2	口语 2	听力 2	阅读 2
6～8 课时	4 课时	4 课时	4 课时

综合 3	口语 3	听力 3	阅读 3	写作 上
6 课时	4 课时	4 课时	4 课时	4 课时
综合 4	口语 4	听力 4	阅读 4	写作 下
6 课时	4 课时	4 课时	4 课时	4 课时

综合 5	口语 5	听力 5	阅读 5
6 课时	4 课时	4 课时	4 课时
综合 6	口语 6	听力 6	阅读 6
6 课时	4 课时	4 课时	4 课时

建议课型多样化

以上课型还可搭配 MHK 的训练、视听说、中国文化或专业课等设置课程。

关于《职通汉语·写作》

《职通汉语·写作》适合 MHK 二级以上水平的学生，可根据学生水平和套系中的某一册搭配使用，不局限于第三册和第四册。

感谢给予《职通汉语》大力支持的少数民族地区多所职业院校，感谢参与调研的各院校的老师们！

《职通汉语》项目组

编写说明

《职通汉语·阅读》共六册，主要面向少数民族地区的汉语学习者，是在原《步步高汉语阅读教程》的基础上修订而成的。第一册适用于汉语水平零起点的学习者，在训练阅读能力的同时，注重汉字基础的学习和训练；第二、三册的阅读难度对应 MHK 二～三级的水平；第三、四册对应 MHK 三～四级水平；第五、六册主要训练原文阅读能力。

▶ 编写思路

阅读对全面提升语言水平有着至关重要的作用。只有大量地阅读才能巩固并丰富汉语词汇量，体会并培养一种正确的汉语语感。正是源于这一思路，我们编写出版了本套教材。阅读材料从第一册由资深汉语教师编写与改写的规范课文，逐步过渡到第六册选用国内报纸杂志以及网络上基本未加改动的原文。我们的目标是为不同层级的汉语学习者提供最适合的阅读材料。

▶ 教材特色

语料有趣实用，贴近学习者视角

本套教材主要针对 16 至 22 岁的少数民族汉语学习者。本着有用、有益、有趣的原则，突出年轻、时尚、探索的特色，从年轻人的视角出发，选择阅读材料，把握叙述态度。所选语料除反映年轻人的日常生活和社会现象之外，还涉及娱乐、运动、科普、励志等诸多年轻人感兴趣的话题，在遵循语言学习规律的同时突出有趣实用的特点。

练习丰富多样，以练促学

以练习的方式突出每一课的重点难点，检查学习者的理解程度，通过强化练习完成教学任务。大量的练习也给施教者留下了灵活运用的余地，可以更好地针对不同水平的学生展开教学。部分练习题型与 MHK 阅读理解挂钩，使学习者逐渐适应标准化答题方式，有针对性地训练学习者在 MHK 阅读理解方面的答题能力和答题速度。

编写规范严谨

本套教材在编写中始终以《中国少数民族汉语水平等级考试大纲》为基本依据，对语料中的词汇、句式以及练习的难度进行筛选和控制，同时，为突出有趣实用的特色，在新词语、流行词语的使用上又对大纲有所突破。语料长度和难度也是循序渐进逐级递增。

▶ 训练目标

培养语感

通过大量阅读扩大汉语词汇量，养成正确的语法习惯，从而形成良好的汉语语感。

培养阅读能力

通过高强度多角度的阅读训练培养学生的各种阅读能力，如速读、扫读、跳读，综合概括，推理判断等，从而能够顺利跨越词语障碍，获取所需信息，排除细节的局限和制约，把握文章主旨，理解作者的情感、态度和倾向等。

将阅读转化为“工具”

一～六册层层递进，从参照大纲严格控制的编写到改写再逐步过渡到原文选编，一步步引导学生将阅读从“学习形式”转化为“工具性使用”，为今后的专业学习打好坚实的语言基础。

▶ 编写体例

《职通汉语·阅读》共六册，每册 18 课，每课围绕同一主题，包括精读课文两篇，泛读课文一篇，快速阅读两段，适用于每周 4 课时，每学期 18 周的教学。也可依据实际教学需求灵活调整使用。

本套教材无专门的语法注释，在生词处理方面只对少数新词、难词以及专名以注释形式列出，其他词汇学习均融于练习之中，通过练习来记忆和强化生词。

本套教材每课的练习分为客观性练习和主观性练习两大类。客观性练习分别考查对词汇、句子和段意的理解，主观性练习则是通过“输出”来检查“输入”，使学习者在通篇的阅读之后做到对课文完全理解。

▶ 使用建议

阅读与精读的最大区别在于，阅读并不要求学生对每课的生词、语法完全理解掌握。即使根据上下文内容，通过猜测判断出文章意思、作者态度，做对课后练习，这种方式也是可取的。阅读重在量的积累，通过量变达到质变。因此建议教师在使用本套教材时，将教学重心放在文意的理解上，注重培养学生猜词、跳读、掌握文章大意的能力。

由于本套教材的使用对象汉语水平不一，教师在使用本套教材时可依据学生水平灵活调整，泛读和速读部分可酌情改为课后练习。在教学中，原则上不建议学生做预习、查字典，但一定要求学生进行复习。客观性练习建议在课堂上进行，主观性练习可作为检查复习的方式。

▶ 关于本册

本册课文以原文选读为主。所选原文在考虑实用性、趣味性的同时，也兼顾语言的书面性，提升成语、俗语、惯用语等的使用频率。每课基本围绕一个主题，由资深汉语教师针对学生的兴趣、需求和汉语水平，收集整理相关主题的文章资料，对篇幅较长的文章进行一定的压缩和删改，对一些不规范的语法、用词及生僻词语进行了处理。每篇课文字数在600～900之间。所用词汇大多控制在MHK四级水平。对部分超纲词汇及一些特殊用法通过练习进行解释和强化。“选词填空”练习特别强化成语及部分常用超纲词的用法，句子大多选自真实语境，旨在增加重点词语的例句，使学习者能更好地掌握这些词语的用法。该练习作为一个提升性练习，可视使用者实际水平取舍。

本次修订得到北京语言大学出版社大力支持，编辑部为我们提供了许多专家和一线教师的意见和建议，使我们更好地了解民族地区对汉语教材的需求，从而使本次修订更具针对性。在此，我们表示诚挚的感谢！

本套教材的完成有赖于西安外国语大学汉学院和新疆农业职业技术学院各位多年从事汉语教学具有丰富教学经验的同人的大力支持和精诚合作。原《步步高汉语阅读教程》第五册由西安外国语大学张丽娜副教授和梁静、雷蕾老师编写。在本册的修订中，张丽娜副教授负责全书单元主题的重新调整和设计，确定全书目录，为全书搭建基本构架，并与梁静副教授一起对原《步步高汉语阅读教程》第五册中的42篇课文及练习进行了调整与修订。在本次修订新增的48篇课文及练习中，张丽娜副教授编写了其中的24篇课文及练习，梁静副教授编写了其中的10篇课文及练习，新疆农业职业技术学院巴荷夏·沙合曼老师编写了其中的14篇课文。西安外国语大学研究生杨琪、杨格同学协助编写了参考答案，张丽娜副教授对全书进行了最终的审订。

在本套教材的编写过程中，我们从国内出版的各种报纸、杂志以及网络上参考或选用了一些适合汉语学习者阅读的语料，在此，我们向原作者表示诚挚的感谢！由于种种客观原因，目前我们无法与所选语料的原作者一一取得联系，希望这些原作者看到本教材后尽快与我们联系，我们将按照有关规定，支付稿酬并表示衷心感谢。

最后，我们还要感谢各位老师和同学选择了本套教材，欢迎各位对本教材存在的各种疏漏和错误提出意见和建议，以便我们及时改正。

编者

2017 年 11 月

目　录

第1课 路上的故事

精读课文1

开往春天的火车

火车疾驰着。

他微闭着双眼，但车内的一切场景都在他的视线里。他时刻用细缝一样的目光注视着旅客的一举一动，以及旅客身边的背包。

他几乎每天都在这趟列车上，因为这是他的工作、他的饭碗。他不想当小偷，但他真不知道自己还会做什么。

就在他打算出手时，车厢里的旅客骚动起来，因为不知什么时候火车上来了一个剧组。穿着蓝马甲的大胡子导演对旅客们说，要在车上拍几个电视剧镜头，请大家配合一下。

旅客们立即往摄像机这边投来好奇的目光。他也不由自主地回了一下头，看到了摄影师，也看到了女主角。他把目光停在女主角的身上，这个女的真漂亮。他在心里说，要是娶一个这样的媳妇，我就啥也不要了。他都三十五岁了，还没娶到老婆。

他把眼睛闭紧了，现在没有机会，等这个该死的剧组下了车再说吧。

他正想要放松一直绷紧的神经时，突然有人拽了一下他的胳膊。然后他听见一个女人甜润的声音："导演，你看他行不？"

是剧组中的那个女主角。

"行，就他了。"导演说，"他的形象还真像个小偷。"导演又补充道："我没别的意思，只是想让你客串一下小偷，做一个临时演员，演一个小偷把女主角的东西偷走的镜头。”

“能帮个忙吗？”女主角微笑地看着他。

这样姣好的脸蛋，再加上这样清新的笑容，他没法拒绝。

这组镜头拍得异常顺利。尽管他没有台词，只是简单地把手伸进女主角的包里，然后把钱包拿出来，但这样的顺利还是超乎导演的想象。导演拍着他的肩膀高兴地说：“演得太好了，惟妙惟肖。”女主角也夸奖他：“你很有表演天赋，不做演员可惜了。”虽然像是一句玩笑话，但他的心里仍然很温暖。

尽管他几乎每天都在重复着这样的动作，却从没有过什么幸福感，但这一次除外。

到站的时候，导演和女主角都给他留下了联系方式，女主角下车时还甜甜地和他说了声“拜拜”。他开心地向女主角笑了一下。

下车的时候，他的眼泪不知为什么落了下来。从老家出来打工那天起，他就没得到过什么夸奖和肯定，也没有什么朋友。他似乎不会笑了，因为没有人向他微笑。

走出车站的时候，他回头看了一眼那趟列车。他知道那趟列车循环往复，永远没有终点，而他以前的生活，此时却到了终点。

（861 字）

节选自《微型小说选刊》 作者：吕清明

一、根据课文内容，选择正确答案

1. 他坐火车是为了：（　　）

A. 旅行　　B. 回家　　C. 表演　　D. 偷东西

2. 那个剧组上火车来是为了：（　　）

A. 照相　　B. 找演员　　C. 抓小偷　　D. 拍镜头

3. 看到那个女演员，他：（　　）

A. 一下子爱上了她　　B. 觉得自己太老了

C. 想起了自己的老婆　　D. 觉得自己该娶老婆了

4. 由于那个剧组上了火车，他：（　　）
A. 没有偷成东西　　B. 变成了一个演员
C. 产生了结婚的想法　　D. 放松地休息了一下

5. 导演让他客串小偷是因为：（　　）
A. 他就是小偷　　B. 女主角喜欢他
C. 他看起来像小偷　　D. 他一直在看女主角

6. 他演得惟妙惟肖是因为：（　　）
A. 这场戏很简单　　B. 他有表演天赋
C. 这场戏没有台词　　D. 他本来就是小偷

7. 下车后，他落下了眼泪，是因为他：（　　）
A. 舍不得女主角　　B. 没有偷到东西
C. 没能当上演员　　D. 第一次得到夸奖和肯定

8. 最后一段的意思是：（　　）
A. 他再也不坐火车了　　B. 他再也不当小偷了
C. 他再也不想活下去了　　D. 那趟列车不知道会开到哪里去

二、根据课文内容，判断正误

1. 他坐在火车上睁大眼睛注视着车上的一切。（　　）
2. 他总是盯着旅客身边的背包。（　　）
3. 他几乎每天都在这趟列车上偷东西。（　　）
4. 他正在偷东西的时候，火车上来了一个剧组。（　　）
5. 由于那个剧组的到来，车厢里有些混乱了。（　　）
6. 他已经三十五岁了，可还是单身。（　　）
7. 看到让他客串小偷，旅客们都很好奇。（　　）
8. 那个剧组要找一个人演小偷，他感觉很紧张。（　　）
9. 他的表演得到了导演和女主角的肯定。（　　）
10. 他已经很久没有得到过别人的关心了。（　　）

三、根据课文内容，回答问题

1. 那个剧组上车之前，他在做什么？
答：____

2. 他要演的镜头是什么？

答：________________

3. 他为什么开心地向女主角微笑？

答：________________

四、根据课文内容，选择最接近下列画线词语的解释

1. 火车疾驰着。（ ）

A. 飞奔 B. 停靠 C. 暂停 D. 行驶

2. 他微闭着双眼，但车内的一切场景都在他的视线里。（ ）

A. 关注 B. 目光 C. 范围 D. 视力

3. 他几乎每天都在这趟列车上，因为这是他的工作、他的饭碗。（ ）

A. 爱好 B. 特长 C. 职业 D. 吃饭

4. 就在他打算出手时，车厢里的旅客骚动起来，因为不知什么时候火车上来了一个剧组。（ ）

A. 上厕所 B. 拿出来 C. 卖出东西 D. 开始动手

5. 就在他打算出手时，车厢里的旅客骚动起来，因为不知什么时候火车上来了一个剧组。（ ）

A. 活动起来 B. 秩序混乱

C. 身体不舒服 D. 行为不文明

6. 他也不由自主地回了一下头，看到了摄影师，也看到了女主角。（ ）

A. 不禁 B. 随便 C. 自然 D. 自动

7. 他把眼睛闭紧了，现在没有机会，等这个该死的剧组下了车再说吧。（ ）

A. 带来麻烦 B. 表示厌恶 C. 应该结束 D. 表示烦恼

8. 他正想要放松一直绷紧的神经时，突然有人拽了一下他的胳膊。（ ）

A. 拉 B. 提 C. 扭 D. 打

9. 我没别的意思，只是想让你客串一下小偷，做一个临时演员，演一个小偷把女主角的东西偷走的镜头。（ ）

A. 演一个客人 B. 临时参加表演

C. 客人来回走动 D. 像客人一样介绍

10. 演得太好了，惟妙惟肖。（ ）

A. 非常奇妙 B. 非常逼真 C. 只是奇妙 D. 非常好看

11. 你很有表演天赋，不做演员可惜了。 （ ）

A. 天生的勤奋　　B. 每天得到的

C. 每天都很努力　　D. 生来具有的能力

五、选词填空

A. 拽　B. 视线　C. 出手　D. 骚动　E. 不由自主　F. 惟妙惟肖

1. 小镇的这条路不宽，人很多，你会________地随着拥挤的人流向前走去。
2. 剧中她扮演了一位英雄的母亲，言谈举止，无不________。
3. 他刚一________，那个男人就倒下了，周围马上有人打电话报警。
4. 列车开动了，父母又一次离开了我的________，我心中说不出的难受。
5. 等了很长时间，电影还没有开始放映，观众________起来。
6. 看到这感人的情节时，我________地流下了眼泪。
7. 他的翻译技巧非常高，甚至连原作中的幽默风味也能________地表达出来。
8. 他的讲话引起了一阵________，人们纷纷开始议论。
9. 终于等到________的机会了，他一把摁住了小偷。
10. 在那一瞬间，他冲上去紧紧________住了她的衣袖。

六、说一说

1. 请你谈一谈他以前的生活。
2. 请你为他设计一下以后的生活。

泛读课文

路　遇

六月天，孩儿脸，说变就变。刚才还出太阳，忽然间便下起了小雨。她赶着回单位，看来只能冒雨赶路了。

咦，雨停了？她抬头看看天，头上多了一把黑黑的雨伞。撑伞的是个陌生的青年，高大威猛，一表人才。

“谢谢你。”她向他表示谢意。

“不用谢。我也是往这方向走的，举手之劳，何足挂齿。”小伙子说得从容大方。

于是，一把伞下，一男一女，便聊了起来，说说笑笑，好不快活的样子。

雨真的停了，那男的向她说了一声“再见”，从另一个路口走了。她还感激地望着他离去的背影。

“那男人是谁？”真巧，她的男朋友碰上了，也看到了，便走过来问。

“他？我不认识他。”她无奈地摇头。

“不认识他，他为你撑伞？”

“我真的不认识他。”

“不认识他，你和他谈得这般亲热？”

“我真的不认识他，你……”

“我想不到你会做出这样的事。”他说完，头也不回地走了。

他和她分手快一年了，但他并不后悔，他始终认为，那样的姑娘不可靠。不久，他又认识了一位如花似玉的姑娘，很快便热恋上了。

一天，他赶着去上班。又是说变就变的六月天，太阳刚钻进云里，雨便下了起来。他想避也来不及了，便索性冒雨赶路上班。

啊，雨停了？他抬头看看天，头上多了一把大花伞，撑伞的是个陌生的姑娘，白净苗条，长得好漂亮。

“谢谢你。”他向她致谢。

“不用谢。我也顺道，举手之劳，何足挂齿。”姑娘说得很从容，也很大方。

于是，一把大花伞下，一男一女，便聊了起来，有说有笑，好不快活的样子。

雨真的停了。那姑娘向他说了一声“再见”，便朝另一个街口走了。他非常感激地向她挥着手，目送着她远去。

“那姑娘是谁？长得好漂亮呀！”真巧，他的女朋友路过看到了，便走过来问。

"她？"他无奈地摇了摇头，"我不认识她。"

"不认识她，她会为你撑伞挡雨？"

"我真的不认识她……"他想解释，但又不知怎么去解释。

"不认识会这般亲热？你倒会撒谎，但撒谎也不会看对象。"

"我真的不认识她，你……"

"我想不到你正人君子也会做出这样的事。"她说完，头也不回地走了。

他知道她的脾性，一去再不复返。他望望天，天还是这个天。他望望地，地还是这个地。巧呀，去年他也是在这里离他的前女友而去的。难道，去年那小伙子真的与她不相识？他想到这儿，头"嗡"的一声响起来，差点儿晕了过去。

（905字）

改写自《人民日报》(海外版) 作者：林荣芝

一、根据课文内容，选择正确答案

1. 陌生小伙子给姑娘撑伞，是因为： （ ）
   A. 他喜欢这个姑娘　B. 小伙子愿意帮助人
   C. 姑娘和小伙子是朋友　D. 姑娘请求小伙子撑伞
2. 当这个姑娘的男朋友看到有人为他的女友撑伞时，他： （ ）
   A. 很生气　B. 很感激
   C. 和陌生小伙子聊天儿　D. 决定和陌生小伙子交朋友
3. 小伙子和这个姑娘分手后一直： （ ）
   A. 不后悔　B. 很伤心　C. 很高兴　D. 很无奈
4. 小伙子的第二个女友决定与小伙子分手，是因为： （ ）
   A. 她又爱上了别人　B. 小伙子不喜欢她了
   C. 小伙子为陌生姑娘撑伞　D. 她认为小伙子还爱着别人
5. 小伙子两次与女友分手都是因为： （ ）
   A. 误会　B. 雨伞
   C. 小伙子变心了　D. 两个姑娘变心了

6. 小伙子“头‘嗡’的一声响起来”，是因为他：（ ）

A. 突然病了 B. 想起来这个地方了

C. 和第二个女友分手太伤心了 D. 突然明白误解了第一个女友

7. 下面哪句话最符合文章的内容？（ ）

A. 雨天奇遇 B. 都是误会惹的祸

C. 两次失败的恋爱 D. 做个乐于助人的人

二、根据课文内容，判断正误

1. 六月的天气变幻无常。（ ）
2. 一个撑着黑伞的帅小伙帮助了姑娘。（ ）
3. 姑娘很快与陌生青年成了好朋友。（ ）
4. 陌生青年一直把姑娘送到了单位。（ ）
5. 姑娘的男友认为姑娘认识那个青年。（ ）
6. 这个小伙子不喜欢对爱情不专一的女孩儿。（ ）
7. 一年后同样的事情发生在小伙子身上。（ ）
8. 陌生的漂亮姑娘顺路送小伙子到单位。（ ）
9. 小伙子的第二个女友觉得小伙子在骗她。（ ）
10. 小伙子和第二个女友分手后，难过得晕倒了。（ ）

三、根据课文内容，选择最接近下列画线词语的解释

1. 撑伞的是个陌生的青年，高大威猛，<u>一表人才</u>。（ ）

A. 相貌气质出众 B. 了不起的人才

C. 一看就很有学问 D. 表面看起来很帅

2. 我也是往这方向走的，<u>举手之劳</u>，何足挂齿。（ ）

A. 举手示意 B. 举起手来 C. 毫不费力 D. 简单劳动

3. 我也是往这方向走的，举手之劳，<u>何足挂齿</u>。（ ）

A. 不值一提 B. 挂在嘴上

C. 怎么说呢 D. 为什么要说

4. 于是，一把伞下，一男一女，便聊了起来，说说笑笑，<u>好不快活</u>的样子。（ ）

A. 走得很快 B. 非常快乐

C. 好像很快乐 D. 非常不快乐

5. 不久，他又认识了一位如花似玉的姑娘，很快便热恋上了。 (　　)

A. 性格可爱　　B. 肌肤洁白

C. 形容女子很美丽　　D. 形容女子很温柔

6. 我想不到你正人君子也会做出这样的事。 (　　)

A. 恋爱中的男人　　B. 品行端正的人

C. 主持正义的人　　D. 很正直的老师

四、说一说

1. 说一说你读了这个故事后的感想。

2. 你有什么办法能消除故事中的误会？

精读课文2

车　战

在我公寓的地下停车场，我的邻居是一辆白色的宝马车。这位邻居常常紧靠着我的车位，停得很贴近，搞得我停车非常困难，经常要连续倒好几次车，才能把我的蓝色别克车塞进宝马车和一根水泥大柱子之间的空位，停好后几乎都没法打开车门下车了。

那车主怎么总是停得那么贴近呢？我真不明白！

终于有一天，我回家比较早，刚熄火，那辆白宝马就驶进了车位——像往常一样，它紧贴着我的车位线停下了。终于有机会会会车主了！我对这件事早已失去了耐性。不仅如此，那天我还感冒了，头正疼得厉害。雪上加霜的是，我还收到了交警的罚单……

我沉下脸，对宝马的车主大叫起来："你没见我都没位置停车了吗？你那边宽着呢！停远点儿！"

那车主扭过头来瞪着我："嚷嚷什么！"她打开车门，砰的一声，车门撞到我的车门上。"你以为你是谁？女皇吗？"她不屑地晃着头，走出停车场。

“算你狠，”我心里想，“咱们走着瞧！”没过多久，我回家时又一次发现白宝马车不在，我赶紧把车挨着她的车位停下。她的车位右边也有一根大水泥柱子……

情况还是毫无改变。每次宝马车回家，她都会紧挨着我的车位停车。直到一天，我开车倒进那狭窄的车位时，别克的后视镜被水泥柱子撞弯了。我叹了口气，趴在方向盘上。天啊！再也不能这样下去了。怎么办好呢？突然间我有了主意。

第二天，当白宝马车主走到车位时，她在挡风玻璃上发现一个信封，里面的信上写着：

亲爱的白宝马：

我为那天我主人向你主人尖声大叫感到抱歉。你知道人类总是会做些傻事的。从那以后她一直过意不去。我是清楚的，因为她开车时不像往常那样快活地唱歌了。她平时可不是那样的。事实上那天她是得知了些坏消息，然后把气撒在了你们俩身上。

我希望你和你的主人能原谅她。

你的邻居：蓝别克

第二天一早，我到停车场时，白宝马已经开走了。我在挡风玻璃上也看到了一个信封。我打开它：

亲爱的蓝别克：

我的主人也一直过意不去。她停车停得那么贴近，是因为她刚学会开车。以后我们会停远点儿的。我很高兴我们现在是朋友了。我主人很高兴你写了那封信，她也很想和你成为朋友。

你的邻居：白宝马

车启动时，我不禁笑出了声。从那以后，每当蓝别克在路上遇见白宝马时，两车的主人都会兴奋地招手，彼此会心地微笑。

（894 字）

改写自《今晚报》 译者：彭丽嫦

一、根据课文内容，选择正确答案

1. “我”早已失去耐性，是因为：（　　）

A. “我”感冒了　　B. “我”的头很疼

C. “我”收到了罚单　　D. 白宝马总是紧贴着“我”的车位

2. “我”向白宝马的车主发脾气，是因为“我”：（　　）

A. 终于见到了她　　B. 身心都很疲惫

C. 突然很讨厌她　　D. 没有位置停车

3. “我”发完脾气以后，白宝马：（　　）

A. 车主以为“我”是女皇　　B. 开过来撞了“我”的车门

C. 还是紧贴着“我”的车停　　D. 把“我”的后视镜撞弯了

4. “我”给白宝马车写信是为了：（　　）

A. 向它主人表示歉意　　B. 批评它主人做得不对

C. 告诉它主人“我”一直很生气　　D. 告诉它主人“我”平时怎么开车

5. 白宝马的车主总是把车停得紧贴蓝别克，是因为：（　　）

A. 她没有停车的地方　　B. 蓝别克的主人脾气不好

C. 她要惩罚蓝别克的主人　　D. 她刚学会开车，技术不好

6. “我”不禁笑出声，是因为：（　　）

A. “我”胜利了　　B. “我”心情好了

C. “我们”彼此原谅了对方　　D. 白宝马车终于停得比较远了

7. 这个故事是要告诉我们：（　　）

A. 要理解、宽容别人　　B. 停车常常会引起一些争吵

C. 车技不好会带来一些麻烦　　D. 写信是解决问题的一种好方法

二、根据课文内容，判断正误

1. 故事发生在公寓的地下停车场。（　　）

2. 第一次见白宝马车主那天，“我”心情很不好。（　　）

3. 那天下着雪，天气很冷，“我”感冒了。（　　）

4. 那天更糟糕的事情是，“我”收到了交警的罚单。（　　）

5. “我”要停车的时候发现，白宝马车已经把“我”的车位占了。（　　）

6. 看见“我”发脾气，白宝马的车主也很不客气。（　　）

7. 看到白宝马车主的态度，“我”决定也挤她的车位。（　　）

8. “我”平时总是一边开车，一边快活地唱歌。（　　）

9. 白宝马的车主刚刚学会开车。 (　　)

10. 后来，“我”和白宝马的车主常常一起开车出去。 (　　)

三、根据课文内容，回答问题

1.“我”的烦恼是什么？

答：______________________________

2.“我”跟宝马车主吵架后，是怎么解决这个问题的？

答：______________________________

3.“车战”的结局是什么？

答：______________________________

四、根据课文内容，选择最接近下列画线词语的解释

1. 终于有一天，我回家比较早，刚熄火，那辆白宝马就驶进了车位。 (　　)

A. 不发脾气　　B. 把火扑灭了

C. 打开了车门　　D. 发动机停止运转

2. 终于有机会会会车主了！ (　　)

A. 开会　　B. 会合　　C. 见面　　D. 一会儿

3. 雪上加霜的是，我还收到了交警的罚单…… (　　)

A. 不幸的消息　　B. 雪下得很大

C. 灾祸接二连三　　D. 又下雪又下霜

4. 我沉下脸，对宝马的车主大叫起来：“你没见我都没位置停车了吗？你那边宽着呢！停远点儿！” (　　)

A. 表情沉重　　B. 脸色灰暗　　C. 脸色变坏　　D. 心情压抑

5. 她不屑地晃着头，走出停车场。 (　　)

A. 不停　　B. 不像　　C. 轻视　　D. 生气

6.“算你狠，”我心里想，“咱们走着瞧！” (　　)

A. 算你坚决　　B. 算你狠心　　C. 算你正确　　D. 算你厉害

7.“算你狠，”我心里想，“咱们走着瞧！” (　　)

A. 去看看　　B. 边走边看

C. 走路去看　　D. 以后再看结果

8. 从那以后她一直过意不去。 (　　)

A. 感觉抱歉　　B. 难以忘记　　C. 回忆过去　　D. 不断思索

9. 从那以后，每当蓝别克在路上遇见白宝马时，两车的主人都会兴奋地招手，彼此会心地微笑。（　　）

A. 面对面　　B. 很开心　　C. 心情愉快　　D. 心意相通

五、选词填空

A. 不屑　　B. 会心　　C. 走着瞧　　D. 雪上加霜　　E. 过意不去

1. 对于朋友的忠告，他总是表现出一副________的样子。
2. 看着眼前信誓旦旦的面孔，我只能说："________吧！"
3. 他送了我这么多东西，不请他吃顿饭真是________。
4. 这次投资失误让本来就深陷困境的公司________。
5. "有本事，咱们________！"他狠狠地说。
6. 他们________一笑，又成了好朋友。
7. 父亲刚刚去世，丈夫就提出了离婚，这对她无疑是________。
8. 让你白跑了一趟，我觉得特________。

六、说一说

1. 这场"车战"的原因是什么？
2. 你觉得她们解决矛盾的办法怎么样？你受到什么启发？
3. 你跟别人发生矛盾的时候是怎么解决的？

快速阅读1

建议阅读3分钟

男孩儿和女孩儿初恋的时候，男孩儿为女孩儿折了一千只纸鹤，挂在女孩儿的房间里。男孩儿对女孩儿说："这一千只纸鹤，代表我一千份心意。"

那时候，男孩儿和女孩儿分分秒秒都在感受着恋爱的甜蜜和幸福。

后来女孩儿渐渐疏远了男孩儿。女孩儿结婚了，去了法国，去了无数次出现在她梦中的巴黎。

女孩儿和男孩儿分手的时候，对男孩儿说："我们都必须正视现实，婚姻对女人来说是第二次生命，我必须抓住这个机会。你太穷了，我难以想象我们在一起的日子……"

男孩儿在女孩儿去了法国后，卖过报纸，做过临时工，做过小买卖，每一份工作他都努力去做。

许多年过去了，在朋友们的帮助和他自己的努力下，他终于有了一家自己的公司。他有钱了，可他心里还是对女孩儿念念不忘。

有一天，下着雨，男孩儿从他的黑色奥迪车里看到一对老人在前面慢慢地走。男孩儿认出那是女孩儿的父母，于是男孩儿决定跟着他们。他要让他们看看自己不但拥有了小车，还拥有了别墅和公司，让他们知道他不是穷光蛋，他是年轻的老板。

男孩儿一路开着慢车跟着他们。雨不停地下，尽管这对老人打着伞，但还是被斜雨淋湿了。到了目的地，男孩儿呆了，这是一处公墓。他看到了女孩儿，墓碑的瓷像中，女孩儿正对着他甜甜地笑，而小小的墓旁，细细的铁丝上挂着一串串的纸鹤，在细雨中显得如此生动。

女孩儿的父母告诉男孩儿，女孩儿没有去巴黎，她患的是癌症，早已去天上了。女孩儿希望男孩儿能出人头地，能有一个温暖的家，所以她才做出那样的举动。她说她了解男孩儿，他一定会成功的。女孩儿说，如果有一天男孩儿到墓地看她，请无论如何带上几只纸鹤。

男孩儿跪下去，跪在女孩儿的墓前，泪流满面。

清明节的雨不停地下着，男孩儿被淋了个透。

（693 字）

一、根据课文内容，选择正确答案

1. 男孩儿折纸鹤是因为：（　　）

   A. 他和女孩儿开始恋爱了　　B. 女孩儿要离开他去法国了

   C. 他在感受恋爱的甜蜜和幸福　　D. 他要对女孩儿表达他的心意

2. 女孩儿离开男孩儿的真正原因是：（　　）

   A. 她和别人结婚了　　B. 她得了重病快要死了

   C. 她要去法国实现自己的梦想　　D. 男孩儿太穷了，她不想和他一起生活

3. 下列哪一项男孩儿没有做过？ （ ）

A. 卖报纸 B. 当临时工 C. 去了法国 D. 做小买卖

4. 男孩儿跟着女孩儿父母的目的是： （ ）

A. 要让他们看看他的汽车 B. 要让他们知道他有钱了

C. 要带他们去他的别墅和公司 D. 想要知道女孩儿现在住在哪里

5. "女孩儿希望男孩儿能出人头地"中，"出人头地"的意思是： （ ）

A. 超过一般人 B. 尽快找到女朋友

C. 成为最成功的人 D. 尽快找到这个地方

二、根据课文内容，判断正误

1. 男孩儿和女孩儿曾经爱得非常甜蜜和幸福。 （ ）
2. 女孩儿一直梦想着去法国。 （ ）
3. 男孩儿在女孩儿离开后不久就开了公司，有钱了。 （ ）
4. 男孩儿现在有车，有别墅，有公司，觉得自己很成功。 （ ）
5. 男孩儿为女孩儿父母打着伞，一起慢慢走到公墓。 （ ）
6. 女孩儿对男孩儿很有信心。 （ ）

快速阅读2

建议阅读3分钟

1943年，我在老家的乡村小学读四年级，这一年来了一位叫张演群的老先生。从上课的第一天开始，我就对他鼻梁上那副眼镜十分感兴趣：两个厚厚的镜片像玻璃瓶底。更令我奇怪的是，当朗读课文时，他便把眼镜摘下，把课本贴到鼻尖上；当向学生提问时，他又需戴上眼镜。此时，他便要用手在讲台上摸索半天才能找回他的眼镜。他这动作引起我的好奇心。我是一个极顽皮的孩子，于是我想捉弄一下老师。

有一次他提出一个问题，我马上举起了手，老师示意让我回答，我说我写在纸上了。我走上讲台，将空白的小本子交了上去。老师照样取下眼镜放在讲台上。我偷偷地将老师的眼镜移到桌边，有一半悬空。老师的鼻尖差不多碰到我那什么也没有的笔记本上时，便伸手取眼镜。“啪”的一声，眼镜被老师的手碰落在地上。我听到了一声玻璃碎裂的脆响，吓得拔腿就跑。

我好几天不敢去上学，校长找上门来了。我浑身哆嗦，吞吞吐吐地讲了事件的经过。校长叹了一口气，告诉我，张老师的眼镜砸破了一个镜片，他的眼镜有两千多度，价格昂贵，而且本地配不上，要到离家乡两百多里以外的汕头市才能配上，他现在不能上课了。我一听，吓得说不出话来。校长的目光很严厉，但没有责怪我。

过了一周，再上张老师的课时，我清楚地记得老师左手捂着左眼，右手举着只剩下单片镜片的眼镜讲课。朗读课文时，他小心地把眼镜放进口袋里，不敢再放在讲台上。我不禁感到后悔，但是我没有勇气向老师认错。奇怪的是，老师竟从不提这件事，更没有责备我。

时隔多年，张老师已过世，我只要想起他，就会想起那副单片眼镜，就会深深地内疚……

（641 字）

节选自《南方周末》 作者：张木桂

一、根据课文内容，选择正确答案

1. 从第一天开始，“我”对张演群老先生感兴趣的是他的：（　　）
   A. 鼻梁　B. 眼镜　C. 玻璃瓶　D. 教学方法
2. “我”很好奇张老先生：（　　）
   A. 眼镜的样子　B. 为什么戴眼镜
   C. 找眼镜的动作　D. 朗读课文的方法
3. “我”是怎样捉弄老师的？（　　）
   A. 向校长告状　B. 几天不去上学
   C. 把老师的眼镜移到桌边　D. 把空白的小本子交给老师
4. 校长为什么找上门来？（　　）
   A. 因为“我”几天没去上课　B. 要让“我”给老师配眼镜
   C. 来告诉“我”张老师的情况　D. 来告诉“我”不能去上课了

5. 老师的眼镜为什么配不上？ （ ）

A. 他不想配　　B. 他很穷，没有钱

C. 本地没有眼镜店　　D. 眼镜度数太高，本地没有

二、根据课文内容，判断正误

1. 张演群老师总是戴着眼镜朗读课文。 （ ）
2. 摘了眼镜张演群老师什么都看不清楚了。 （ ）
3. 老师的眼镜被打碎了，“我”吓得跑了。 （ ）
4. 捉弄了老师以后，“我”不敢去上学了。 （ ）
5. 校长来找“我”，“我”很害怕。 （ ）
6. 校长目光严厉地批评了“我”。 （ ）
7. “我”很后悔，向张老师道歉了，他原谅了“我”。 （ ）

第2课 感悟生活

精读课文1

爱之叶

有一位勤劳的农人，养了十几箱蜜蜂。他最惬意的事情，就是坐在田间地头，噙着烟斗，看那些蜜蜂在金黄的油菜花地里，嘤嘤嗡嗡地飞舞。

每到收蜜的时候，就会有一群调皮的孩子守在附近。他们用贪婪的眼神凝视着那些亮晶晶的液体从农人的手中滑过，然后，落入透明的玻璃器皿里。

当农人收完蜜走出蜂箱群之后，就会随手从地上采摘几片鲜绿的油菜叶子，然后将每一片叶子放入盛蜜的器皿里蘸一下。

他微笑着将那些蘸满蜂蜜的油菜叶子递给那些围观的孩子。此时，那些孩子就会如获至宝般地捧着绿叶，愉悦地吮吸着绿叶上那些亮晶晶的蜜液。

农人便蹲在一旁，笑眯眯地瞅着这些孩子。他们小脸蛋上绽开的笑容，像朝霞一样红润可爱。

他见有的孩子将吮吸干净的绿叶扔在地上，便微笑着说："孩子们，你们把叶子扔到羊圈里去吧。"

孩子们都很听话地从地上拾起那些叶子，然后跑到附近的羊圈前，将手中的叶子扔到羊圈里。

有些孩子不解地问："爷爷，您为什么让我们把那些叶子扔到羊圈里去呢？"

农人朗声笑了，然后用慈祥的眼神看着那些孩子，回答道："这样做的话，那些羊儿也会从你们手中的叶子上品尝到残留的蜜液。它们会感激你们的。"

后来，那一群调皮的孩子，仍时常会得到农人送给他们的上面蘸满蜂蜜的叶子。他们再也不用老人提醒，待吮吸完叶子上的蜜汁，便会不约而同地将手中的叶子扔到羊圈里。有的孩子，还故意使叶子上多留一些蜜液，让那些可爱的羊儿与他们一起品尝蜜液的甜美。

再后来，农人搬走了。但是田野里，那一片片绿油油的油菜叶子，在那些孩子的心中，却成了一道永远也抹不去的最亮丽的风景。

我就是那群孩子中的一个。

现在想来，那位农人当时送给我们的，不仅仅是一片片蘸满蜜汁的绿叶，也是一片片盛满爱心的叶子啊！

那一片片叶子，使人明白了一个深刻的道理：不要忘记送给别人一片爱的叶子，分享是一种最美好的行为。

（749字）

选自《思维与智慧》 作者：矫友田

一、根据课文内容，选择正确答案

1. 农人最喜欢：（　　）

   A. 坐在地里吸烟　　B. 坐在油菜花地里

   C. 请孩子们吃蜂蜜　　D. 吸着烟看蜜蜂在油菜花上飞舞

2. 农人用什么装蜂蜜？（　　）

   A. 蜂箱　　B. 烟斗

   C. 玻璃容器　　D. 新鲜的油菜叶子

3. 看着那些孩子，农人觉得他们：（　　）

   A. 很贪婪　　B. 很可爱　　C. 很调皮　　D. 很听话

4. 农人采集蜂蜜的时候：（　　）

   A. 有很多孩子围在旁边看

   B. 笑眯眯地看着周围的孩子

   C. 蜜蜂在油菜花地里，嘤嘤嗡嗡地飞舞

   D. 需要将油菜叶子放入盛蜜的器皿里蘸一下

5. 农人让孩子们把叶子扔到羊圈里，是因为：（ ）

A. 孩子们把叶子都扔在地上了　　B. 他想让孩子们学会与羊儿分享

C. 羊儿也想吃到甜美的油菜叶子　　D. 孩子们没有把叶子上的蜜吃干净

6. 把叶子扔到羊圈里的做法使孩子们：（ ）

A. 学会了爱的分享

B. 爱上了那些可爱的羊儿

C. 都养成了一种良好的习惯

D. 后来仍时常会得到农人送给他们的蘸满蜂蜜的叶子

7. 下面哪个词最能概括本文主题？（ ）

A. 爱　　B. 甜美　　C. 分享　　D. 勤劳

二、根据课文内容，判断正误

1. 有一位勤劳的农人，在田间地头养了十几箱蜜蜂。（ ）
2. 农人收完蜜就会随手采摘几片油菜叶子带回家。（ ）
3. 农人很喜欢看孩子们吃蜂蜜的样子。（ ）
4. 农人让孩子们把吮吸干净的叶子扔到羊圈里去。（ ）
5. 有些孩子不愿意把叶子扔到羊圈里去。（ ）
6. 那群孩子每天都能得到农人送给他们的蘸着蜂蜜的叶子。（ ）
7. 为了喂羊儿，有些孩子故意不把叶子上的蜂蜜吃干净。（ ）
8. 农人虽然搬走了，但那片田野里的油菜叶子一直是绿油油的。（ ）
9. 孩子们一直非常喜欢那片田野里的风景。（ ）
10. 本文作者小时候吃到过农人送的叶子上的蜂蜜。（ ）
11. 作者当时就明白那位农人的一片心意。（ ）

三、根据课文内容，回答问题

1. 农人觉得最惬意的事情是什么？

答：______________________________

2. 农人收完蜜后为什么要采摘几片油菜叶子？

答：______________________________

3. 小时候的这件事让作者明白了什么道理？

答：______________________________

四、根据课文内容，选择最接近下列画线词语的解释

1. 他最惬意的事情，就是坐在田间地头，噙着烟斗，看那些蜜蜂在金黄的油菜花地里，嘤嘤嗡嗡地飞舞。（ ）

A. 经常做的　B. 高兴而得意

C. 愉快而舒服　D. 因满意而放松

2. 他最惬意的事情，就是坐在田间地头，噙着烟斗，看那些蜜蜂在金黄的油菜花地里，嘤嘤嗡嗡地飞舞。（ ）

A. 吃　B. 含　C. 拿　D. 抓

3. 他们用贪婪的眼神凝视着那些亮晶晶的液体从农人的手中滑过，然后，落入透明的玻璃器皿里。（ ）

A. 非常专心认真　B. 一定要得到的

C. 非常渴望而认真　D. 非常渴望而不知满足

4. 当农人收完蜜走出蜂箱群之后，就会随手从地上采摘几片鲜绿的油菜叶子，然后将每一片叶子放入盛蜜的器皿里蘸一下。（ ）

A. 混合在一起　B. 把东西浸泡在某物里

C. 把东西在某物上轻轻扫一下　D. 把东西在某物里轻放一下拿出来

5. 此时，那些孩子就会如获至宝般地捧着绿叶，愉悦地吮吸着绿叶上那些亮晶晶的蜜液。（ ）

A. 好像宝贝到来了　B. 假如获得了一个宝贝

C. 如果能拿到那个宝贝　D. 好像得到了珍贵的宝贝

6. 农人便蹲在一旁，笑眯眯地瞅着这些孩子。（ ）

A. 看　B. 盯　C. 打量　D. 凝视

7. 农人朗声笑了，然后用慈祥的眼神看着那些孩子，回答道："这样做的话，那些羊儿也会从你们手中的叶子上品尝到残留的蜜液。它们会感激你们的。"（ ）

A. 爽朗　B. 开心　C. 大声　D. 好玩儿

8. 他们再也不用老人提醒，待吮吸完叶子上的蜜汁，便会不约而同地将手中的叶子扔到羊圈里。（ ）

A. 大家同时　B. 一个接一个地

C. 没有约定就做了一样的事　D. 不用约定就会在同一个时间

五、选词填空

A. 惬意　　B. 舒服

1. 玻璃杯无法泡出茶的本味，失去了喝茶的________感。
2. 运动后出了满身大汗，休息一下，喝杯冰爽的饮料，我感到颇为________。
3. 经过医生的精心治疗，我的烧已经退了，今天我感觉________多了。

C. 贪婪　　D. 贪心

4. 我一直觉得自己是一个很________的女人，总是希望我爱的人所做的一切都是为了我。
5. 这部影片对因人性的________而引发的悲剧进行了深刻剖析。
6. 他________地学习着各种科学知识。

E. 蘸　　F. 沾

7. 孩子用细管________了点儿肥皂水，向空中吹出五彩的肥皂泡。
8. 他刚从菜地回来，脚上________了不少泥。
9. 对表面的污渍可以用海绵________上含有去污剂的水仔细擦洗。

六、说一说

1. 农人用什么办法让孩子们品尝蜂蜜？
2. 对于农人的做法你怎么看？
3. 你怎么理解“那一片片绿油油的油菜叶子，在那些孩子的心中，却成了一道永远也抹不去的最亮丽的风景”这句话？

泛读课文

谷仓与友谊

和一位老朋友变得生疏了，紧张和冷淡取代了曾经的亲密无间。想打个电话问候一下，傲气又使自己拉不下面子。

后来有一天，我顺道拜访了另一位老朋友，他是一名律师，长期从事咨询顾问工作。我们坐在他堆满书的书房里促膝长谈，最后话题转到友谊上来了。我们都深有感触地说现在的友谊太脆弱了，然后我向朋友讲了自己的经历。朋友说："友谊是种神秘的东西，一些经久不衰，而另一些很快就土崩瓦解。"

从书房的窗户向外望去，有一个农场。朋友说："过去，那里有一个很大的谷仓。"

"谷仓刚建好时十分坚固。但是因为后来人们大量离开，谷仓衰败了。长期的风吹雨打使得仓顶亟须修缮，但是没有人关心这个问题。雨水顺着屋檐流下，慢慢渗入到椽子和横梁上，一点儿一点儿腐蚀着谷仓的结构。在一个暴风雨的夜晚，谷仓终于轰然倒塌了。"朋友慢慢道来。

"暴风雨过后，我发现那些横梁还是十分结实，就充满了疑问：横梁完好无损，谷仓怎么就倒塌了呢？原来是雨水渗入了横梁接合处的木钉孔里，慢慢地把木钉腐蚀了，没有了木钉，横梁就散架了。"

远远望去，谷仓的旧址只剩下一些断壁残垣和丛生的杂草。朋友说，谷仓倒塌之后他翻来覆去思索了很久。最后他发现了建一个谷仓和建立一份友谊之间的相通之处：无论你多么强壮，你的成就多么引人注目，你只有与他人相互关联才能经久不衰。

"把你的生活变成一个服务他人的坚固建筑吧，只有这样你才能不断发挥你的潜能。"朋友说，"要记住，无论力量有多强大，一旦脱离了外界的支撑就不可能持久。一个人单打独斗早晚会摔跟头，就像谷仓顶一样。"朋友补充道："友谊也需要关怀和照顾。不互相通信，感谢不说出口，对朋友的不信任，有了争吵不及时化解，等等，所有这些都会像雨水一样慢慢渗入友谊的木钉孔，久而久之就会使感情的横梁失去连接物，友谊的大厦就会坍塌。"

"那曾经是一座多好的谷仓啊。本来稍稍努力就可以把它修葺一新的，可是现在再也不可能修复了。"朋友遗憾地摇摇头。

那天下午晚些时候，我正准备离开时，朋友对我说："你不想借我的电话用一下吗？"

"谢谢，我正有此意。"

（844字）

改写自《环球时报》 编译者：王启国

一、根据课文内容，选择正确答案

1. "我"没有给老朋友打电话，是因为： （ ）

A. 没有话可说　　B. 不想打电话

C. 朋友太骄傲　　D. 觉得不好意思

2. "我"去律师朋友的家里，是因为： （ ）

A. 路过那里想顺便看看他　　B. 要咨询一些法律上的事情

C. 想和他探讨关于友谊的问题　　D. 他认识和"我"关系不好的那个朋友

3. "我们"都觉得现在的友谊： （ ）

A. 很珍贵　　B. 太神秘

C. 不好说　　D. 禁不起挫折

4. 律师朋友说起谷仓，是为了说明： （ ）

A. 友谊的脆弱　　B. 友谊的重要

C. 友谊很快就会土崩瓦解　　D. 怎样保持建筑物的完好

5. 谷仓倒塌的根本原因是： （ ）

A. 人们大量离开　　B. 经常刮风下雨

C. 无人进行维修　　D. 下了一场暴风雨

6. 谷仓倒塌后，律师朋友发现原来是： （ ）

A. 横梁全都散架了　　B. 谷仓的结构不合理

C. 连接横梁的木钉全都烂了　　D. 雨水渗入到椽子和横梁上了

7. 从谷仓倒塌这件事，律师朋友感悟到了： （ ）

A. 木钉的作用　　B. 雨水的力量

C. 谷仓和友谊的关系　　D. 与他人合作的重要性

8. 律师朋友告诉"我"： （ ）

A. 一个人就像谷仓顶一样　　B. "我"的生活应该改变了

C. "我"应该不断地发挥潜能　　D. 再强大的人没有朋友也会失败

9.“一个人单打独斗早晚会摔跟头”中，“摔跟头”的意思是： （ ）
A. 摔破脑袋 B. 遇到挫折
C. 全面失败 D. 摔掉自己的头

10. 律师朋友认为友谊： （ ）
A. 应该互相通信 B. 应该信任朋友
C. 需要关怀和照顾 D. 需要常常表示感谢

二、根据课文内容，判断正误

1.“我”觉得主动联系那位生疏了的老朋友有些没面子。 （ ）
2. 有一天，“我”顺道拜访了那位已经生疏了的老朋友。 （ ）
3.“我”和律师朋友一见面就开始讨论友谊问题。 （ ）
4. 谈到友谊，“我”和律师朋友都有很多感慨。 （ ）
5.“我”把“我”和那位老朋友的事告诉了律师朋友。 （ ）
6. 从律师朋友书房的窗户向外望去，有一个很大的谷仓。 （ ）
7. 律师朋友家住在一个农场附近。 （ ）
8. 谷仓顶最早开始出问题。 （ ）
9. 谷仓虽然倒塌了，但是横梁没有坏。 （ ）
10. 谷仓倒塌后“我”思考了很多问题。 （ ）
11. 一个人单独奋斗很难成功。 （ ）
12. 最后“我”给生疏了的老朋友打了电话。 （ ）

三、根据课文内容，选择最接近下列画线词语的解释

1. 和一位老朋友变得生疏了，紧张和冷淡取代了曾经的<u>亲密无间</u>。 （ ）
A. 亲近得毫无秘密 B. 亲近密切毫无距离
C. 亲热紧密无法分开 D. 相亲相爱同居一室

2. 我们坐在他堆满书的书房里<u>促膝长谈</u>，最后话题转到友谊上来了。 （ ）
A. 拍着膝盖谈心 B. 坐在一起谈心
C. 长时间讨论膝盖 D. 很快地讨论膝盖

3. 友谊是种神秘的东西，一些经久不衰，而另一些很快就<u>土崩瓦解</u>。 （ ）
A. 彻底崩溃 B. 变成砖土 C. 突然爆发 D. 完全动摇

4. 横梁<u>完好无损</u>，谷仓怎么就倒塌了呢？ （ ）
A. 好像完全坏了 B. 最后好像坏了
C. 完整得无法损坏 D. 一点儿都没损坏

5. 朋友说，谷仓倒塌之后他翻来覆去思索了很久。（　　）
A. 来回翻滚　B. 倒来倒去　C. 变来变去　D. 反复多次

6. 一个人单打独斗早晚会摔跟头，就像谷仓顶一样。（　　）
A. 独自行动　B. 独自打架
C. 一直保持孤单　D. 打算单独生活

7. 不互相通信，感谢不说出口，对朋友的不信任，有了争吵不及时化解，等等，所有这些都会像雨水一样慢慢渗入友谊的木钉孔，久而久之就会使感情的横梁失去连接物，友谊的大厦就会坍塌。（　　）
A. 时间长了　B. 坚持不懈
C. 长久地保持　D. 一次又一次

8. 本来稍稍努力就可以把它修葺一新的，可是现在再也不可能修复了。（　　）
A. 修好　B. 整修如新
C. 用新材料进行修理　D. 稍微修修就变成新的

9. 谢谢，我正有此意。（　　）
A. 正式的意思　B. 正准备这样做
C. 这样是正确的　D. 正说着就来了

四、说一说

1. 那个谷仓为什么会倒塌？
2. 律师朋友认为应该怎样维持友谊？
3. 请你谈一谈你对友谊的认识。

精读课文2

沙堡与大海

虽然我一向喜欢登山，但是在这个晴朗的早晨，日出时的海滩向我展现出独一无二的美丽。当我来到空旷的海滩时，两个孤独的身影映入我眼中：一个在喂海鸥，另一个在加固沙堡，抵御逼近的潮水。

我将自行车停在人行道上，向大海走去，边走边审视着喂海鸥的那个身影。那天然的优雅、流畅的动作，与大海构成和谐的一体。我认出了她，是王阿姨。磨破的牛仔裤，褪色的T恤，头戴一顶棒球帽，远看活像十几岁的少年。在波涛轰鸣中，她如同在自家一般自如。

她并没有转过身来，却已感觉到我来了。“拿几片面包。”她温柔地对我说，信手递给我几片面包，而眼睛却仍注视着所喂的那对海鸥。当我捏碎面包时，头顶海鸥的鸣叫，带着咸味的海风，还有不远处保护沙堡的小男孩儿的身影，使我内心无比安宁。自从得知父母打算离婚，我很久不曾感受到这种安宁了。所有的忧虑都抛在一边，我忽然感到自由轻盈，就像春天来临时脱去冬衣的感觉一样。

最后一片面包也已经喂光，我和王阿姨仍久久地看着那个男孩儿。最后她开口道：“这个孩子的执着实在令人钦佩。他竭尽全力保护自己的沙堡，因为他用了美丽的贝壳装饰沙堡，把心和灵魂都倾注在其中。但是无论他筑多么高的墙，挖多么深的沟，大海永远更加强大。”

在她的话语声中，我注视着那个男孩儿。潮水越来越近，他也越来越忙乱。他拼命地挖着，每一波潮水都在他脸上增加一分忧惧。最后，王阿姨拉着我的手，向水边走去。男孩儿仰起脸看着我们，起初似乎有些迷惑，接着便微笑起来。王阿姨伸出另一只手，男孩儿离开沙堡，站起来拉住她的手。在我们三人的注视下，潮水冲垮了沙墙，淹没了壕沟，将沙堡夷为平地。

看着装饰沙堡的贝壳散落下来，王阿姨松开我们的手说：“来，把贝壳收集起来。它们是沙堡最美丽的部分，用这些贝壳我们就可以在安全的地方建起一座新的沙堡。”

王阿姨这番话将永远引导着我。当一次又一次不可抗拒的力量使我陷入困境时，是沙滩上的这一天，鼓舞我奋力重建新的生活。

（792字）

选自《环球时报》 编译者：张越

一、根据课文内容，选择正确答案

1.“我”一直喜欢的是：（ ）

A. 登山　B. 喂海鸥

C. 海滩散步　D. 看海上日出

2. 王阿姨让“我”和她一起：（ ）

A. 喂海鸥　B. 看日出

C. 捏碎面包　D. 看小男孩儿筑沙堡

3. 自从知道父母要离婚后，“我”一直：（ ）

A. 很忧虑　B. 很安宁　C. 穿着冬衣　D. 自由轻盈

4. 和王阿姨喂海鸥的时候，“我”：（ ）

A. 脱掉了冬天的外套　B. 忘掉了所有的烦恼

C. 得知了父母打算离婚　D. 一直看着远处小男孩儿的背影

5. 王阿姨觉得：（ ）

A. 男孩儿的精神可嘉　B. 男孩儿是个失败者

C. 沙堡的沟挖得很深　D. 沙堡的墙应该再高一点儿

6. 男孩儿和“我们”一起离开了沙堡，因为他知道了：（ ）

A. 他的沙堡没做好　B. 他无法战胜大海

C. 王阿姨想让他离开　D.“我们”不喜欢他的沙堡

7. 王阿姨让“我们”收集贝壳，是因为：（ ）

A. 这些贝壳很美丽　B. 她很喜欢收集贝壳

C. 这些贝壳倾注了男孩儿的心血　D.“我们”可以用贝壳装饰新的沙堡

8. 这件事让“我”知道了：（ ）

A. 喂海鸥能让心灵放松　B. 在海滩上筑沙堡是没用的

C. 贝壳是沙堡最美丽的部分　D. 无论遇到什么困难，总会有新的开始

二、根据课文内容，判断正误

1. 清晨的海滩上人很少。（ ）

2.“我”到海滩上找王阿姨一起喂海鸥。（ ）

3. 王阿姨看起来很年轻。（ ）

4. 王阿姨没看见“我”，但感觉到“我”来了。（ ）

5. 近来“我”的心情一直很不好。（ ）

6. 喂完海鸥，“我”和王阿姨开始注意那个男孩儿。（ ）

7. 王阿姨觉得人类无法和大海对抗。 (　　)
8. 潮水来的时候男孩儿不知道该怎么办。 (　　)
9. “我们”一起看着潮水冲毁了沙堡。 (　　)
10. 王阿姨的话对“我”产生了很大的影响。 (　　)

三、根据课文内容，回答问题

1. “我”在空旷的海滩上看到了什么？
答：______________________________
2. 请描述一下王阿姨的打扮。
答：______________________________
3. 男孩儿为什么竭尽全力保护自己的沙堡？
答：______________________________

四、根据课文内容，选择最接近下列画线词语的解释

1. 虽然我一向喜欢登山，但是在这个晴朗的早晨，日出时的海滩向我展现出独一无二的美丽。 (　　)
A. 无与伦比　B. 难以再现　C. 数一数二　D. 孤独寂寞
2. 一个在喂海鸥，另一个在加固沙堡，抵御逼近的潮水。 (　　)
A. 反抗　B. 抵挡　C. 防止　D. 控制
3. 我将自行车停在人行道上，向大海走去，边走边审视着喂海鸥的那个身影。 (　　)
A. 审查　B. 看看　C. 远远地看　D. 仔细地看
4. 磨破的牛仔裤，褪色的T恤，头戴一顶棒球帽，远看活像十几岁的少年。 (　　)
A. 变色　B. 深色　C. 掉色　D. 浅色
5. 在波涛轰鸣中，她如同在自家一般自如。 (　　)
A. 自信　B. 自然　C. 如同　D. 自主
6. “拿几片面包。”她温柔地对我说，信手递给我几片面包，而眼睛却仍注视着所喂的那对海鸥。 (　　)
A. 随手　B. 伸手　C. 随便　D. 信任
7. 所有的忧虑都抛在一边，我忽然感到自由轻盈，就像春天来临时脱去冬衣的感觉一样。 (　　)
A. 思虑　B. 考虑　C. 伤心　D. 忧愁

8. 这个孩子的<u>执着</u>实在令人钦佩。 ( )

A. 努力　B. 坚强　C. 认真　D. 坚持

9. 他<u>竭尽全力</u>保护自己的沙堡，因为他用了美丽的贝壳装饰沙堡，把心和灵魂都倾注在其中。 ( )

A. 全面地努力　B. 非常卖力地

C. 调动一切力量　D. 用尽全部力量

10. 男孩儿仰起脸看着我们，起初似乎有些<u>迷惑</u>，接着便微笑起来。 ( )

A. 不明白　B. 不知道　C. 听不清楚　D. 看不清楚

11. 在我们三人的注视下，潮水冲垮了沙墙，淹没了壕沟，将沙堡<u>夷为平地</u>。 ( )

A. 出现一片平地　B. 铺出一片平地

C. 冲成一片平地　D. 走过一片平地

12. 当一次又一次不可<u>抗拒</u>的力量使我陷入困境时，是沙滩上的这一天，鼓舞我奋力重建新的生活。 ( )

A. 抵抗　B. 拒绝　C. 抗议　D. 服从

五、选词填空

A. 抵御　B. 自如　C. 信手　D. 执着　E. 钦佩　F. 竭尽全力

1. 日本的猴子也喜欢泡温泉，以________冬日的严寒。
2. 不管有多少困难，我都要________完成这个任务。
3. 看完这本小说，主人公的爱国精神让我非常________。
4. 张老师国画画得非常好，________几笔就是一只活灵活现的小鸭子。
5. 他对爱情的________，感动了很多人。
6. 我已经________了，最后能不能成功就看老天爷了。
7. 他________写在纸上的几句话暴露了他内心的秘密。
8. 这种车型主要适用于城市道路，应付城市路况轻松________。

六、说一说

1. 为什么“我”要去海滩？
2. 你觉得王阿姨是一个什么样的人？
3. 男孩儿保护沙堡这件事有什么象征意义？

快速阅读1

建议阅读3分钟

一个六人组成的考察队在可可西里无人区突遇暴风雪，迷失了方向。天渐渐黑下来，老队长神色凝重地告诉大家："如此恶劣的天气，营救工作根本无法进行，我们必须设法熬过今晚才有获救的可能。"大家的心一下子跌到了无底深渊。谁都明白，这里夜间温度将达到 −37℃，想要在野外熬过一个晚上几乎是不可能的。

最后，他们发现一块上部凸出，下部凹入约一米的巨岩，大家一齐挤进去。六个人背靠背，蜷缩着，用彼此的身体取暖。

此时，一个队员猛然发现，他们栖身处的岩石缝里竟萦绕着许多干枯的灌木枝！大家激动不已，把目光齐刷刷投向全队唯一的烟民——老队长。老队长心领神会，从怀里掏出一盒火柴。遗憾的是，火柴盒里的火柴仅剩区区几根了。

这里海拔数千米，氧气稀薄，肆虐的寒风无孔不入。大家用身体挡着风，一根，两根，三根，火柴"哧"地一亮便熄灭了，腾起一缕青烟。仅剩下最后一根火柴时，老队长不敢再划了。他清醒地知道，如果这根火柴再不能把柴火点燃的话，他们将魂断高原。

气氛骤然紧张起来，老队长拿火柴的手开始颤抖。深思熟虑了许久，老队长命令大家把臃肿的外衣脱下，拥在各自胸前，然后用身体围成一个圈，将老队长划火柴的手围得密不透风。"哧"的一声，火柴绽放出一朵绚丽的火花，将浓重的夜幕撕开了一角。老队长忙将自己的帽子点燃，放在树枝下。一堆篝火疯狂地燃烧起来！

谁也不知道，创造奇迹的，竟是一根微不足道的火柴。

世界上再渺小的事物也会有它伟大之处。一个人没有理由自轻自贱，更没有理由不去对那些所谓渺小的事物重新审视，哪怕是一根火柴。

（632字）

一、根据课文内容，选择正确答案

1. 考察队在可可西里无人区：（　　）

A. 被雪掩埋了　　B. 跌到了无底深渊

C. 无法开展营救工作　　D. 因为风暴迷失了方向

2. 为什么发现干枯的灌木枝，大家激动不已？（　　）

A. 能够燃烧灌木枝取暖　　B. 老队长一直在找灌木枝

C. 可以用灌木枝驱赶野兽　　D. 灌木枝是他们的考察对象

3. “老队长心领神会”的意思是老队长：（　　）

A. 不等别人说就明白了　　B. 非常感谢大家的提醒

C. 认真地想了想就明白了　　D. 心里很不愿意但没办法

4. 文中画线句子的含义是：（　　）

A. 如果火柴能够点燃柴火，队员们便会庆祝一番

B. 如果火柴能够点燃柴火，队员们就能睡个好觉

C. 如果火柴不能点燃柴火，队员们便会死在这里

D. 如果火柴不能点燃柴火，队员们只好都去睡觉

5. 老队长的手为什么颤抖？（　　）

A. 天气太冷　　B. 他思考的时间太长

C. 队员们都围在旁边，他很紧张　　D. 这根火柴决定他们最后的生死

6. 根据文章内容，下列哪一项说法不正确？（　　）

A. 老队长在划火柴时很不小心　　B. 大家协力，最终将篝火点燃

C. 队员们挤进了岩石缝里相互取暖　　D. 队员们在岩缝里发现了干枯的灌木枝

7. 这篇文章告诉我们：（　　）

A. 如何在高原求生　　B. 一根小火柴创造了奇迹

C. 外出时要随身多带一些火柴　　D. 再渺小的事物也会有它的伟大之处

二、根据课文内容，判断正误

1. 老队长告诉大家现在没有人愿意来救他们。（　　）

2. 得知要在可可西里无人区的暴风雪中熬过一夜，大家都很绝望。（　　）

3. 岩石下面都藏着很多干枯的灌木枝。（　　）

4. 老队长第二次终于把火柴点燃了。（　　）

5. 这篇短文主要是讲在野外火柴的重要作用。（　　）

6. 这篇文章告诉我们不要小看自己的力量。（　　）

快速阅读2

建议阅读3分钟

在自然界，不管气候多么恶劣，都有生物在顽强地生存着。在撒哈拉沙漠，因为几个月不下雨，干燥的沙漠在阳光的炙烤下气温越来越高，就是极能耐高温的蛇也得小心翼翼，不然就有被烤热的危险。白天蛇只能躲在沙子里，沙子的覆盖能使它避免阳光的直接照射，它还可以伺机捕捉猎物。它的猎物都是些耐旱的小动物，有蜥蜴、甲虫，还有些小型飞鸟。蛇如果移动，必须将身子弯成之字形迅速前进，这样可以避免皮肤长时间与炙热的沙子接触。蛇就是以这种方式顽强地在沙漠里生存下来的。

有一种个头儿类似于麻雀的鸟，它的生命力比蛇更顽强。因为它要到沙漠里找食物，所以也不可避免地成了蛇的猎物。鸟儿不但要面对恶劣的自然环境，还要应付躲在沙子底下的蛇的袭击。如果它要生存下去，就必须战胜这一切。当鸟儿快要成为蛇的果腹之物时，它就用自己的爪子一下又一下地拍击着蛇的头部。尽管它的力量有限，它的爪子对蛇构不成什么威胁，并且蛇对鸟儿依然穷追不舍，但鸟儿并没有停止拍击。它一边躲闪着蛇的血盆大口，一边用爪子拍击蛇的头部，其准确程度分毫不差。就在它拍击了一千多下时，蛇瘫软在地，再也爬不起来了。鸟儿和蛇的力量对比是悬殊的，但鸟儿在经过长期的经验积累后，掌握了一套对付蛇的办法，那就是瞄准一个点——蛇的头部，并持之以恒地用爪子拍击，直到最后赢得胜利。

在现实生活中，很多人之所以失败，就是因为没有瞄准一个点，持之以恒地走下去。而成功者则往往是瞄准了这个点，并坚持走到了最后。是的，只要能瞄准一个点，就能敲开成功的大门。哪怕力量微小，只要坚持，就一定能够到达胜利的彼岸。

（648字）

一、根据课文内容，选择正确答案

1. 通过本文，我们可以知道蛇这种动物：（　　）

A. 非常耐高温　B. 都生活在沙漠
C. 只吃耐旱小动物　D. 只能待在沙子里

2. 为什么说鸟的生命力比蛇更顽强？（　　）

A. 它是蛇的食物　B. 它的身体非常小
C. 它要战胜蛇的袭击　D. 它要在沙漠里找食物

3. "当鸟儿快要成为蛇的果腹之物时"中，"果腹之物"的意思是：（　　）

A. 食物　B. 水果
C. 果然能吃到的东西　D. 像水果一样的食物

4. 下面哪个词语能说明鸟儿瞄准了蛇的一个点？（　　）

A. 穷追不舍　B. 血盆大口　C. 分毫不差　D. 持之以恒

5. 下面哪个词语最能表现蛇的凶恶？（　　）

A. 穷追不舍　B. 血盆大口　C. 瘫软在地　D. 对比悬殊

6. 这篇文章告诉我们：（　　）

A. 小动物也能战胜大动物　B. 面对凶恶的敌人不要害怕
C. 瞄准一点坚持到底就能成功　D. 再恶劣的环境也能生存下去

二、根据课文内容，判断正误

1. 撒哈拉沙漠的气温总是非常高。（　　）
2. 在阳光直射的沙漠，蛇一不小心就会被烤热。（　　）
3. 蜥蜴、甲虫和一些小型飞鸟都是耐旱动物。（　　）
4. 蛇在沙漠中之字形前进可以更快地捕捉猎物。（　　）
5. 文中提到的小鸟爪子非常有力量。（　　）
6. 小鸟战胜蛇的办法就是在蛇的头部同一个位置坚持不停地拍击。（　　）

第3课　一起读书吧

精读课文1

《开往春天的地铁》影评

不管《开往春天的地铁》是不是一个浅显的音乐电视，它最起码做到了一点：让观众心动。

大望路是实际存在的一个地铁站，一段爱情就发生在附近。小慧跟建斌在一起已经七年，这么一个数字一下子就会让人想起七年之痒，两个人的爱情也确实走到了这一步。七年前两人到北京，建斌发誓说要让小慧幸福，可现在他没了工作，甚至没有钱交房租。他觉得自己让小慧失望，就绝口不提自己的现状。但凡跟七年之痒有关的爱情故事，都跟一个第三者有关。第三者老虎是个生活在规则之外的人，他让小慧新鲜。尽管如此，小慧知道心里爱的还是建斌，但她就是说不出口，听任建斌放弃争取她的努力。

影片剔除了跟爱情无关的所有东西，只有一个现代的地铁站，一个用简洁的家具布置起来的家，一个单人病房。能很明显地看出小慧和建斌的家内景和外景不是在一个地方拍的。所有安排都是为了避免生活里的琐事打扰。导演张一白要做的是，给观众讲一个干干净净的爱情故事。张一白拍过音乐电视，所以高速摄影、优美的环境和音乐都让这部电影像一个庞大的音乐电视。故事很简单，没有激烈的冲突，没有生离死别。准确地说，它是一个电影小品，但它确实能时不时打动在黑暗中坐着的观众，让人想起自己。因为电影中的故事契合了人们内心对情感的想象：它很美，即使将要逝去，也必然有诗意的姿态；爱情能让天空明亮，让人生活得更有勇气。

徐静蕾的表演没让人有太多惊喜，不过她所表现出来的淡淡的忧伤跟影片的气质相符，跟影片里的爱情相符。耿乐扮演的建斌中规中矩，他已经努力去表现一个有心事的人了。这部电影里还用了不少观众熟悉的演员，剧中有不少有意思的小细节，如建斌点着了老虎看的报纸。这部电影常常通过一些细微的动作表达一些微妙的感受，比如建斌骗小慧说单位要派他去法国，小慧知道这是谎言，两个人都不揭穿。建斌去拿牙具，他的手臂蹭过小慧的胳膊。小慧压抑了许久的情感因为这一蹭而爆发。电影要表达的就是这一蹭里的东西。

（788 字）

改写自《三联生活周刊》

一、根据课文内容，选择正确答案

1. 这篇文章主要介绍了： （ ）

A. 一部电影　　B. 一个导演

C. 两个演员　　D. 一个音乐电视

2. “这么一个数字一下子就会让人想起七年之痒”中，“七年之痒”的意思是： （ ）

A. 一种延续了七年的病　　B. 第七年时出现的疾病

C. 结婚七年全身都感到很痒　　D. 爱情在第七年常会有波折

3. 建斌现在： （ ）

A. 生活穷困　　B. 不爱小慧了

C. 有了第三者　　D. 对小慧失望了

4. 小慧和建斌的爱情出现问题，是因为： （ ）

A. 建斌没有了工作　　B. 建斌不爱小慧了

C. 小慧爱上了别人　　D. 他们中间出现了第三者

5. 关于老虎，下面哪种说法不正确？ （ ）

A. 小慧很爱他　　B. 他的生活很有个性

C. 小慧觉得他很有意思　　D. 他是一个破坏别人爱情的人

6. 这部电影的场景： （ ）

A. 很复杂　　B. 很简单　　C. 变化很多　　D. 很生活化

7. “给观众讲一个干干净净的爱情故事”中，“干干净净”的意思是：（　　）

A. 整洁的　　B. 纯粹的　　C. 美好的　　D. 感人的

8. 这部电影为什么能打动观众？（　　）

A. 它像一个音乐电视　　B. 它是一个电影小品

C. 故事简单，没有激烈冲突和生离死别　　D. 人们能在其中找到内心对情感的想象

9. 这部电影中演员们的表演：（　　）

A. 让人感到惊喜　　B. 有自己的创新

C. 充满淡淡的忧伤　　D. 符合电影的要求

10. 这部电影的一个特点是：（　　）

A. 用了中国最有名的演员　　B. 给人们一种幻想的感觉

C. 使用了最现代的拍摄手法　　D. 通过细微的动作表达微妙的感受

二、根据课文内容，判断正误

1.《开往春天的地铁》是一个浅显的音乐电视。（　　）

2. 故事发生在大望路地铁站附近。（　　）

3. 建斌不想让小慧知道自己不好的情况。（　　）

4. 老虎很有钱，所以小慧喜欢他。（　　）

5. 面对感情危机，建斌选择了放弃。（　　）

6. 影片主要讲述生活中的琐事。（　　）

7. 导演用拍音乐电视的方法来拍这部电影。（　　）

8. 徐静蕾的表演有很大突破。（　　）

9. 影片中有一个细节是建斌用火烧着了老虎看的报纸。（　　）

10. 这部电影非常注重细节。（　　）

三、根据课文内容，回答问题

1. 这部电影设置了哪些场景？

答：________________________________

2. 为什么这部电影像一个庞大的音乐电视？

答：________________________________

3. 人们内心对情感有什么样的想象？

答：________________________________

四、根据课文内容，选择最接近下列画线词语的解释

1. 不管《开往春天的地铁》是不是一个浅显的音乐电视，它最起码做到了一点：让观众心动。（ ）

A. 色彩浅淡　B. 短小明显　C. 形象有趣　D. 简单易懂

2. 不管《开往春天的地铁》是不是一个浅显的音乐电视，它最起码做到了一点：让观众心动。（ ）

A. 心脏跳动　B. 有所感动　C. 内心激动　D. 心理运动

3. 他觉得自己让小慧失望，就绝口不提自己的现状。（ ）

A. 绝对不知　B. 完全不说　C. 闭上嘴巴　D. 不许说出

4. 尽管如此，小慧知道心里爱的还是建斌，但她就是说不出口，听任建斌放弃争取她的努力。（ ）

A. 听到一个任务　B. 接受一个任务

C. 由别人随意去做　D. 接受别人任何建议

5. 影片剔除了跟爱情无关的所有东西，只有一个现代的地铁站，一个用简洁的家具布置起来的家，一个单人病房。（ ）

A. 开除　B. 除以　C. 除去　D. 挑选

6. 准确地说，它是一个电影小品，但它确实能时不时打动在黑暗中坐着的观众，让人想起自己。（ ）

A. 很少　B. 时常　C. 何时　D. 有时候

7. 因为电影中的故事契合了人们内心对情感的想象：它很美，即使将要逝去，也必然有诗意的姿态；爱情能让天空明亮，让人生活得更有勇气。（ ）

A. 描绘　B. 表达　C. 符合　D. 契机

8. 耿乐扮演的建斌中规中矩，他已经努力去表现一个有心事的人了。（ ）

A. 中间距离　B. 超越规范　C. 符合规矩　D. 不守规矩

9. 建斌去拿牙具，他的手臂蹭过小慧的胳膊。（ ）

A. 擦　B. 抓　C. 摸　D. 拉

10. 小慧压抑了许久的情感因为这一蹭而爆发。（ ）

A. 压迫　B. 镇压　C. 珍藏　D. 抑制

五、选词填空

A. 蹭　　B. 浅显　　C. 心动　　D. 听任　　E. 压抑

1. 春节过后，旅行社都在打折，欧洲游的价格便宜了几乎一半，你难道不________吗？
2. 未来很多事物可能会呈现这样看似矛盾的形态：表面________，其后是深刻与深入；表面简单，背后却隐藏着复杂。
3. 面对高房价，政府必须尽快采取措施，绝不能________其一涨再涨。
4. 现在是买车容易养车难啊！光是表面的漆________掉了都要花一大笔钱来修。
5. 这几年别人给我介绍的对象也不少了，可没一个让我________的。
6. 现在我觉得每天都过得很________，不仅仅是因为成绩不好，还觉得自己很孤单，没有朋友。
7. 没有付出就没有收获，这是________的道理，无奈许多人不懂。
8. 她要追求自己的爱情，不愿再________父母的摆布。

六、说一说

1. 这部电影讲了一个怎样的故事？
2. 这部电影有哪些特点？
3. 请介绍并评价你看过的一部电影。

泛读课文

新阅读时代

放假前夕，乌鲁木齐网友果果收到了翘首企盼的来自深圳的快递：一个印着“精神食粮”绿色大字的布袋，里面装着两本近期出版的新书，还散发着淡淡的书香。

半个月前，果果在一个名叫“爱书人”的在线实体图书馆注册并支付了押金，获得了一次可借两本书的初级会员资格。

“只要在线点击借阅，物流就会送书上门。书看完，同样会有快递员上门取书，帮你把书还回去。整个过程，跟我们在淘宝上购物和退货一样。不同的是，这一切服务都是免费的！”她欣喜若狂地向周围的朋友分享在“爱书人”的初次借阅体验。

“爱书人”是一家在线实体图书馆，它采用网络与实体相结合的借阅模式，为用户提供免费借阅服务，开启创意阅读方式，为爱书人提供优质读物。它怀着“全民阅读”的梦想，运用商业的模式来推动图书馆的运作，从而达到解决社区图书馆缺位和滞后的社会问题。

“爱书人”上线以来已经为全国数十万书友提供了新的阅读可能，这一数字还在逐日增加。它的梦想是将图书馆变为我们身边无处不在的，将阅读、文化、知识、创意与交流融为一体的第三阅读空间。

现代社会的快餐式生活为我们提供了各种便捷，同时也在不断颠覆传统的阅读方式。身处浮躁社会的我们，心灵更渴望更需要慢下来、静下来，细细品味书籍所带来的精神享受。更何况传统书籍的纸质阅读具有电子书所无法替代的触感，因此纸质阅读仍然是这个时代最美丽的精神体验。

“爱书人”倡导“新书式生活”，希望通过书籍的便捷获得与阅读为都市人疲惫的心灵减压。在这里活跃的网民都是迷恋纸质触感和油墨书香的书虫。用户只要在电脑前轻击鼠标，就可以在家享受送书上门的服务。

“爱书人”将这一理念实践到阅读行为的方方面面。例如，会员从快递手中收到的网上下单借阅的书，不是像其他网站一样用纸盒或者塑胶袋包装的，而是用印有“爱书人”标志的麻布质地的“精神食粮袋”包装的。这样的包装不仅给读物以最贴心的保护，而且可传递“爱书人”创意人爱护地球的环保主张。此外，袋子上还印着一句话：“不含农药，不含防腐剂。”这种文艺小清新的风格，还带着些许小幽默，顿时让阅读变成一件时髦、快乐、轻松、环保的事。

（861字）

一、根据课文内容，选择正确答案

1. 快放假时，乌鲁木齐的果果： ( )

A. 来到了深圳

B. 从网上买了两本新书

C. 收到了从一家在线实体图书馆借的书

D. 在网上买了一个印着“精神食粮”绿色大字的布袋

2. “爱书人”在线实体图书馆初级会员有什么资格？ ( )

A. 一次借两本书

B. 注册并支付押金

C. 借近期出版的新书

D. 收到印着“精神食粮”绿色大字的布袋

3. 果果非常喜欢： ( )

A. 在网上借书还书　　B. 在淘宝上购物和退货

C. 自己的初级会员资格　　D. “爱书人”的免费借阅服务

4. “爱书人”的最终目标是： ( )

A. 实现“全民阅读”

B. 为用户提供免费借阅服务

C. 实现网络与实体相结合的借阅模式

D. 解决社区图书馆缺位和滞后的社会问题

5. “爱书人”想要创建的“第三阅读空间”是要： ( )

A. 让书友的数字逐日增加

B. 让图书馆从我们身边消失

C. 建立更为广阔的网上阅读空间

D. 将阅读、文化、知识、创意与交流融为一体

6. “新书式生活”是指： ( )

A. 读新书的生活　　B. 新书快递送上门的生活

C. 新的舒适便捷的图书借阅方式　　D. 让新书为都市人疲惫的心灵减压

7. “爱书人”吸引的都是： ( )

A. 非常活跃的网民　　B. 心灵疲惫的都市人

C. 喜欢纸质阅读的书迷　　D. 喜欢在家获得送书上门服务的用户

8. “爱书人”采用麻布质地的包装袋主要是为了： ( )

A. 让阅读变得幽默轻松　　B. 有别于其他网站的包装

C. 更好地保护新书的完好　　D. 向读者传递爱护地球的环保主张

二、根据课文内容，判断正误

1.“爱书人”在线实体图书馆最有可能位于深圳。（　）
2. 半个月前，果果去了一个名叫“爱书人”的图书馆。（　）
3. 在“爱书人”借书需要先注册并支付押金，然后等待半个月。（　）
4. 在“爱书人”购物和退货都是免费的。（　）
5. 目前我国存在着社区图书馆稀少而且落后的问题。（　）
6.“爱书人”的模式有助于解决社区图书馆缺位和滞后的社会问题。（　）
7. 现代社会流行的快餐改变了我们传统的阅读方式。（　）
8. 社会太浮躁，所以我们需要慢慢地、静静地享受纸质阅读。（　）
9.“爱书人”提供的借阅模式比较新颖。（　）
10.“爱书人”的快递包装风格是文艺小清新。（　）

三、根据课文内容，选择最接近下列画线词语的解释

1. 放假前夕，乌鲁木齐网友果果收到了翘首企盼的来自深圳的快递。（　）
A. 盼望中的包装奇特的　　B. 以最短的时间急急忙忙
C. 仰着头踮起脚急切盼望　　D. 竖起大拇指表达内心的盼望
2. 她欣喜若狂地向周围的朋友分享在“爱书人”的初次借阅体验。（　）
A. 非常兴奋　　B. 又惊又喜
C. 像疯了一样　　D. 喜欢得快要发疯
3. 它的梦想是将图书馆变为我们身边无处不在的，将阅读、文化、知识、创意与交流融为一体的第三阅读空间。（　）
A. 难以寻找　　B. 没有具体形式
C. 无论什么地方都有　　D. 没有地方继续存在
4. 现代社会的快餐式生活为我们提供了各种便捷，同时也在不断颠覆传统的阅读方式。（　）
A. 一步步地改变　　B. 从根本上改变
C. 发生剧烈变化　　D. 一遍又一遍地重复

四、说一说

1.“爱书人”是一个什么网站？它是怎么运作的？
2.“爱书人”的梦想和理念是什么？
3. 你怎么看“爱书人”的运营模式？你愿意使用“爱书人”借阅书籍吗？

精读课文2

《影响中国的100次事件》序

本书是“中国100系列丛书”的一种。它的内容已由书的题目表达得很清楚，那就是介绍中国历史上最有影响的一百件大事。

历史的发展过程是由大大小小的历史事件组成的。历史事件的发生，有些是偶然的，有些是必然的。一般说来，重大的历史事件都不是偶然发生的，而是社会矛盾不同程度激化的结果。人类社会在其演进过程中，某一方面或全面的矛盾由量变趋于质变，以至于激化，但最终得到各种形式的解决，这一进程都通过英雄人物和人民群众的活动表现出来。历史人物的这种活动，就表现于重大的历史事件，而重大历史事件往往也就成为历史不同发展阶段的重要标志。因此，了解历史上的重大事件，实际上也就认识了某一民族和国家的历史发展的大体进程。

中国历史悠久，王朝不断更迭。历史人物的活动丰富多彩，重大历史事件层出不穷。或建立新朝，统一天下；或推翻旧统治，解放生产力；或进行政治体制改革，如此等等。有的可歌可泣，令人奋起；有的复杂多变，令人深思。今天的中国是历史中国的发展，从这些重大历史事件中，我们可以有所借鉴，有所启示。

重大的历史事件从来都是历史研究的热点。其中有不少事件在千百年中议论纷纭，莫衷一是。例如秦始皇焚书坑儒、王莽改制、王安石变法等等。还有许多事件，尽管对于它们在历史上的作用和地位的评价大体一致，但对其中的人物活动、具体经过以及社会影响等等，往往亦有异议。这种意见不同的现象是正常的，而且随着研究的不断深入，还会出现新的不同意见。正因为如此，要想对重大历史事件做出恰当的表述，殊非易事。但正因为如此，这些事件也就更容易激起人们的兴趣。

本书的内容，上起夏、商，迄于“五四”，时间长达数千年。编者在选择历史事件时，颇见匠心；执笔者在叙述时力求平妥准确，从中可见研究有素，而行文的生动流畅，更便于读者的接受。可以相信，这本篇幅不大的知识性读物，一定会对读者了解中国的历史有所帮助。

（770 字）

一、根据课文内容，选择正确答案

1. 本文介绍的是：（　　）

A. 一本书　B. 一篇文章　C. 一本小说　D. 一段历史

2. 重大历史事件的发生是因为：（　　）

A. 偶然事件的激化　B. 社会矛盾的激化

C. 人类社会的演进　D. 历史人物的活动

3. 要了解某一民族或国家历史发展的大体进程可以通过：（　　）

A. 历史上的一些标志　B. 历史上的重大事件

C. 矛盾的各种激化形式　D. 矛盾由量变到质变的过程

4. 中国历史上：（　　）

A. 一直都是统一的　B. 一直都是分裂的

C. 有很多不同的王朝　D. 一直在进行政治体制改革

5. 中国历史上的一些重大事件：（　　）

A. 令人兴奋　B. 难以了解　C. 难以研究　D. 值得借鉴

6. 学者对很多历史事件的研究：（　　）

A. 还很肤浅　B. 还没有定论

C. 已形成体系　D. 已有确切答案

7. 重大历史事件容易激起人们的兴趣，是因为：（　　）

A. 还没有人来研究　B. 人们还很不了解

C. 其中有很多英雄故事　D. 要得出一致的结论并不容易

8. 这本书包括了多长时间的历史事件？（　　）

A. 几千年　B. 数百年　C. 一千年　D. 三个朝代

9. 这本书的语言：（　　）

A. 书面语多　B. 深奥难懂

C. 浅显有趣　D. 是学术化的

二、根据课文内容，判断正误

1. 这本书是对中国百年历史的介绍。 （ ）
2. 重大的历史事件都是偶然发生的。 （ ）
3. 人类社会的演进过程是通过英雄人物的活动来表现的。 （ ）
4. 重大历史事件可以成为历史阶段的标志。 （ ）
5. 要认识一个国家的发展过程就要了解这个国家的重大历史事件。 （ ）
6. 中国的历史上有很多重大历史事件。 （ ）
7. 历史对今天的中国有很大影响。 （ ）
8. 研究者对王安石变法这个历史事件的看法还不一致。 （ ）
9. 对学者来说，恰当地讲述一个历史事件是很容易的事。 （ ）
10. 这本书是为研究历史的人写的。 （ ）

三、根据课文内容，回答问题

1. 这本书的内容是什么？
答：____
2. 历史研究的热点是什么？
答：____
3. 本书有什么特点？
答：____

四、根据课文内容，选择最接近下列画线词语的解释

1. 本书是“中国100系列<u>丛书</u>”的一种。 （ ）
A. 众多的书　B. 历史书籍
C. 同一系列的书　D. 一本接一本的书

2. 一般说来，重大的历史事件都不是偶然发生的，而是社会矛盾不同程度<u>激化</u>的结果。 （ ）
A. 过于激进　B. 过分激烈
C. 变得尖锐激烈　D. 使用激进的方法

3. 人类社会在其<u>演进</u>过程中，某一方面或全面的矛盾由量变趋于质变，以至于激化，但最终得到各种形式的解决，这一进程都通过英雄人物和人民群众的活动表现出来。 （ ）
A. 演变进化　B. 演出进行　C. 进行表演　D. 演习进步

4. 人类社会在其演进过程中，某一方面或全面的矛盾由量变趋于质变，以至于激化，但最终得到各种形式的解决，这一进程都通过英雄人物和人民群众的活动表现出来。（　　）

A. 不断发展变化　　B. 开始迅速发展

C. 一步步地追赶　　D. 向某方面发展

5. 中国历史悠久，王朝不断更迭。（　　）

A. 更加频繁　　B. 变化更替　　C. 频繁出现　　D. 更加进步

6. 历史人物的活动丰富多彩，重大历史事件层出不穷。（　　）

A. 不断地出现　　B. 每个阶段都有

C. 一层一层地出现　　D. 一层一层没有尽头

7. 其中有不少事件在千百年中议论纷纭，莫衷一是。（　　）

A. 没有一个正确的　　B. 没有人知道结果

C. 无法得出一致的结论　　D. 很难说他们是一样的

8. 正因为如此，要想对重大历史事件做出恰当的表述，殊非易事。（　　）

A. 极其特殊的事情　　B. 特殊而少见的事

C. 实在不是容易的事　　D. 非常特殊而容易的事

9. 本书的内容，上起夏、商，迄于“五四”，时间长达数千年。（　　）

A. 延续　　B. 就在

C. 开始于　　D. 到……为止

10. 编者在选择历史事件时，颇见匠心。（　　）

A. 巧妙的心思　　B. 认真的心思

C. 工匠的心灵　　D. 成熟的观点

11. 执笔者在叙述时力求平妥准确，从中可见研究有素，而行文的生动流畅，更便于读者的接受。（　　）

A. 有一些素材　　B. 有一些习惯

C. 有一定的素养　　D. 有一定的顺序

五、选词填空

A. 激化　　B. 趋于　　C. 更迭　　D. 匠心　　E. 层出不穷　　F. 莫衷一是

1. 在历史的长河中，王朝的一次次________是无情的。

2. 短短的 19 场比赛已证明，姚明和“火箭”在小有起伏的状态中已________稳定。

3. 当矛盾越来越尖锐的时候，我们应该想办法解决而不是________它。
4. 韩先生是一位真正的艺术家，他独具________的设计，使他制作的玉器卖到了市场上的最高价。
5. 卫生部发言人指出，要使医疗服务价格体系________合理，以期降低社会总的医疗费用。
6. 关于传媒批评，我印象中这一两年学界有所关注，有所讨论，但讨论的状况似乎是各说各的，________，这也正常。
7. 现如今各种各样的选秀活动________，全民选秀热情极其高涨。
8. 如果中东局势进一步________，全球石油价格将再次攀升。
9. 近来政府官员的________让人们猜测纷纷。
10. 在当今激烈的市场竞争中，各类赚钱的新行当、新招数可谓________。
11. 随着众基金纷纷公布第二季度报告，基金经理们对后市的预期________，那些专做基金文章的老记老编们也是雾里看花。

六、说一说

1. 历史是怎样发展的？
2. 中国历史有什么特点？
3. 读了这篇文章，你有哪些收获？

快速阅读1

建议阅读3分钟

友谊是人们在交往活动中产生的一种特殊情感。它与交往活动中所产生的一般好感是有本质__1__的。友谊是一种来自双向（或交互）关系的情感，即双方共同凝结的情感，任何单方面的示好，不能称为友谊。友谊以亲密为核心成分，亲密性也就成为衡量友谊程度的一个重要__2__。罗杰斯（ROGERS，1985）对这种亲密性做了三点概括：（1）能够向朋友__3__自己的思想感情和内心秘密；（2）对朋友充分信任，确信其“自我表白”将为朋友所尊重，不会被轻易外泄或用以反对自己；（3）限于被特殊评价的友谊关系中，即限于少数的密友或知己之间。

一个人要获得真正的友谊，并非一件容易的事。

真正的友谊不能采取实用主义的态度。有的人今天想要友谊时，对他人就好得不得了，明天不想要友谊时，则冷若冰霜，态度来了一个180度的大转弯；有的人“需要”友谊时，就什么都愿意做，什么都愿意给，不“需要”友谊时，则特别怕麻烦，甚至懒得搭理他人，这样的人是很难获得真正的友谊的。

真正的友谊不能从个人的私利出发。有的人功利性极强，将建立友谊作为达到个人某种目的的工具，将友谊看作谋取私利的手段。有利可图时，则亲密无间，无利可图时，或者当自己的利益与朋友的利益发生冲突时，则立即反目成仇；私利没有满足时，就尽量去建立友谊，私利满足后则尽快摆脱友谊。

为什么青少年时代建立起来的友谊最难忘怀，使人__4__？因为这个时代是人们最纯洁、最真诚、最无私的时期。

（573字）

一、根据课文内容，选择恰当的词语填空

1. 它与交往活动中所产生的一般好感是有本质________的。（　　）

A. 相同　　B. 区别　　C. 相异　　D. 区分

2. 友谊以亲密为核心成分，亲密性也就成为衡量友谊程度的一个重要________。（　　）

A. 指标　　B. 问题　　C. 特征　　D. 特点

3. 能够向朋友________自己的思想感情和内心秘密。（　　）

A. 谈谈　　B. 表露　　C. 讨论　　D. 请教

4. 为什么青少年时代建立起来的友谊最难忘怀，使人________？（　　）

A. 思念　　B. 留念　　C. 爱恋　　D. 留恋

二、根据课文内容，选择正确答案

1. 下列哪一项能够体现友谊的“亲密性”？（　　）

A. 不轻易反对朋友　　B. 朋友之间互相尊重

C. 只有少数几个密友或知己　　D. 向朋友说出自己的感情和秘密

2. 为获得真正的友谊，应该：（ ）

A. 彻底地改变态度　　B. 对他人好得不得了

C. 获得利益后尽快摆脱　　D. 不怕麻烦，真诚无私

3. 功利性很强的人认为友谊是：（ ）

A. 个人的私利　　B. 工具和手段

C. 难以忘怀的　　D. 亲密无间的

4. 下面哪个词语描述的是真正的友谊？（ ）

A. 真诚无私　　B. 实用主义　　C. 有利可图　　D. 反目成仇

5. 下列哪一项最适合做本文的题目？（ ）

A. 友谊的付出　　B. 友谊的珍贵

C. 如何获得真正的友谊　　D. 如何维持真正的友谊

三、根据课文内容，判断正误

1. 亲密性可以衡量友谊的程度。（ ）
2. 单方面的示好，也是一种友谊。（ ）
3. 实用主义者不需要友谊时，就对朋友很冷淡。（ ）
4. 特别怕麻烦的人，很难获得友谊。（ ）
5. 青少年时期的友谊常常很纯洁很真诚。（ ）

快速阅读2

建议阅读3分钟

《心灵导师：情绪管理》一书指出：付出，让你更健康。在__1__世界，科学技术突飞猛进，知识经济已现端倪，竞争已达到了白热化的__2__。明确目标，追求人生成功，纵然是获得健康的要素，但伸出援助之手，宽以待人，携手共进，却是使人永远年轻、健康、快乐的“添加剂”。

华德先生是美国最大通讯公司的广告和公共关系部门的主管。闲暇时，他为堪萨斯州感化院的假释犯当义工，为儿童之家募款，还捐出了14加仑的血液给州立血库。这一切令华德先生觉得“我是个快乐的家伙”。他健康充实的人生说明了“宽以待人、行善乐施”能美化人生，抵抗生活压力。

我们知道，心胸宽大的人较快乐。古人说：种瓜得瓜，种豆得豆。播种

什么，就收获什么。宽宏大量，无私助人，通常会得到一些你意想不到的珍贵回赠，那就是我们助人时所引发的爱和感谢。爱和压力一样也有积累效果。美国医学家塞尔斯博士说，如果我们能囤积好的感觉，像燕子囤积食物过冬一样，我们也能安全稳妥地渡过逆境。这些感觉在一切都不顺利时，提醒我们自己有良好的前景，从而获得信心和勇气，这样生活就容易多了。

（444 字）

一、根据课文内容，选择正确答案

1. 文中画线“1”处应该填写下面哪个词语？（ ）

   A. 现代　B. 现在　C. 当今　D. 如今

2. 文中画线“2”处应该填写下面哪个词语？（ ）

   A. 水平　B. 地步　C. 高度　D. 现象

3. “伸出援助之手，宽以待人，携手共进”中，“宽以待人”的意思是：（ ）

   A. 用宽容的态度对待别人　B. 心胸宽广才会得到快乐

   C. 等待时多给别人一些时间　D. 所有的事情都要宽宏大量

4. 从短文中，我们可以知道，华德先生得到了：（ ）

   A. 一个快乐的家伙

   B. 很多瓜和豆等意想不到的珍贵回赠

   C. 快乐美好的人生，从而能抵抗生活压力

   D. 美国最大通讯公司的广告和公共关系部门的主管职位

5. 美国医学家塞尔斯博士用燕子过冬的例子告诉我们：（ ）

   A. 积累爱的意义　B. 囤积粮食的意义

   C. 对未来要有信心和勇气　D. 如何安全稳妥地渡过逆境

6. 这篇文章主要告诉我们：（ ）

   A. 付出会让人更健康　B. 播种什么，就会收获什么

   C. 怎样安全稳妥地渡过逆境　D. 宽以待人、行善乐施是一种好品德

二、根据课文内容，判断正误

1. 只有明确目标，追求人生成功，才能获得健康。（ ）
2. 华德先生的工作是帮助堪萨斯州感化院的假释犯。（ ）
3. 华德先生的例子告诉我们帮助别人能使人健康充实。（ ）
4. 积累爱的感觉能使我们在逆境中获得信心和勇气。（ ）

第4课 成为更好的自己

精读课文1

内省是做人的责任

一个学生问："我们的眼睛为什么不对着长，使两只眼睛对看，可以马上看到自己的样子，不必担心牙齿上有菜屑，也不必担心嘴边的饭屑？"这是个很好的问题。很多动物的眼睛都长在两边，至少看的范围广，不像人类，脑后无眼，看不到背后的东西。的确，诚如孔子所说："人苦于不自知。"我们眼睛演化的目的是朝外看。"明察秋毫而不见舆薪*"，看得见别人脸上的小雀斑，但是看不见自己脸上的青春痘。为此，人类发明了镜子，"以铜为镜，可以正衣冠；以人为镜，可以明得失"。但是有了镜子以后，人类就真的有自知之明了吗？

在心理学上曾有个很有趣的实验，用镜子来测试动物知不知道什么叫自我。实验者先把一面镜子放进黑猩猩笼中，十天之后，将黑猩猩麻醉，在它额头上点一个无臭无味的红点。黑猩猩醒来后，镜子放进来前，它并不会用手去摸额头，但是当镜子放进笼子后，黑猩猩一看到镜子中的"倩影"，便立刻用手去摸额头，而且用力去搓，表示它知道镜中是自己，而且知道自己原来是没有红点的。

如果省略第一步，没有让黑猩猩先接触到镜子，之后它即使看到镜中的自己有红点，也不会用手去摸。因为没有以前的自我可做比较，就无从判断。没有比较就没有抱怨，它就不会用力去把不是自己心甘情愿弄上的装饰搓掉。

* 明察秋毫而不见舆薪：眼力能看到一根毫毛的末梢，却看不到一车柴草。比喻只看到小处，看不到大处。

这个实验结果让人很震惊，人类其实也是这样。当一个人不知道自己原来是什么样时，就只好任人摆布，添多了，减少了，都不会抗争。但是一旦照过了镜子，知道自己是什么样了，那么一有非自主的改变便立刻发觉，而且这个发觉出现后是不可逆转的，已经知道便无法再假装不知道。所以有没有自知是非常重要的。

苏格拉底说，一个没有检视的生命是不值得活的。

内省不仅是了解自己做了什么，最重要的是透过它了解自己真正的意图。柏拉图更进一步说，内省是做人的责任，人只有透过自我内省才能实现美德与道德。

（743 字）

改写自《参考消息》 作者：洪兰

一、根据课文内容，选择正确答案

1. “人苦于不自知”的意思是： （ ）

A. 人因不了解自己而痛苦　　B. 人为自己不知道而苦恼

C. 人生的痛苦自己不知道　　D. 没有比不认识自己更苦恼的

2. “看得见别人脸上的小雀斑，但是看不见自己脸上的青春痘”这句话是为了说明： （ ）

A. 眼睛的作用　　B. 镜子的作用

C. 人苦于不自知　　D. 什么是“明察秋毫而不见舆薪”

3. 人类发明了镜子，就可以： （ ）

A. 自我内省　　B. 有自知之明

C. 端正自己的形象　　D. 明白人生的得失

4. 那个实验的目的是为了： （ ）

A. 测试黑猩猩的自我意识　　B. 了解麻醉对黑猩猩的影响

C. 让黑猩猩了解什么是镜子　　D. 测试黑猩猩是否喜欢化妆

5. 如果黑猩猩事先没照镜子，那么点了红点后再照镜子时，它： （ ）

A. 会擦掉红点　　B. 不会用手摸红点

C. 会立刻用手去摸额头　　D. 马上就能看到自己有红点

6. 如果人不清楚自己原来的样子，就会： （ ）

A. 受人摆布　　B. 摆布自己

C. 摆布别人　　D. 不认识自己

7. 作者谈论镜子是为了说明： （ ）

A. 自知对人的重要性　　B. 一个令人震惊的实验

C. 怎样才能不再任人摆布　　D. 这项发明对人类的重要性

8. 内省最重要的是了解自己： （ ）

A. 做了什么　　B. 将要做什么

C. 与别人的差距　　D. 内心真正的想法

9. 实现美德与道德的重要途径是： （ ）

A. 重视镜子的作用　　B. 不断地反省自己

C. 向伟大的古人学习　　D. 不断地学习各种知识

二、根据课文内容，判断正误

1. 很多动物的眼睛都是对着长的。 （ ）
2. 眼睛长在两边看到的范围比较广。 （ ）
3. 人无法看到背后。 （ ）
4. 以别人为镜子，可以了解自己的对与错。 （ ）
5. 实验者在黑猩猩失去知觉时，在它额头上点了一个没有气味的红点。 （ ）
6. 黑猩猩用力去搓头上的红点，因为它觉得不好看。 （ ）
7. 黑猩猩不喜欢任何装饰品。 （ ）
8. 苏格拉底认为，人只有不断反省，生命才是有意义的。 （ ）
9. 只有不断自我内省，人才能够变得更加完美。 （ ）

三、根据课文内容，回答问题

1. 两只眼睛对着长有什么好处？

答：______________________________

2. 那个关于黑猩猩和镜子的实验，第一步是什么？

答：______________________________

3. 内省是什么？

答：______________________________

四、根据课文内容，选择最接近下列画线词语的解释

1. 我们眼睛演化的目的是朝外看。（　　）

A. 表演变化　B. 发展变化

C. 悄悄地变化　D. 慢慢地变化

2. 但是有了镜子以后，人类就真的有自知之明了吗？（　　）

A. 自己知道得很清楚　B. 自以为完全能了解

C. 正确认识自己优缺点的能力　D. 清楚地知道自己明白些什么

3. 因为没有以前的自我可做比较，就无从判断。（　　）

A. 没有　B. 无法　C. 从不　D. 从来

4. 没有比较就没有抱怨，它就不会用力去把不是自己心甘情愿弄上的装饰搓掉。（　　）

A. 十分满意　B. 称心如意

C. 从心底里愿意　D. 发自内心地欢喜

5. 当一个人不知道自己原来是什么样时，就只好任人摆布，添多了，减少了，都不会抗争。（　　）

A. 被人摆脱　B. 请别人去做

C. 派人去布置　D. 被人随意支配

6. 当一个人不知道自己原来是什么样时，就只好任人摆布，添多了，减少了，都不会抗争。（　　）

A. 争斗　B. 争吵　C. 反抗　D. 争取

7. 但是一旦照过了镜子，知道自己是什么样了，那么一有非自主的改变便立刻发觉，而且这个发觉出现后是不可逆转的，已经知道便无法再假装不知道。（　　）

A. 巨大的变化　B. 根本的转变

C. 向相反的方向转化　D. 向错误的方向转化

8. 苏格拉底说，一个没有检视的生命是不值得活的。（　　）

A. 检查视力　B. 分析研究　C. 检验查看　D. 检验测试

9. 内省不仅是了解自己做了什么，最重要的是透过它了解自己真正的意图。（　　）

A. 图画　B. 想法　C. 意义　D. 蓝图

10. 柏拉图更进一步说，内省是做人的责任，人只有透过自我内省才能实现美德与道德。（　　）

A. 自我反省　B. 自我安慰　C. 自我悔悟　D. 自我意识

五、选词填空

A. 演化　　B. 意图　　C. 自知之明　　D. 心甘情愿　　E. 任人摆布

1. 就算是成功人士，有时还是会身不由己，照样逃不过________的命运。
2. 生命在地球上________的历史漫长而神秘。
3. 这种题型要求考生能分析辨别说话人的________、目的、态度、要求等，然后选择正确答案。
4. 这事与老板无关，是我________留在这里加班的。
5. 我还是有________的，因为不太会做菜，所以从来不敢请客人到家里来吃饭。
6. 他________地为了爱放弃了这份众人羡慕的好工作。
7. 生活中总是会有一些时候被很多东西束缚，只能________。
8. 对于一些没有________的人，还是需要经常敲打一下。
9. 本次展览通过文物陈列和现代化的展示手段，展现汉字的特征和________历程。

六、说一说

1. “以铜为镜，可以正衣冠；以人为镜，可以明得失”是什么意思？
2. “一个没有检视的生命是不值得活的”，对于这句话你有什么感想？
3. 这篇文章给你什么启示？

泛读课文

半小时换来一世从容

李未是一位成功的职场人士。当他的老同学还在为饭碗苦苦挣扎时，他已顺利地完成了由低级白领到高级白领再到金领的过渡。事业、金钱、爱情，一样不缺。而最让人羡慕的是，这一切他似乎并没有像有些人那样以牺牲健康和生活情趣为代价，而是从容淡定地一步步走来。

有人欲探得其中奥妙，李未说，其实挺简单，换来这份从容的，也就是半小时。

李未说他刚参加工作时，和许多人一样，总觉得手头的事情做不完，业余爱好也丢了，人疲乏得要命，到头来还没落得个好效果。后来有一天，做了一辈子管理工作的父亲对他说："你能不能试一试，每天早出门半个小时？"他看了父亲一眼，对父亲的话并未十分理解，但他决定试一试。

从第二天起，他开始比正常时间早半个小时出门。当他走到公共汽车站时，发现等车的人不多，上到车上，又发现有许多空位，比平时惬意多了。而且，由于还没到上班高峰期，路上的交通也没出现堵塞，很快就到了他的目的地。坐在车上时，他就把一天的工作理了个头绪。进到办公室后，同事们还没来，他在空旷的办公室里伸展了一下手脚，而后开始听一段音乐。

当同事们匆匆忙忙地打卡、手忙脚乱地开抽屉时，他的面前已放好了需整理的材料，并泡好了一杯热茶。接下来的工作是有条不紊的。往往不到中午的下班时间，他上午的工作计划就提前完成了。那么在剩下的时间里，他会憧憬一下午餐的丰富内容，并考虑午休时做些什么。

悠闲的午休结束后，下午的工作又开始了。由于早上在车上已有打算，头绪清楚，下午的工作又很顺手。下班铃响之前，他把一天的工作小结了一下，看看有没有遗漏或不周到的地方。如有则赶快弥补，决不拖到下班后，占用属于自己的休闲时间。这样，到下班时，当有些人还在手忙脚乱地忙乎，另一些人在疲惫不堪地打着哈欠时，他还是那样神清气爽。没理由不高兴啊，工作完成了，家里还有妈妈做的丰盛晚餐等着，晚上还有好节目呢！

——看看，这些好处的获得，只因早出门半个小时。李未说他很感谢他的父亲，是父亲教会了他掌握时间和命运的主动权，用半个小时换来一世从容。

（825 字）

节选自《意林》 作者：王志康

一、根据课文内容，选择正确答案

1. 李未成为成功人士的时候，他的老同学：（　　）

A. 还在辛苦地找工作
B. 还没有解决吃饭的问题
C. 还在为工作而辛苦奋斗
D. 还没有决定找什么样的工作

2. 李未能取得成功是因为： （ ）

A. 他一直都很顺利 B. 他一路走得从容淡定

C. 他每天早半个小时出门 D. 事业、金钱、爱情，他什么都有

3. 下列哪一项常常标志着成功？ （ ）

A. 待人处事从容淡定 B. 不再为饭碗而挣扎

C. 拥有事业、金钱、爱情 D. 身体健康，生活富有情趣

4. 下列哪一项最能说明李未刚参加工作时的状态？ （ ）

A. 又忙又累，效果还不好

B. 找不到自己的业余爱好

C. 和许多人一样每天烦得要命

D. 因为工作做不完，在领导那儿没留下好印象

5. 下列哪一项不是早出门半个小时的好处？ （ ）

A. 坐公交有座位 B. 可以在办公室喝茶

C. 路上用的时间比平时少 D. 在路上可以把一天的工作计划好

6. 下面哪件事不是李未进办公室后马上做的？ （ ）

A. 泡杯热茶 B. 听听音乐

C. 活动一下身体 D. 开始整理材料

7. 下面哪个词最能说明李未早半个小时出门后的工作状态？ （ ）

A. 手忙脚乱 B. 有条不紊 C. 疲惫不堪 D. 匆匆忙忙

8. 李未下午的工作很顺利是因为： （ ）

A. 午餐很丰富 B. 午休很悠闲

C. 下午的工作都是顺手做的 D. 早上就已经把一天的工作考虑好了

9. 本文主要告诉我们： （ ）

A. 人应该掌握时间和命运的主动权

B. 只需半个小时就能换来一生的从容

C. 要想成功，每天最好早半个小时出门

D. 只需半个小时就可以让一天过得很顺利

二、根据课文内容，判断正误

1. 有些人为了事业成功付出了身体的健康，没有了生活的情趣。 （ ）

2. 李未现在已经是职场上的金领。 （ ）

3. 李未刚参加工作的时候，父亲就让他每天早出门半个小时。 （ ）

4. 早半个小时坐公交车可以直接到他单位。 （ ）

5. 早上李未到了办公室后会憧憬一下午餐吃什么，考虑午休做什么。 (　　)
6. 同事们来上班时，李未已经做好了开始工作的准备。 (　　)
7. 李未下班前都要检查一下自己的工作是否还有问题。 (　　)
8. 李未不喜欢占用自己的休闲时间来工作。 (　　)
9. 看着有些人手忙脚乱、疲惫不堪，李未很高兴。 (　　)
10. 李未和他的父母住在一起。 (　　)

三、选词填空

A. 从容　　B. 憧憬　　C. 手忙脚乱
D. 有条不紊　　E. 疲惫不堪　　F. 神清气爽

1. 刚学开车的时候，每次一转弯他就________。
2. 诗中一遍又一遍地描绘着那个让人________的长安城。
3. 世事多变，唯有内心的淡定与________才能以不变应万变。
4. 有了这些时间管理小工具，迎接开学再也不________了。
5. 课间操时间，操场上响起嘹亮、动听的音乐声，让人顿感________。
6. 实在是没有力气了，拖着________的身体，我给大家各煮了一碗方便面。
7. 目前，媒体记者和采编人员已开始________地投入到全运会的采访报道中。
8. 妻子满怀________，开始规划她退休后的生活。
9. 长此以往，腰肌劳损，他整个人都呈现出________的状态。

四、说一说

1. 为什么说李未是一位成功的职场人士？
2. 早半个小时出门有哪些好处？如果你每天早半个小时出门，你可以做什么？
3. 读完本文你有什么收获？请给你自己每天的生活做一个计划，并尽量执行。

精读课文2

别人的意见有多大用处

别人的意见对我们来说究竟有多大用处？我的看法是：没用！

在这个社会中，以我们绝大多数人的智商，都可以处理诸如去哪个城市旅游、怎么过周末、什么发型最适合自己等问题。一旦需要征求别人的意见，基本上都是“大事”，比如升学、就业、求职、婚恋等等。而在这些事上，别人的参与效果怎样呢？几乎等于零！

目前我就亲身体验了这样一个过程。我在征询了多人的意见之后，心中的疑团反而越来越大，思路越来越乱，答案还在九霄云外。

我的问题是：我是否辞职，去一家外企应聘。

我妈说：“不行！你的孩子太小，需要你多照顾，不能你们两口子都忙。”

老公也说：“你身体不好，去外企太累，干脆辞职做全职妈妈吧！”

部门领导谆谆教导：“我们都是职业包袱很沉重的人。你已经在这儿待了10年了，要慎重考虑！”

我的一个老同事听后，激动地说：“为什么不去？我要是年轻20岁，肯定去了！还考虑什么身体！”

我在我常去的网站上把问题发了帖子，答案更是不一而足。“要权衡性价比，像我挣得不多，可工作很轻松。”“你能做主吗？让你当经理才去！”“你可以先辞职，在家带孩子、养身体，机会多的是，等孩子大了再去工作。”“不管怎样，不能当全职主妇！我见过很多这样的人，她们为此产生了严重的心理问题，最后抑郁而死。”……

所以，在相当长一段时间里，我都在大量收集信息，却发现永远得不出结论。每个人都是根据自己的经历，从自己的体会出发，对别人做出判断，带有自己经验的深刻烙印。

那么，别人意见的价值究竟在哪里？可能只是一个参考，一个借鉴。你可以从别人的角度，看看他为什么会这样想，为什么会有这样的选择，仅此而已。

在此期间，我特别喜欢一位朋友的建议。当我告诉她别人对我新职位的看法时，她毫不犹豫地说：“你别跟别人比，就跟自己比，按自己的想法去办！”我还喜欢另一位朋友的说法，她一直在问我：“对你而言，什么比较重要？”“你希望过什么样的生活？”在她的询问中，我能够倾听自己内心的声音。

所以，你没法遵从任何一个人的建议。任何不加分析的“照章办理”都会变成盲从。

（832 字）

节选自《中国青年报》 作者：丁剧

一、根据课文内容，选择正确答案

1. 征求别人的意见，常常是为了决定： （ ）

A. 怎么过周末　　B. 一些“大事”

C. 去哪个城市旅游　　D. 什么发型适合自己

2. “我”在征求别人的意见后，越来越： （ ）

A. 高兴　　B. 迷惑　　C. 失望　　D. 痛苦

3. “我”决定不了的事情是： （ ）

A. 要不要做经理　　B. 要不要现在开始做妈妈

C. 是否辞去现在的工作去外企　　D. 是否辞去工作专门在家照顾孩子

4. “权衡性价比”的意思是： （ ）

A. 收入低，但工作很轻松　　B. 考虑付出和回报的比例

C. 要自己考虑，别跟别人比　　D. 在性质和价格的比较中取得平衡

5. 从那些别人的意见中，我们可以知道，外资企业： （ ）

A. 工作很忙　　B. 挣得不多

C. 包袱很沉重　　D. 工作很轻松

6. 关于“我”的情况，下面哪种说法不正确？ （ ）

A. 孩子还很小　　B. 身体不太好

C. 丈夫工作很忙　　D. 是个全职妈妈

7. 谁支持“我”去外企工作？ （ ）

A. 母亲　　B. 老公　　C. 老同事　　D. 部门领导

8. “我”为什么得不出结论？ （ ）

A. “我”还没有得到足够的答案　　B. “我”对所有的建议都不满意

C. 别人都根据自我体会提供意见　　D. 没有人给“我”提供正确的建议

9. 最后“我”决定：（ ）

A. 做全职主妇　B. 去外企当经理

C. 继续在原单位工作　D. 按照自己的想法去做

10. 文章最后的“照章办理”是指：（ ）

A. 按照规章制度办　B. 遵从别人的意见

C. 照文章中说的去处理　D. 不要听从别人的意见

二、根据课文内容，判断正误

1. “我”认为别人的意见对我们来说没用。（ ）
2. 在这个社会中，绝大多数人总是需要征求别人的意见。（ ）
3. 找工作是一件需要听取别人意见的大事。（ ）
4. 在一些大事上，别人的意见常常完全没有用。（ ）
5. “我”曾征询过别人的意见，可他们给“我”的答案都在高高的天上。（ ）
6. 母亲希望“我”工作别太忙，多照顾孩子。（ ）
7. 老公希望“我”完全放弃工作。（ ）
8. 部门领导觉得“我”待的时间很长了，建议“我”辞职。（ ）
9. “我”的老同事20岁时很想去外企工作。（ ）
10. “我”在网上征求意见，网友们给了“我”很多建议。（ ）
11. 一位网友认为，当全职主妇很容易出现心理问题。（ ）
12. 别人的意见可以作为参考。（ ）

三、根据课文内容，回答问题

1. 我们常常会因为什么事征求别人的意见？

答：________________________________

2. “我”遇到了什么问题？

答：________________________________

3. 别人的意见有什么价值？

答：________________________________

四、根据课文内容，选择最接近下列画线词语的解释

1. 我在征询了多人的意见之后，心中的<u>疑团</u>反而越来越大，思路越来越乱，答案还在九霄云外。（ ）

A. 猜疑　B. 怀疑　C. 疑问　D. 可疑

2. 部门领导谆谆教导："我们都是职业包袱很沉重的人。你已经在这儿待了10年了，要慎重考虑！"（　　）

A. 大声而严肃　　B. 细心而认真

C. 恳切并耐心　　D. 急切而严厉

3. 我在我常去的网站上把问题发了帖子，答案更是不一而足。（　　）

A. 无法一一列举　　B. 没有一个有用的

C. 只有一个就足够　　D. 没有一个不重要的

4. 要权衡性价比，像我挣得不多，可工作很轻松。（　　）

A. 衡量比较　　B. 权力均衡　　C. 权利平衡　　D. 全部比较

5. 每个人都是根据自己的经历，从自己的体会出发，对别人做出判断，带有自己经验的深刻烙印。（　　）

A. 鲜红的印章　　B. 很重的烙铁

C. 纹路清晰的手印　　D. 不易磨灭的痕迹

6. 可能只是一个参考，一个借鉴。（　　）

A. 借口　　B. 鉴定　　C. 比照　　D. 指导

7. 你可以从别人的角度，看看他为什么会这样想，为什么会有这样的选择，仅此而已。（　　）

A. 不仅如此　　B. 只是这个

C. 不仅只有这个　　D. 只是这样罢了

8. 任何不加分析的"照章办理"都会变成盲从。（　　）

A. 跟着盲人走路　　B. 闭着眼睛走路

C. 明白对错，所以跟从　　D. 不辨是非，盲目跟从

五、选词填空

A. 权衡　　B. 借鉴　　C. 盲从

D. 九霄云外　　E. 不一而足　　F. 仅此而已

1. 虽然很累，但看到他那种充满信任的微笑，我所有的辛苦全都抛到________去了。
2. 正是对股票市场投机赢利的________，才导致许多人忽略了自身借款的风险。
3. 社会网络领域的理论是从数学和社会心理学等其他学科________而来的。
4. 这些天和购房者聊天儿，杨红发现现在的购房者有严重的________心理。
5. 就业还是考研，他________了很久，还是无法做出选择。

6. 各地类似的出口优惠政策可谓五花八门，________。
7. 你不要再________利弊了，只管做，对与错由别人去评说吧。
8. 一个人不可能经历所有的事情，因此别人的经验如果________得当，对自己的进步也是很有帮助的。
9. 他只顾着打游戏，早就把妈妈临走时的叮嘱忘到________了。
10. 我能做的也只是谈谈自己不成熟的建议，希望能对你目前的处境有所帮助，________。
11. 蜂蜜有百花蜜、荔枝蜜、当归蜜等等，________。哪一种营养最好？不能笼统回答。

六、说一说

1. “我能够倾听自己内心的声音”是指什么？
2. 什么样的事你觉得应该听听别人的意见？你觉得别人的意见有用吗？
3. 这篇文章告诉我们什么道理？

快速阅读1

建议阅读3分钟

有经验的电脑使用者，一般会将电脑硬盘划分为多个虚拟盘。如果把人生比作一台电脑，要达到这台“电脑”的高性能和高质量，也要划分出五个盘：A、B、C、D、E。

在人生的五个盘中，A盘，即ABIDE，是忍受和坚持之意。人的一生是曲折的一生，会碰到各种痛苦与烦恼、考验与屈辱，要尝遍各种酸甜苦辣，经过各种锤炼，才能成长为一个成熟豁达、宠辱不惊的人，才能成为一个有作为的人。

B盘，即BALANCE，是平衡之意。人的一生要把握各种平衡。要保持生理上的平衡，避免各种疾患的侵扰；要保持心理上的平衡，懂得人情世故，知足常乐；要保持经济上的平衡，量入为出地统筹生活，才能享受生活的乐趣；要保持人际关系和家庭关系的平衡，处理好各种关系和矛盾，才能保持良好的心态。

C盘，即CHEER，是愉快之意。我们来到人世，就同时具有双重属性，既有社会性，又有个体性。从社会性的角度看，人要成为社会的人，才能生存，所以人要服从社会，服务社会；从人的个体性角度看，人来到这个社会，除了为社会服务之外，还要享受人世间的美好生活，享受愉悦和快乐。

D盘，即DEVISE，是设计和计划之意。每个人对自己的一生都要有长期和中短期的人生设计。如果你想成为一座壮丽的大厦，首先得设计出符合你的蓝图，按照这个蓝图，分阶段分层次地施工，最终实现你的人生梦想。

E盘，即EXERCISE，是锻炼之意。良好的体魄离不开持之以恒的体育锻炼，只有这样才能保持生命之树常青！

电脑没有系统就无法发挥作用，人生只有装好程序，才能运行自如，实现人生的价值。

（613字）

一、根据课文内容，选择正确答案

1. 在这篇文章中，作者要谈的是：（　　）

A. 如何划分虚拟盘　　B. 怎样拥有完美成功的人生

C. 有经验的电脑爱好者的做法　　D. 给电脑硬盘划分虚拟盘的好处

2. 面对人生的曲折，我们应该：（　　）

A. 忍受和坚持　　B. 不断地学习

C. 成为有作为的人　　D. 尝遍各种酸甜苦辣

3. 在谈平衡时，作者提到了几个方面的平衡？（　　）

A. 三个　　B. 四个　　C. 五个　　D. 六个

4. 要想保持经济上的平衡，必须：（　　）

A. 想买什么就买什么　　B. 懂得享受生活的乐趣

C. 根据自己的收入来消费　　D. 根据自己的消费来挣钱

5. 下面哪种说法最符合作者的观点？（　　）

A. 每个人应该同时具有双重性格

B. 人活在世上就是为了服务社会

C. 人生在世应该既服务社会又享受生活

D. 人来到这个社会就是要追求愉悦和享受

6. 每个人在进行人生设计时应该： （ ）

A. 符合自己的实际情况 B. 分阶段分层次地设计梦想

C. 先设计一个符合自己的蓝图 D. 把自己想象成一座壮丽的大厦

7. “生命之树常青”的意思是： （ ）

A. 生命永远充满活力 B. 永远生活在绿色中

C. 生命像一棵绿色大树 D. 生命中的那棵树常常是绿色

二、根据课文内容，判断正误

1. 人生就像一台高性能、高质量的电脑。 （ ）
2. 人只有经过很多磨炼，才能不断成熟。 （ ）
3. 尝遍各种味道的人才能成为有作为的人。 （ ）
4. 生理上保持平衡有助于避免各种疾病。 （ ）
5. 平衡的人际关系和家庭关系能给人带来良好的心态。 （ ）
6. 追求愉悦是人的社会性的体现。 （ ）
7. 人生的不同阶段应该有不同的设计和计划。 （ ）
8. 人生有了电脑的使用经验，才能实现人生的价值。 （ ）

快速阅读2

建议阅读3分钟

哈尔滨的丁香有个特点：它们往往是在人们不经意的瞬间，忽然全部绽放的。这让人们感觉春天在一夜之间降临这座城市。在北方，有许多花儿都是这样，花蕾往往会在枝头上挂很长时间，然后在某一天，或某一瞬间，便“忽如一夜春风来，千树万树梨花开”了。

花儿为什么要选择在一个瞬间不约而同地绽放呢？一位生物学家解开了这个谜。

北方地处高纬度地区，这里冬季漫长，春季短暂。有时，春天即使来了，天气也往往会有很多反复，白天可能艳阳高照，而晚上则有寒流入侵，这样，即使在一天之间，温差也极大。在这种气候中，花儿如果贸然开放，必会被无情的寒风“零落成泥碾作尘”。所以，聪明的花儿一直处于含苞待放的状态，寻找最佳的开放时机。它们可能会等一个星期，甚至一个月的时间，直到四月中旬或者更晚的某一个清晨，人们上街时突然嗅到四溢的花香，看到花开满城。北方的花儿，因为善于等待而避开被冻僵、夭折的灾难，带来了生机勃勃的春天，完成了繁衍生息的任务。

我们应该向那些花儿学习。有些时候，我们只能做一件事，那就是等待，就像含苞的花蕾。这种等待不是消极懈怠，而是积攒力量；不是徘徊犹豫，而是韬光养晦。一旦时机成熟，便把积蓄的力量全部释放出来，此时的人生，定会如花儿般绚烂夺目，芳香四溢。

（516 字）

一、根据课文内容，选择正确答案

1. 哈尔滨的丁香：（　　）

A. 不被人们喜欢　　B. 盛开后像梨花一样

C. 在春天的夜晚开放　　D. 差不多在同一时间盛开

2. 高纬度地区的气候特点是：（　　）

A. 白天艳阳高照　　B. 天气反复无常

C. 夜晚寒流入侵　　D. 冬季长，春季短

3. 北方花儿的特点是：（　　）

A. 善于等待　　B. 花香四溢

C. 总是含苞待放　　D. 能带来生机勃勃的春天

4. 文章最后一段告诉我们：（　　）

A. 人生要像花儿一样绽放　　B. 人要像花儿一样学会等待

C. 人要像花儿一样活得绚烂夺目　　D. 含苞的花蕾比盛开的花朵更好

5. 这篇短文主要告诉我们什么？（　　）

A. 人要学会等待　　B. 北方气候的特点

C. 花儿生命力顽强　　D. 丁香花的开花规律

6. 这篇文章最合适的题目是： （ ）

A. 北方的气候　　B. 哈尔滨的丁香

C. 花儿何时开放　　D. 像花儿一样等待

二、根据课文内容，判断正误

1. 北方的花儿在春风吹过后便会绽放。 （ ）
2. 北方的春天总是白天温暖夜晚寒冷。 （ ）
3. 北方的花儿会在气温稳定以后才绽放。 （ ）
4. 花儿的等待是为了开得更漂亮。 （ ）

第5课 世界那么大

精读课文1

悉尼歌剧院的诞生

在澳大利亚港湾，有一座构思独特、设计超群的建筑物。从远处望去，它宛如从蔚蓝海面上缓缓飘来的一簇白帆；而在近处看，它又像被海浪涌上岸的一只只贝壳，斜竖在海边。它就是世界著名的悉尼歌剧院，被公认为是20世纪最美丽的建筑物之一，是当代建筑史上的一件“稀世之作”。悉尼歌剧院每年都吸引着来自世界各地的旅游者前来观光游览。

悉尼歌剧院建成于1973年10月20日。虽然它的历史不长，但它的知名度却远在许多著名的欧洲歌剧院之上。然而，很少有人知道，它的诞生，却是一波三折，充满坎坷。

这个梦幻般的建筑物的设计蓝图最初很早就遭到了淘汰。1957年，由四人组成的专家评审团讨论审议歌剧院的各种设计方案时，其中一位名叫伊尔罗·萨里南的评委提出要看所有的方案，它才从废纸堆中被重新翻出。这位老资格的建筑师独具慧眼，发现丹麦设计师耶尔恩·乌特松的构思别具一格，富有诗意，颇具吸引力。萨里南终于说服了另外三位评委，使他们改变了主意，最后乌特松设计的方案击败了其他231个竞争对手而被选中。

1959年，歌剧院正式破土动工。然而它的独特设计，对传统的建筑施工提出了挑战。工程陷入了一系列的技术及经费大超预算的难题之中。工程技术人员光计算如何支撑其不规则的屋顶，以确保其不会崩塌就用了整整5年时间。工期的耽误和成本的高昂，使悉尼歌剧院的建造成为朝野两党政治权力斗争的焦点和砝码，建设工程几度停止，最终导致了支持歌剧院工程的工党政府在大选中失利下台。新上台的自由党政府拒绝为工程追加新的预算，并终止了与乌特松的合同，乌特松愤然辞职回国。当时，歌剧院工程连1/4都没有完成。

直到1973年，经过十几年的艰难曲折，悉尼歌剧院终于在几度搁浅后，草草建成竣工。工程总花费超过10亿澳元，是设计预算的十五倍。

意想不到的是，掀起盖头来的悉尼歌剧院立即引来世人的好评，成为世界各地旅游者和艺术家们向往的地方。每年都有数百万人出席在这里举行的各种活动，参观者更是络绎不绝。它已经成了悉尼的骄傲、澳大利亚的象征。

（810字）

一、根据课文内容，选择正确答案

1. 关于悉尼歌剧院，下面哪种说法不正确？（ ）

A. 它在世界上非常有名　　B. 它是一只斜竖在海岸边的贝壳

C. 它是20世纪最美丽的建筑物之一　　D. 当代建筑史上这样的建筑很少见

2. 下面哪个词语最能反映悉尼歌剧院诞生的过程？（ ）

A. 草草建成　　B. 很有诗意

C. 颇具吸引力　　D. 波折而坎坷

3. 下列哪一项不是乌特松设计方案的特点？（ ）

A. 独具慧眼　　B. 别具一格

C. 富有诗意　　D. 很有吸引力

4. 乌特松的设计能够获胜，最主要的原因是：（ ）

A. 它是一个梦幻般的建筑设计

B. 专家评审团的评委都改变了主意

C. 评审团的一位老资格专家非常欣赏这个设计

D. 乌特松设计的建筑方案击败了其他的竞争对手

5. 作者认为专家评审团中的伊尔罗·萨里南：（ ）

A. 是一位富有经验的性格独特的人

B. 是一个非常富有诗意和吸引力的人

C. 非常善于说服别人，使别人改变主意

D. 眼光非常敏锐，能发现别人看不到的东西

6. 悉尼歌剧院是哪一年开始建造的？（ ）

A. 1959 年 B. 1957 年 C. 1964 年 D. 1973 年

7. 第四段中，“建设工程几度停止”的意思是：（ ）

A. 建设工程几乎停止了 B. 建设工程迅速停止了

C. 建设工程好几次停了下来 D. 气温只有几度时建设工程就停止了

8. 乌特松离开悉尼是因为：（ ）

A. 新政府停止了歌剧院的工程

B. 歌剧院的工程已经完成了 1/4

C. 新上台的政府终止了和他的合同

D. 支持歌剧院工程的工党政府在大选中失利下台

9. 从本文中，我们可以知道：（ ）

A. 悉尼歌剧院完工后周围都种上了草

B. 悉尼歌剧院工程的总预算是 10 亿澳元

C. 悉尼人很骄傲他们拥有澳大利亚的象征

D. 悉尼歌剧院一竣工就受到了全世界的好评

二、根据课文内容，判断正误

1. 悉尼歌剧院现在也是一个著名的旅游景点。（ ）
2. 悉尼歌剧院比许多著名的欧洲歌剧院还要有名。（ ）
3. 悉尼歌剧院在建造中遇到过三次很大的困难。（ ）
4. 一开始大家都认为乌特松的设计方案不行。（ ）
5. 悉尼歌剧院建造在一片破烂不堪的土地上。（ ）
6. 悉尼歌剧院的屋顶建造难度非常大。（ ）
7. 工党和自由党在建造悉尼歌剧院的问题上态度不同。（ ）
8. 建造悉尼歌剧院前后用了十几年时间。（ ）

三、根据课文内容，回答问题

1. 悉尼歌剧院是什么样子的？

答：____

2. 悉尼歌剧院工程在技术上有什么样的难题？

答：______________________________

3. 工党和自由党在争夺权力时，斗争的重点是什么？

答：______________________________

四、根据课文内容，选择最接近下列画线词语的解释

1. 在澳大利亚港湾，有一座构思独特、设计超群的建筑物。（ ）

A. 超越 B. 大众化 C. 赶得上 D. 超过一般

2. 然而，很少有人知道，它的诞生，却是一波三折，充满坎坷。（ ）

A. 波折很多 B. 弯弯曲曲

C. 三四个困难 D. 有很多问题

3. 这个梦幻般的建筑物的设计蓝图最初很早就遭到了淘汰。（ ）

A. 被扔到了水里 B. 各方面的批评

C. 因为差而被去掉 D. 很多人一起反对

4. 这位老资格的建筑师独具慧眼，发现丹麦设计师耶尔恩·乌特松的构思别具一格，富有诗意，颇具吸引力。（ ）

A. 眼睛里充满了智慧 B. 有敏锐而非凡的眼光

C. 借助独有的敏锐眼光 D. 具有奇特而智慧的眼睛

5. 这位老资格的建筑师独具慧眼，发现丹麦设计师耶尔恩·乌特松的构思别具一格，富有诗意，颇具吸引力。（ ）

A. 另有一种独特的风格 B. 运用了一种特别的格式

C. 没有限定在一个格子里 D. 不需要具有任何一种风格

6. 直到1973年，经过十几年的艰难曲折，悉尼歌剧院终于在几度搁浅后，草草建成竣工。（ ）

A. 受阻 B. 修改

C. 初步完成 D. 被放在岸边

7. 直到1973年，经过十几年的艰难曲折，悉尼歌剧院终于在几度搁浅后，草草建成竣工。（ ）

A. 刚刚 B. 匆忙 C. 马上 D. 开创

8. 每年都有数百万人出席在这里举行的各种活动，参观者更是络绎不绝。（ ）

A. 拥挤不堪 B. 流连忘返 C. 接连不断 D. 赞不绝口

五、选词填空

A. 淘汰　　B. 搁浅　　C. 草草

D. 一波三折　　E. 独具慧眼　　F. 别具一格　　G. 络绎不绝

1. 茶博会上，来自全国各地的茶商、茶友和爱茶的市民________，茶友们以茶为媒，以茶会友。
2. 大家________吃了几口饭，便再次出发寻找老人。
3. 音乐会上，中央交响乐团以精湛的演奏技巧先后奏响了《茉莉花》《瑶族舞曲》，为现场观众们带来了一场________的视听盛宴。
4. 通用汽车曾开发出一款纯电动车，但没有几年这辆汽车就被________了，原因是它的造价太高，而且电池的性能也不能满足电动汽车的要求。
5. 总经理________，最终从数十名基层工作人员中选中了他来执行这个项目。
6. 冰岛队连进两球，以 2∶1 的比分令人吃惊地________了英格兰队。
7. 虽然比赛________，但凭借埃及头号球星萨拉赫的出色表现，埃及队最终如愿全取三分。
8. 勤劳能干的哈斯把“牧家乐”经营得风生水起，每天就餐的客人________。
9. 今天的这篇文章，就带大家回顾一下手机发展历史上那些新奇惊艳而________的手机产品。
10. 今日这一战，可以说是________，每当他们濒临绝望的时候，却总能峰回路转。
11. 发行商华纳兄弟对电影的表现很不满意，续集计划也因此________。
12. 我倒是觉得他________，这么多藏品中偏偏就看中了毫不起眼儿的“九元通关”图解。
13. 声明的最后以“文中的一系列描述都与实际情况不符”________收尾，显得有些站不住脚。

六、说一说

1. 请介绍一下乌特松的设计方案被选用的过程。
2. 悉尼歌剧院在建造过程中遇到过哪些问题？
3. 请介绍一下悉尼歌剧院现在的影响力。

泛读课文

爱尔兰和诺贝尔文学奖特有缘

按平均人口算，爱尔兰这个小国算是盛产诺贝尔文学奖获奖者的一个国家，似乎是得奖专业户一般。因此，当你听到某位年轻的爱尔兰作家表示对诺贝尔文学奖志在必得时，你大可不必感到惊讶。人家如此自信地将诺贝尔文学奖挂在嘴边，实在是有道理的：叶芝、萧伯纳、贝克特、希尼……当然还有文学大师乔伊斯和王尔德等，所以讲起话来也有如此底气。

对这个问题终于有了感性认识，是在一次法兰克福书展上，结识了爱尔兰作家，并见识了爱尔兰人推广本国文学的热情之后。

那天，我的德国出版商安排我与爱尔兰作家弗兰克见面。见面伊始，他那口纯正的英语几乎让我以为他是英国人。得知他不懂德语，我遗憾地说："尽管咱们的书都出了德文版，可却不能相互赠书，因为赠也白赠。"他却说："但我可以送给你我的书，是英文的。"我问他："你自己译的还是别人译的？"他说："我用英文写的。几乎没有作家用爱尔兰文写作了，我们早就用英文写了。"这位作家用英语创作的小说已有好几个欧洲语种的译本了，人也早离开了爱尔兰，长期住在伦敦，靠英国和其他欧洲国家的版税为生，但"出售"的却是爱尔兰故事！

那天晚上，弗兰克约我们去法兰克福一家老字号文学书店参加一场爱尔兰作家的作品朗诵会。到了书店，里面早已挤得水泄不通。人们喝着香槟议论着哪位爱尔兰作家或诗人会成为近期蹿红的作家。德国的文学代理人们似乎准备在这里发现几个未来的诺贝尔文学奖人选。随后是两位爱尔兰作家轮流朗诵自己小说的精彩片段，是纯正的英国口音，且是那种戏剧化的腔调，惟妙惟肖地表演着自己小说中的各色人等。

书展期间还活跃着一个半官方的"爱尔兰文学交流协会"，其口号是"将爱尔兰译到全世界去"。据介绍，从1994年成立以来，这个协会已成功地代理了80部爱尔兰作品的外文版版权，译成了13种外文，多数是译自英文。他们的宣传材料首页上赫然印着由该协会资助、中国工人出版社出版的中文本《叶芝抒情诗全集》的封面。这个协会的主要任务就是筹集资金，为国外翻译爱尔兰文学提供资助，资助最高额可达到译者稿酬的100%。

（829字）

节选自《环球时报》 作者：黑马

一、根据课文内容，选择正确答案

1. 关于爱尔兰，下面哪种说法正确？（　　）

A. 是得奖专业户最多的国家

B. 按平均人口算是最小的国家

C. 是诺贝尔文学奖获奖者最多的国家

D. 是人均诺贝尔文学奖获奖者最多的国家

2. 年轻的爱尔兰作家：（　　）

A. 讲起话来声音都很大　　B. 对获得诺贝尔文学奖很有信心

C. 表示对诺贝尔文学奖非常了解　　D. 常常讲获得诺贝尔文学奖的道理

3. 下列哪一项不是“我”参加法兰克福书展的收获？（　　）

A. 结识了爱尔兰作家

B. 看到了爱尔兰人推广本国文学的热情

C. 了解了爱尔兰作家获得诺贝尔文学奖的情况

D. 对爱尔兰作家对获得诺贝尔文学奖的信心有了切身感受

4. 大部分爱尔兰作家：（　　）

A. 用法语写作　　B. 用德语写作

C. 用英语写作　　D. 用爱尔兰语写作

5. 关于弗兰克，下面哪种说法正确？（　　）

A. 是英国人　　B. 用英语等好几个欧洲语种写作

C. 在英国和其他欧洲国家做生意　　D. 他的小说讲的都是爱尔兰的故事

6. 那天晚上，法兰克福的一家老字号书店中：（　　）

A. 挤满了买书的人　　B. 举行了弗兰克作品朗诵会

C. 来了一位诺贝尔文学奖得主　　D. 有两位爱尔兰作家朗诵自己的作品

7.“爱尔兰文学交流协会”的宗旨是： （ ）

A. 培养诺贝尔文学奖人选　　B. 将爱尔兰文学推向世界

C. 代理爱尔兰作品的外文版版权　　D. 为国外翻译爱尔兰文学提供资助

二、根据课文内容，判断正误

1. 爱尔兰历史上有过多位诺贝尔文学奖获得者。 （ ）
2. 爱尔兰作家经常自信地谈论诺贝尔文学奖。 （ ）
3. “我”想和弗兰克用德语交谈，他听不懂，“我”很遗憾。 （ ）
4. “我”和弗兰克不能互相赠书，因为没有书可赠。 （ ）
5. 大部分的爱尔兰作家几乎不用英文写作。 （ ）
6. 弗兰克的小说有不同语言的译本。 （ ）
7. 弗兰克的收入来源主要是英国和其他欧洲国家的版税。 （ ）
8. 在那次作品朗诵会上，各种各样的人都在惟妙惟肖地表演着自己的小说。 （ ）
9. 这次书展是由“爱尔兰文学交流协会”举办的。 （ ）
10. 中文本《叶芝抒情诗全集》是由“爱尔兰文学交流协会”资助出版的。 （ ）

三、选词填空

A. 底气　　B. 结识　　C. 见识　　D. 伊始　　E. 赫然

1. 新年________，一汽大众和上海大众先后调价，捷达和桑塔纳两款车型均做出了较大幅度的价格调整。
2. 在参加 MBA 课程的学习中，我________了不少企业家。
3. 他们通过技能培训、外出务工，学到了技术，增长了________，积累了资金，熟悉了市场。
4. 郑先生最近遇到一桩烦心事，新买的公寓房天花板上________出现了两个大洞。
5. 涨幅位列前五名的行业板块除了去年以来持续强势的食品、有色和金融之外，贸易、传媒两个新生力量也________在列。
6. 自从那场大病以后，她唱歌时缺少________，唱出来像是读歌词一样，而且还觉得喉咙很累。
7. 他________的网友、记者甚至艺术家越来越多，人们对这个残疾小伙子的交友能力充满了好奇。

8. 他上任________，就把以前从未公开过的财务账目进行了公开展示，一笔一笔账目来龙去脉都明明白白。

四、说一说

1. 为什么说爱尔兰与诺贝尔文学奖特有缘?
2. 请介绍一下爱尔兰作家弗兰克。
3. “爱尔兰文学交流协会”的主要工作是什么?

精读课文2

乌鸦狂轰克里姆林宫

众所周知，俄罗斯克里姆林宫素来以其洋葱头般的贴金圆顶著称于世。然而最近，成群的乌鸦纷纷飞到金顶上采摘金箔叶子，闹得这座宏伟的建筑片刻不得安宁。莫斯科当局在无奈之下，只得请来乌鸦的天敌猎鹰，充当克里姆林宫的“守护神”。

克里姆林宫是俄罗斯历代沙皇的皇宫，位于莫斯科市中心，占地28公顷，至少有800年的历史，现为总统官邸。然而长期以来，克里姆林宫却饱受乌鸦之苦。这些讨厌的鸟儿整天呱呱鸣叫，让人心烦。更令人厌恶的是，当郁金香等奇花异草一出嫩芽，那些乌鸦便会一哄而上，像割草机一样将其咬断。苏联时期，驱鸦运动便轰轰烈烈地开始了。起初，人们的驱鸦办法倒还“人道”，只是让乌鸦吃安眠药，但根本无效。

后来，人们又改用鸟枪射击，但是由于克里姆林宫地处莫斯科闹市中心，每每枪声大作，必然引发鸡飞狗跳。有一次，一名政治局委员到克里姆林宫上班来得早了点儿，目睹枪打乌鸦的“血腥场面”，吓得差点儿昏厥过去。为了对付乌鸦，苏联的一批专家还曾特意前往西欧，引进了一种专门捕捉乌鸦的铁笼子。开始时，的确曾有一些笨乌鸦进入笼内被擒，可是后来乌鸦就渐渐变聪明了。屡战屡败的莫斯科人又想出一个办法：在金顶上放置一只猎鹰标本，旁边再安放一部录音机，不停地播放猎鹰的尖叫声。可是，狡猾的乌鸦不久便识破了这套“鬼把戏”。

在这场长达数十年的“人鸦大战”中，乌鸦显然一度占了上风。最近，成群结队的乌鸦不仅大摇大摆地入侵克里姆林宫内偷食那些名贵树种的叶子，甚至还将金顶上一片片贵重的金箔叶子叼走。眼瞅着这座古老的建筑行将毁于一旦，痛心疾首的克里姆林宫管理人员终于搬来“救兵”——五只来自西伯利亚的训练有素的猎鹰，指望它们能将那些“流氓乌鸦”吓跑。

对此，俄政府首席鸟类学家维比斯基坦言：“单凭五只猎鹰显然不足以杀死所有乌鸦。不过，有了这些天敌，乌鸦肯定再也不敢像以前那样胡作非为。”这位鸟类学家同时表示，由于克里姆林宫只会在每天清晨尚未开放时把猎鹰放出来捕杀一番，所以绝对不会惊扰游人。

（814 字）

节选自《华商报》 作者：袁海

一、根据课文内容，选择正确答案

1. 俄罗斯克里姆林宫著称于世，是因为其： （ ）
   A. 贴金圆顶　　B. 悠久的历史
   C. 灿烂的文化　　D. 成群的乌鸦
2. 现在的克里姆林宫是： （ ）
   A. 沙皇的皇宫　　B. 美丽的花园
   C. 总统的居住地　　D. 莫斯科的警察局
3. 驱赶乌鸦的运动： （ ）
   A. 最近刚开始　　B. 至少有 800 年历史了
   C. 已经取得了最终胜利　　D. 已经有几十年的历史了
4. 为什么用鸟枪射杀乌鸦的方式不行？ （ ）
   A. 会吓着鸡和狗　　B. 每天打枪太麻烦
   C. 严重惊扰人们的正常生活　　D. 有位政治局委员被吓昏了
5. 莫斯科当局一定要驱赶乌鸦的重要原因是，乌鸦： （ ）
   A. 把奇花异草都吃完了　　B. 偷食名贵树种的叶子
   C. 整天呱呱鸣叫，让人心烦　　D. 叼走克里姆林宫金顶上的金箔叶子

6. 文章第四段中画线词语“行将”的意思是：（ ）
A. 即将　B. 将来　C. 可能　D. 未来
7. 关于那五只猎鹰，下面哪种说法不正确？（ ）
A. 它们来自西伯利亚　B. 它们能杀死所有的乌鸦
C. 它们接受过良好的训练　D. 它们是克里姆林宫管理人员的救兵
8. 文中提到了几种驱鸦办法？（ ）
A. 两种　B. 三种　C. 四种　D. 五种

二、根据课文内容，判断正误

1. 俄罗斯克里姆林宫里的洋葱头都贴着金箔叶子。（ ）
2. 乌鸦最怕的动物是猎鹰。（ ）
3. 克里姆林宫的历史很悠久。（ ）
4. 克里姆林宫遭到乌鸦的侵害已经很久了。（ ）
5. 一开始人们驱赶乌鸦的办法就很暴力。（ ）
6. 莫斯科人曾经用一只假猎鹰来吓唬乌鸦。（ ）
7. 在“人鸦大战”中人总是失败。（ ）
8. 五只猎鹰的到来会有效抑制乌鸦对克里姆林宫的破坏。（ ）
9. 每天克里姆林宫开放时就把猎鹰放出来捕杀一番。（ ）

三、根据课文内容，回答问题

1. 最近克里姆林宫遇到了什么麻烦？
答：____________________
2. 起初人们用什么办法驱赶乌鸦？
答：____________________
3. 克里姆林宫的管理人员为什么痛心疾首？
答：____________________

四、根据课文内容，选择最接近下列画线词语的解释

1. 众所周知，俄罗斯克里姆林宫素来以其洋葱头般的贴金圆顶著称于世。（ ）
A. 人人都知道　B. 通知所有人
C. 所以经常听说　D. 从周围的人那里知道

2. 莫斯科当局在无奈之下，只得请来乌鸦的天敌猎鹰，充当克里姆林宫的“守护神”。 (　　)

A. 当时　　B. 政府　　C. 警察局　　D. 现任局长

3. 然而长期以来，克里姆林宫却饱受乌鸦之苦。 (　　)

A. 满足于　　B. 充分享受　　C. 充分品尝　　D. 长期经受

4. 更令人厌恶的是，当郁金香等奇花异草一出嫩芽，那些乌鸦便会一哄而上，像割草机一样将其咬断。 (　　)

A. 大叫大嚷着冲上来　　B. 鼓足干劲一次做完

C. 一声令下全部冲上来　　D. 乱哄哄一下子冲上来

5. 后来，人们又改用鸟枪射击，但是由于克里姆林宫地处莫斯科闹市中心，每每枪声大作，必然引发鸡飞狗跳。 (　　)

A. 首都　　B. 城市

C. 吵闹的街市　　D. 繁华的街区

6. 有一次，一名政治局委员到克里姆林宫上班来得早了点儿，目睹枪打乌鸦的“血腥场面”，吓得差点儿昏厥过去。 (　　)

A. 用眼睛看　　B. 蒙住眼睛　　C. 亲眼看见　　D. 亲自发现

7. 可是，狡猾的乌鸦不久便识破了这套“鬼把戏”。 (　　)

A. 认识　　B. 破坏　　C. 看穿　　D. 突破

8. 在这场长达数十年的“人鸦大战”中，乌鸦显然一度占了上风。 (　　)

A. 成为流行风尚　　B. 处于有利地位

C. 占据了制高点　　D. 取得最后胜利

9. 眼瞅着这座古老的建筑行将毁于一旦，痛心疾首的克里姆林宫管理人员终于搬来“救兵”——五只来自西伯利亚的训练有素的猎鹰，指望它们能将那些“流氓乌鸦”吓跑。 (　　)

A. 如果被毁坏　　B. 一旦遭到毁灭

C. 很快就被毁掉　　D. 在某一个早上毁掉

10. 眼瞅着这座古老的建筑行将毁于一旦，痛心疾首的克里姆林宫管理人员终于搬来“救兵”——五只来自西伯利亚的训练有素的猎鹰，指望它们能将那些“流氓乌鸦”吓跑。 (　　)

A. 痛恨到极点　　B. 心中痛苦万分

C. 心疼得直拍脑袋　　D. 痛恨之下想到了主意

11. 眼瞅着这座古老的建筑行将毁于一旦，痛心疾首的克里姆林宫管理人员终于搬来“救兵”——五只来自西伯利亚的训练有素的猎鹰，指望它们能将那些“流氓乌鸦”吓跑。（　　）

A. 用素食训练出来　　B. 平时一直都在训练

C. 受到过很好的训练　　D. 经过有目的的训练

12. 不过，有了这些天敌，乌鸦肯定再也不敢像以前那样胡作非为。（　　）

A. 任意胡闹　　B. 故意破坏　　C. 非常严重　　D. 糊涂行动

五、选词填空

A. 占上风　　B. 众所周知　　C. 著称于世

D. 一哄而上　　E. 毁于一旦　　F. 痛心疾首　　G. 胡作非为

1. 他是娱乐圈________的隐形富豪，身家早已过亿。
2. 位于加州小镇上的电话博物馆上周在大火中受到波及，________。
3. 位于加勒比海北部的牙买加，向来以山、水和阳光________，文化中融合了非洲和西班牙色彩。
4. 整场比赛，米兰冷静有余而激情不足，曼联在士气和心态上都________，米兰输球在情理之中。
5. 科学的投资规划是大规模投资达到预期效果的重要前提，各地切莫________，搞什么“大干快上”。
6. 他首先处治了小偷、强盗，然后开始惩办那些________的公子王孙。
7. 他一副________的样子，说道：“这种事情，我怎么能够骗你？”
8. 在与歹徒的搏斗中，周师傅身强力壮，很快就________了。
9. 前段时间电脑系统崩溃，我多年的文稿________，虽然后来恢复了系统，但是文稿还是找不回来了。

六、说一说

1. 请根据本文介绍一下克里姆林宫。
2. 莫斯科人采取了哪些驱赶乌鸦的措施？
3. 为什么把那些乌鸦称为“流氓乌鸦”？

快速阅读1

建议阅读3分钟

1月31日，一些已婚日本男子一下班就早早赶回家里。进屋后，他们来到妻子面前，看着妻子的眼睛说："谢谢你！"这些好男人不是突发奇想，而是在过节。

素有"大男人主义"传统的日本男人，近来展开了史无前例的爱妻运动。一个名为"日本爱妻家协会"的民间组织把每年1月的最后一天定为"爱妻日"，呼吁日本全国的丈夫在这一天突出表达对妻子的爱慕与感激之情。该协会由一群中年男子创办，推行"爱妻"文化，向所有丈夫发出呼吁，即使工作再忙，也不要忽略对妻子的关心与爱护。目前，在其网站登记的会员人数已将近一万人。

"日本爱妻家协会"总部设于日本群马县吾妻郡嬬恋村。村名和郡名连起来就是"我爱我的妻子"。其支部遍布日本各大城市。

很多日本男人无法做到将自己对妻子的谢意用言语表达出来。对他们来说，工作永远是摆在第一位的事情，这种态度正在逐步使日本人的婚姻处于重重压力之下。

为使现状欠佳的婚姻关系得以改善，该协会向日本男人推荐了五条"黄金法则"，其中包括早一点儿回家，在称呼自己的妻子时直接使用她们的名字，以及在与妻子交谈时凝视对方的双眼等。很多日本丈夫通常以"你"来称呼自己的妻子，而不是说出对方的名字，有时甚至只是以一声简单的咕哝来表示自己想和妻子谈话。

协会除了提议男人早回家，也鼓励他们要不时想办法讨好妻子，如学习陪妻子去购物，协助妻子做家务，给妻子放洗澡水，与妻子手牵手散步，等等。

（577字）

一、根据课文内容，选择正确答案

1. 1 月 31 日这天，一些已婚日本男人会：（ ）
   A. 突发奇想　　B. 陪妻子逛街
   C. 重新认识妻子　　D. 一下班就回家过节
2. 下面哪一种是日本素有的传统？（ ）
   A. 爱妻文化　　B. 大男人主义
   C. 下班后准时回家　　D. 下班后对妻子说“谢谢”
3. 爱妻运动的发起者是：（ ）
   A. 日本政府　　B. 一个网站
   C. 一个民间组织　　D. 日本群马县吾妻郡嬬恋村
4. 五条“黄金法则”的目的是：（ ）
   A. 改善婚姻关系　　B. 让男人们早早回家
   C. 让男人们学会讨好妻子　　D. 让男人们更好地和妻子交谈
5. 很多日本丈夫称呼自己妻子的方式通常是：（ ）
   A. 看着对方的眼睛　　B. 一声简单的咕哝
   C. 用“你”来称呼妻子　　D. 直接称呼她们的名字

二、根据课文内容，判断正误

1. “爱妻日”是日本的一个传统节日。（ ）
2. “爱妻日”在每月的最后一天。（ ）
3. 传统的日本男人很少向妻子表达爱慕与感激。（ ）
4. “日本爱妻家协会”的创办者是一些中年男人。（ ）
5. 日本各大城市都有“爱妻家协会”。（ ）
6. 传统的日本男人总是把家庭放在首位。（ ）
7. 协会建议男人们不仅要陪妻子逛街，还要帮妻子做家务。（ ）

快速阅读2

建议阅读3分钟

加拿大的卡尔加里是一座充满了现代气息的城市。“卡尔加里”一词的本意是“清澈流动的水”。因为舒适宜居，那里多次被评为“世界上最干净的城市”。目前它的人口有一百多万，其中华人占10%左右。

卡尔加里牛仔节起源于20世纪初，始于一个牛仔的梦想。在1912年时，一个经常在美国各地从事西部牛仔表演，名叫盖·威迪克的牛仔，一心梦想要举办一个牛仔竞技活动，发扬西部拓荒时期的精神与西部牛仔文化。在他的努力下，这一构想获得了当时负责组织牛仔竞技活动的四大巨头的资助，他筹措到了十万美元，于1912年9月首次在卡尔加里创办了牛仔竞技活动，并且一举成功，得到全卡尔加里市民的支持。自那以后，每年7月，平时安静的卡尔加里便会陷入狂欢。牛仔节越办越大，活动项目与奖金也不断增加，吸引了世界各地的好手前来角逐。

现在每年7月的第一个周五开始，卡尔加里都会举办规模宏大的牛仔盛会。来自世界各地的顶级职业牛仔齐聚一堂，整个城市在十来天里充满了节日的气氛。人们穿着传统盛装载歌载舞，进行各种竞技比赛。

每年的牛仔节都以盛大的游行揭开序幕。包括音乐、舞蹈、乐队、花车、皇家骑警、原住民、牛仔公主、牛仔王子、历届牛仔竞技男女冠军等一百多个队伍，沿市中心的第六大道进行长达五公里的游行。为了在开幕式上占个好位子，人们半夜就用椅子占地，早上六点多就坐在大街两旁等待。

卡尔加里牛仔节越办越红火。现如今，牛仔节已经名扬全球，全世界的游客在这段时间都会蜂拥而至。牛仔节主办当局估计，活动为卡尔加里带来的总经济收益已超过两个亿。

（628字）

一、根据课文内容，选择正确答案

1. 卡尔加里被评为“世界上最干净的城市”，是因为：（　　）

A. 它非常舒适宜居　　B. 它的人口不太多

C. 它充满了现代气息　　D. 它有清澈流动的水

2. 那位名叫盖·威迪克的牛仔：（　　）

A. 负责组织牛仔竞技活动　　B. 经常在美国从事西部牛仔表演

C. 想在美国西部举办一个牛仔竞技活动　　D. 是从事牛仔竞技活动的四大巨头之一

3. 盖・威迪克举办牛仔竞技活动的目的是： （ ）

A. 筹措资金

B. 在卡尔加里创立牛仔节

C. 发扬西部拓荒时期的精神与西部牛仔文化

D. 获得负责组织牛仔竞技活动的四大巨头的资助

4. 关于卡尔加里的首次牛仔竞技活动，下面哪种说法不对？ （ ）

A. 一下子就成功了　　B. 花费了大约十万美元

C. 受到了全市人民的支持　　D. 吸引了世界各地的好手前来观看

5. 每年卡尔加里牛仔节的第一个节目是： （ ）

A. 揭开序幕　　B. 音乐和舞蹈

C. 盛大的游行　　D. 历届牛仔竞技男女冠军进行表演

6. “全世界的游客在这段时间都会蜂拥而至”中，“蜂拥而至”的意思是： （ ）

A. 就像蜂群到来一样拥挤　　B. 很多人朝着一个方向聚集

C. 很多蜜蜂挤在一起飞了过来　　D. 人们像蜜蜂一样在这个城市飞来飞去

二、根据课文内容，判断正误

1. 卡尔加里居住着十多万华人。 （ ）
2. 由于四大巨头的资助，那位牛仔的梦想实现了。 （ ）
3. 卡尔加里牛仔节每年 7 月的第一天开始。 （ ）
4. 卡尔加里举办牛仔节时，世界各地的顶级职业牛仔都要来这里开会。 （ ）
5. 为了更好地观看开幕式，人们半夜就坐在大街两旁等待着。 （ ）
6. 卡尔加里牛仔节为这个城市带来了很好的经济效益。 （ ）

第6课　缤纷多彩的民族节日

精读课文1

那达慕——欢乐的草原

到草原旅游的人们，如果有幸遇上蒙古族的那达慕大会，的确是不虚此行。“那达慕”蒙古语意为“娱乐”或“游戏”，是蒙古族一个盛大的传统节日，其历史源远流长。几千年前，蒙古人的祖先就在广阔的蒙古草原上活动。额尔古纳河，是蒙古族的摇篮。据记载，那达慕起源于蒙古汗国建立初期，蒙古族的首领们举行大会时，除了制定法规、任免官员、分封奖惩外，还要举行规模盛大的那达慕活动。摔跤、射箭、赛马是三项主要的活动内容。公元1206年，成吉思汗统一了蒙古各部落。他为检阅自己的部队，维护和分配草场，每年都要将各个部落的首领召集在一起，举行较大规模的那达慕活动，表示团结友谊和祈庆丰收。在元朝时，那达慕已经在蒙古草原地区广泛开展起来。到了清代，那达慕逐步变成了由官方定期召集的有组织、有目的的游艺活动。此俗沿袭至今，每年蒙古族人民都举行那达慕活动。

刚开始时，那达慕以单纯的歌舞娱乐形式为主，不久便增添了以摔跤、射箭、赛马为基本内容的竞技项目，而且竞技占有较大的比重。重视竞技比赛，和蒙古族悠久的历史传统有着深刻的关系。在长期的征战生活和狩猎游牧生活中，蒙古族形成了尚武、崇敬英雄的风俗习惯。元朝统治者规定，蒙古族男子必须具备摔跤、骑马、射箭这三项基本技能。如今，竞技已几乎贯穿到蒙古族生活方式的方方面面中去了。如祭敖包仪式中，婚礼进行途中，都会展开规模不等、趣味迥异的各种竞技比赛。

那达慕大会，一般选择草原黄金季节七月、八月。那时，牧草丰盛，牛羊肥壮，整个草原浸泡在鲜花绿草之中。成千上万的蒙古族牧民，穿着节日盛装，不顾旅途遥远，或骑马，或乘车，或赶着辘辘车，从四面八方云集到绿草如茵的草原上。平日宁静的草原，彩旗飘扬，人流纵横，牛羊欢叫，牧马嘶鸣，呈现出一派繁荣的景象。假如有机会参加这一盛大的节日活动，亲身感受那节日的气氛，该是何等有意思的一件事。

（759 字）

一、根据课文内容，选择正确答案

1.“那达慕”的意思是：（　　）

A.“娱乐”或“竞技”　B.“盛大”或“悠久”

C.“娱乐”或“游戏”　D.“欢乐”或“繁荣”

2. 蒙古族的摇篮是：（　　）

A. 蒙古汗国　B. 额尔古纳河

C. 广阔的蒙古草原　D. 一个盛大的传统节日

3. 那达慕活动起源于：（　　）

A. 几千年前　B. 额尔古纳河

C. 蒙古汗国建立初期　D. 蒙古族的首领大会

4. 在那达慕活动中，最主要的三项活动是：（　　）

A. 摔跤、套马、赛马　B. 摔跤、射箭、赛马

C. 射箭、套马、赛骆驼　D. 马术、蒙古象棋、赛骆驼

5. 那达慕活动在蒙古草原地区广泛开展起来是在：（　　）

A. 元朝　B. 清朝

C. 1206 年以后　D. 蒙古汗国建立初期

6. 蒙古族重视竞技比赛是因为：（　　）

A. 蒙古族崇尚武力，崇拜英雄

B. 竞技比赛可以增进部落之间的感情

C. 蒙古族生活的各方面都需要竞技比赛

D. 蒙古族男子都有摔跤、骑马、射箭的基本技能

二、根据课文内容，判断正误

1. 去草原旅游的人一定要去参加那达慕大会。 ( )
2. 那达慕活动的历史比较久远。 ( )
3. 那达慕起源于蒙古人活动的额尔古纳河。 ( )
4. 最初，蒙古族的首领举行盛大的那达慕活动是为了制定法规、任免官员、分封奖惩。 ( )
5. 成吉思汗举行那达慕活动是为了统一蒙古各部落。 ( )
6. 元朝时，那达慕成为由官方定期召集的有组织的活动。 ( )
7. 蒙古族人民每年都会举行那达慕活动。 ( )
8. 那达慕活动最初以竞技项目为主，后来以歌舞娱乐为主。 ( )
9. 在元朝，蒙古族男子必须会摔跤、骑马、射箭这三项技能。 ( )
10. 蒙古族在祭敖包仪式中，婚礼进行途中，都会举行那达慕活动。 ( )
11. 七月、八月蒙古草原上到处是黄金。 ( )
12. 草原上举行那达慕大会时，成千上万的游客都会穿着节日盛装赶过来参加。 ( )

三、根据课文内容，回答问题

1. 那达慕是什么？
   答：____
2. 成吉思汗举行那达慕活动的目的是什么？
   答：____
3. 为什么选择在七月、八月举行那达慕大会？
   答：____

四、根据课文内容，选择最接近下列画线词语的解释

1. 到草原旅游的人们，如果有幸遇上蒙古族的那达慕大会，的确是<u>不虚此行</u>。 ( )

   A. 每天都很充实　　B. 没有白来一趟
   C. 不是空虚的旅行　　D. 值得骄傲的旅行

2. “那达慕”蒙古语意为“娱乐”或“游戏”，是蒙古族一个盛大的传统节日，其历史<u>源远流长</u>。 ( )

   A. 非常悠久　　B. 像河流一样
   C. 持续时间很长　　D. 像草原深处的河流

3. 他为检阅自己的部队，维护和分配草场，每年都要将各个部落的首领召集在一起，举行较大规模的那达慕活动，表示团结友谊和祈庆丰收。（　　）

A. 庆祝　　B. 祈盼平安

C. 祈望团圆　　D. 祈求、庆祝

4. 此俗沿袭至今，每年蒙古族人民都举行那达慕活动。（　　）

A. 从古到今　　B. 沿着这条路一直走到现在

C. 照着老样子一直延续到今天　　D. 到今天还时常会发生这样的事情

5. 如祭敖包仪式中，婚礼进行途中，都会展开规模不等、趣味迥异的各种竞技比赛。（　　）

A. 有些区别　　B. 完全相同

C. 完全不同　　D. 令人惊奇的不同

6. 平日宁静的草原，彩旗飘扬，人流纵横，牛羊欢叫，牧马嘶鸣，呈现出一派繁荣的景象。（　　）

A. 人们交叉行走　　B. 横竖交叉的小路

C. 人们整整齐齐地排队　　D. 很多人来来往往，十分热闹

7. 假如有机会参加这一盛大的节日活动，亲身感受那节日的气氛，该是何等有意思的一件事。（　　）

A. 多么　　B. 什么　　C. 怎么样　　D. 为什么

五、选词填空

A. 迥异　　B. 何等　　C. 不虚此行　　D. 源远流长

1. 大家都想不明白，这两个性情________的人是怎么成为无话不谈的好朋友的。
2. 我国的传统工艺________，有着极为丰富的科技和人文内涵。
3. 史密斯说："假如有机会去中国旅游，亲身感受那里的风土人情，该是________有意思的一件事啊！"
4. 在中国留学期间，杰克吃遍了风格________的各式餐厅，品尝了各色佳肴。
5. 参加本次活动，我开阔了视野，增长了见识，确实________。
6. 在大自然面前，人类是________渺小啊！

六、说一说

1. 请介绍一下那达慕活动的历史。
2. 请描述一下那达慕大会举行时草原的盛况。
3. 你们那儿有像那达慕这样的盛会吗？给大家介绍一下。

泛读课文

傣家新年——泼水节

泼水节是傣族的新年，也是西双版纳最隆重的传统节日之一，一般在公历4月13日至15日这三天。

关于泼水节来历的说法很多，其中有这样一个生动的传说。很久以前，在傣族聚居的地区出现了一个魔王。他无恶不作，人们对他恨之入骨，可是谁也无法除掉他。魔王已有六位妻子，可他又抢来一位美丽聪明的姑娘。这七位勇敢的姑娘决心消灭魔王，解救人民。她们想尽办法，终于除掉了魔王，却也弄脏了衣服。为了冲洗姑娘们身上的污迹，人们就往她们身上泼水。

后来，傣族人民为了纪念这七位机智勇敢的姑娘，就在每年的这一天互相泼水，从此形成了傣族辞旧迎新的盛大节日——泼水节。

傣族泼水节为期三至四天。第一天为“麦日”，意思是送旧。此时人们要收拾房屋，打扫卫生，准备年饭和节间的各种活动。第二天称为“恼日”，“恼”意为空。按习惯，这一日既不属前一年，亦不属后一年，故为“空日”。第三天叫“晚帕雅宛玛”，意为日子之王，是一年的初始，也就是傣历的元旦。这天，一年一度的傣历新年庆祝活动在几万人的泼水大狂欢中走向高潮。

早上十点左右，泼水开始。在泼水广场，以纪念神话传说中的七个美丽勇敢的傣家姐妹的取水仪式宣布泼水节正式开始。大约两万人“装备”着水盆、水桶和水枪，相互追逐、泼浇、喷洒。广场上方水花四溅，笑声鼎沸。来自四面八方的游客和傣族人民一起泼水嬉戏，洗去旧时尘埃，迎接新年的到来。一朵朵水花在空中盛开，它象征着吉祥、幸福、健康。青年手里明亮晶莹的水珠，还象征着甜蜜的爱情。大家互相泼啊泼，到处是水的洗礼、水的祝福、水的欢歌。朵朵水花串串笑，泼水节成了欢乐的海洋。

泼水节的内容，除泼水外，还有赶摆、赛龙舟、斗鸡、跳孔雀舞、放孔明灯等民俗活动，以及其他艺术表演、经贸交流等。

（706 字）

一、根据课文内容，选择正确答案

1. 关于传说中的魔王，下面哪种说法不正确？（　　）
   A. 他有六位妻子　　B. 他做了很多坏事
   C. 人们都非常恨他　　D. 人们都想杀死他
2. 傣历的元旦又叫：（　　）
   A. 麦日　　B. 空日
   C. 恼日　　D. 晚帕雅宛玛
3. 在正式开始泼水之前需要：（　　）
   A. 举行取水仪式　　B. 进行歌舞表演
   C. 表演泼水节的传说　　D. 祭拜那七位傣族姑娘
4. 泼水的寓意是：（　　）
   A. 清洗衣物和身体　　B. 与传说中的魔王做斗争
   C. 冲刷掉未来可能会遇到的困难　　D. 洗去旧时尘埃，迎接新年的到来
5. 青年手里的水珠还象征着：（　　）
   A. 吉祥和幸福　　B. 甜蜜的爱情
   C. 健康的身体　　D. 源源不断的财富
6. 下列哪一项不属于泼水节的活动内容？（　　）
   A. 斗鸡　　B. 赛马　　C. 跳孔雀舞　　D. 经贸交流

二、根据课文内容，判断正误

1. 泼水节是西双版纳最隆重的传统节日之一。（　　）
2. 傣族的新年一般在公历 4 月 13 日至 15 日这三天。（　　）
3. 魔王的第七个妻子又聪明又美丽。（　　）
4. 傣族的风俗是“麦日”这一天要把旧东西送给别人。（　　）
5. 泼水节的第二天是“空日”，意思是这一天没有什么事情做。（　　）
6. 泼水节第三天是最热闹的一天。（　　）
7. 参加泼水节的都是当地人。（　　）

8. 人们互相泼水是为了互相祝福。 （ ）
9. 泼水节内容丰富，有民俗活动，还有艺术表演和经贸交流。 （ ）

三、选词填空

A. 无恶不作　　B. 恨之入骨　　C. 笑声鼎沸

1. 他是剧中最大的反派，阴险狡诈，________，坏到骨子里。
2. 也许他们这类人就是很享受敌人对其________，却又偏偏干不掉他们的状态吧。
3. 被利益冲昏了头脑的人，为了利益________的时候，就已经不算是一个真正的人了。
4. 因为榴梿这种水果味道十分独特，有特殊的气味，爱它的人爱得狂热，恨它的人________。
5. 这两位相声演员说的相声深受观众喜爱，只要是他们两位在台上说相声，台下必定________，掌声连连。

四、说一说

1. 请讲一讲关于泼水节的传说。
2. 请介绍一下傣族的泼水节。
3. 你们家乡的新年有什么风俗？请介绍一下。

精读课文2

武鸣“壮族三月三”歌圩（xū）开幕

据悉，中国壮乡·武鸣“壮族三月三”歌圩暨骆越文化旅游节将于3月29日至4月1日举办。本次文化旅游节主题为“美丽壮乡·踏歌追潮”，将以形式多样、内容丰富、特色鲜明的文体、旅游、经贸活动，展示开放包容、生态文明、和谐发展的武鸣新形象。

三月三，是壮族人民盛大的节日，相传是为纪念壮族歌仙刘三姐而形成的节日，故又称歌仙节。山歌是最具壮族特色的传统文化，古往今来深受百姓喜爱。壮家人通过山歌来记录历史，描绘生活，传情达意等。只要山歌声一响，壮家人就会三五成群，聚在一起，唱对应答，因而形成了十分独特的壮族“歌圩”。

南宁市武鸣区位于广西中南部，城区总面积3378平方公里，总人口70万，壮族人口占86.6%，是壮族发祥地之一，被誉为“中国壮乡”。为了弘扬优秀传统文化，打造壮族文化精品，延续壮族文化血脉，保护与发展“壮族三月三”歌圩文化品牌，武鸣区政府已连续36年坚持举办“壮族三月三”歌圩活动。今年为第37次歌圩活动。本届歌圩活动整体凸显五大亮点：规模更大，44项活动为历届最多；活动更靓，民族性与观赏性兼备；范围更广，全城联动，处处有欢歌；形式更新，推陈出新，凸显大气魄；趣味更多，文化旅游深度大融合。

经过多年打造、创新、提升，武鸣“三月三”歌圩已经成为宣传和展示武鸣形象的载体，成为欢歌壮乡新貌、抒发壮族情怀的大舞台，成为广西三月三节庆的标志性文化品牌，成为全国规模最大、影响最广、历史最久的民族歌圩。每届歌圩活动，既有歌舞表演、书画展示等演绎美轮美奂的壮族风情的文化活动；又有高手过招、群众参战等展现壮乡人民崇文尚武精神的民族体育竞技活动；还有游山玩水、民俗体验等让游客充分领略壮乡绮丽山水、独特民俗风情的旅游活动；更通过“山歌搭台，经济唱戏”的方式，展示壮乡武鸣良好的投资环境与丰富的社会资源。每年参加活动的群众达十几万人，实现了文化与经济的有效融合，凸显了“三月三”歌圩文化品牌效应。

（780字）

一、根据课文内容，选择正确答案

1. 本文是：（　　）

A. 一篇新闻报道　　B. 一个美丽传说

C. 一个发展计划　　D. 一篇工作总结

2. “三月三”节日的形成是为了： （ ）

A. 展示武鸣的新形象

B. 纪念壮族歌仙刘三姐

C. 配合文化旅游节主题

D. 让壮家人记录历史，描绘生活，传情达意

3. 关于山歌，下面哪种说法正确？ （ ）

A. 是歌仙刘三姐发明的　　B. 是壮族独有的文化形式

C. 可以记录历史，表达感情　　D. 壮家人会分成三五个小组一起唱

4. 南宁市武鸣区： （ ）

A. 壮族人口有 86.6 万　　B. 是中国唯一的壮族之乡

C. 86.6% 的壮族人口都会唱山歌　　D. 是壮族最早生活和发展的地区之一

5. 下列哪一项不是武鸣举办这个活动的目的？ （ ）

A. 延续壮族血脉　　B. 打造壮族文化精品

C. 弘扬优秀传统文化　　D. 保护“壮族三月三”歌圩文化品牌

6. 关于这次歌圩活动，下面哪种说法正确？ （ ）

A. 整个武鸣区到处都有活动　　B. 有五个地方的活动非常吸引人

C. 这是武鸣区政府第 36 年举办活动　　D. 活动很有趣，吸引了大量外国游客

7. 下列哪一项不是武鸣举办“三月三”歌圩活动的效果？ （ ）

A. 宣传和展示了武鸣形象

B. 形成了一个标志性文化品牌

C. 打造、创新和提升了武鸣形象

D. 成为欢歌壮乡新貌、抒发壮族情怀的舞台

8. “山歌搭台，经济唱戏”的意思是： （ ）

A. 唱着山歌搭起戏台，请经济界的人来演戏

B. 在大舞台上唱起山歌宣传武鸣的经济发展

C. 用山歌等民俗风情吸引各路投资促进经济发展

D. 用山歌创造经济发展的舞台，用经济发展来促进山歌发展

二、根据课文内容，判断正误

1. 三月三在过去被称为歌仙节。 （ ）

2. 壮家人喜爱唱山歌，只要山歌声一响，他们就聚在一起开始唱了。 （ ）

3. 武鸣是位于广西中南部的一个小城市。 （ ）

4. 37 年来，武鸣一直在举办“壮族三月三”歌圩活动。 (　　)
5. 第 37 次歌圩活动是活动最多的一次歌圩活动。 (　　)
6. 武鸣“三月三”歌圩在全国都很有影响。 (　　)
7. 歌圩活动包括两大部分：壮族风情文化活动和民族体育竞技活动。 (　　)
8. “三月三”歌圩活动已经发挥了较好的文化品牌效应。 (　　)

三、根据课文内容，回答问题

1. 武鸣的新形象是什么？
   答：______________________________
2. 武鸣为什么连续多年坚持举办“壮族三月三”歌圩活动？
   答：______________________________
3. 武鸣“三月三”歌圩节为什么有民族体育竞技活动？
   答：______________________________

四、根据课文内容，选择最接近下列画线词语的解释

1. 据悉，中国壮乡 · 武鸣“壮族三月三”歌圩<u>暨</u>骆越文化旅游节将于 3 月 29 日至 4 月 1 日举办。 (　　)
   A. 到　　B. 和　　C. 同时　　D. 加上
2. 山歌是最具壮族特色的传统文化，<u>古往今来</u>深受百姓喜爱。 (　　)
   A. 从古到今　　B. 以前的传统习惯
   C. 回顾过去，了解现在　　D. 过去的已经过去了，今天的才最重要
3. 壮家人通过山歌来记录历史，描绘生活，<u>传情达意</u>等。 (　　)
   A. 介绍各种情况　　B. 表达传统的感情
   C. 传递和表达感情　　D. 把情意告诉所有人
4. 只要山歌声一响，壮家人就会<u>三五成群</u>，聚在一起，唱对应答，因而形成了十分独特的壮族“歌圩”。 (　　)
   A. 一群人在一起　　B. 几个人在一起
   C. 组成三五个小组　　D. 三到五个人在一起
5. 南宁市武鸣区位于广西中南部，城区总面积 3378 平方公里，总人口 70 万，壮族人口占 86.6%，是壮族发祥地之一，<u>被誉为</u>“中国壮乡”。 (　　)
   A. 被起名为　　B. 被选举为
   C. 被称赞为　　D. 被授予荣誉称号

6. 为了弘扬优秀传统文化，打造壮族文化精品，延续壮族文化血脉，保护与发展“壮族三月三”歌圩文化品牌，武鸣区政府已连续 36 年坚持举办“壮族三月三”歌圩活动。（　　）

A. 创造　　B. 制造　　C. 打开　　D. 寻找

7. 本届歌圩活动整体凸显五大亮点。（　　）

A. 突然出现　　B. 清楚显示出

C. 非常显著的　　D. 高出的地方

8. 每届歌圩活动，既有歌舞表演、书画展示等演绎美轮美奂的壮族风情的文化活动；又有高手过招、群众参战等展现壮乡人民崇文尚武精神的民族体育竞技活动；还有游山玩水、民俗体验等让游客充分领略壮乡绮丽山水、独特民俗风情的旅游活动；更通过“山歌搭台，经济唱戏”的方式，展示壮乡武鸣良好的投资环境与丰富的社会资源。（　　）

A. 人群众多　　B. 壮观、美妙

C. 富贵、华丽　　D. 像轮子一样快速旋转

9. 每届歌圩活动，既有歌舞表演、书画展示等演绎美轮美奂的壮族风情的文化活动；又有高手过招、群众参战等展现壮乡人民崇文尚武精神的民族体育竞技活动；还有游山玩水、民俗体验等让游客充分领略壮乡绮丽山水、独特民俗风情的旅游活动；更通过“山歌搭台，经济唱戏”的方式，展示壮乡武鸣良好的投资环境与丰富的社会资源。（　　）

A. 过来　　B. 比赛　　C. 招手邀请　　D. 走来走去

五、根据课文，为下列词语找出对应关系并连线

1. 形式	A. 发展
2. 特色	B. 情怀
3. 和谐	C. 融合
4. 规模	D. 广泛
5. 范围	E. 鲜明
6. 抒发	F. 多样
7. 历史	G. 盛大
8. 深度	H. 悠久

六、选词填空

A. 被誉为　　B. 古往今来　　C. 传情达意　　D. 三五成群　　E. 美轮美奂

1. 他无法言语，只能用眼神和手势________。
2. 来自两岸的旅客________，他们或手扶栏杆举头望明月，或坐在躺椅上相互交流，甚至还有人对月当歌。
3. ________，但凡被老百姓所称道的好“官”，无一不是把自己置身于百姓之中，以关心百姓疾苦为己任。
4. 雪后的内蒙古呼伦贝尔地区迎来晴好天气，塞外北疆银装素裹，________。
5. 中国自古以来就是礼仪之邦，国家外交特别注重“礼”。茶、阿胶、瓷器和丝绸________“中国古代四大国礼”。
6. 让我们一起欣赏一下________文人墨客留下的重阳诗。
7. 展馆内外人头攒动，人们或是________地忙着合影，或是伸长脖子四处观看。
8. 首部民族器乐剧《玄奘西行》________的舞台变换、精心打造的民族服饰、动人心弦的国乐演奏，令人无比震撼。
9. 如今，越来越多的人喜欢在使用社交软件时用表情包________。

七、说一说

1. 请介绍一下中国壮乡武鸣。
2. 第 37 届“壮族三月三”歌圩活动有哪些亮点？
3. 请结合课文内容，谈一谈你对“山歌搭台，经济唱戏”的理解。

快速阅读1

建议阅读3分钟

七夕节，又名乞巧节、七巧节或七姐诞，是我国汉族以及部分受汉族文化影响的东亚国家的传统节日。每当农历七月初七夜，女子们在庭院中仰望夜空，向织女星乞求智巧，故称为“乞巧”。七夕节起源于对自然的崇拜及女子们对智巧的祈求，后被赋予了牛郎织女的传说，成为象征爱情的节日。

七夕乞巧起源于汉代。东晋葛洪的《西京杂记》有“汉彩女常以七月七日穿七孔针于开襟楼，人俱习之”的记载，这便是我们古代文献中所见到的最早关于乞巧的记载。

唐宋诗词中，女子乞巧也被屡屡提及。唐朝王建有诗说“阑珊星斗缀珠光，七夕宫娥乞巧忙”。据《开元天宝遗事》记载：唐太宗与妃子每逢七夕在宫中夜宴，宫女们各自乞巧。这一习俗在民间也经久不衰，代代延续。

宋元之际，七夕乞巧相当隆重，京城中还设有专卖乞巧物品的市场，世人称为乞巧市。人们从七月初一就开始置办乞巧物品。乞巧市上车水马龙，人流如潮。临近七夕，乞巧市上简直成了人的海洋，车马难行，观其风情，似乎不亚于春节，这说明乞巧节是古人最为喜爱的节日之一。

后来牛郎织女的爱情故事融入乞巧节，民间姑娘信以为真。每到农历七月初七，在牛郎织女“鹊桥会”时，姑娘们就会来到花前月下，抬头仰望星空，寻找牛郎星和织女星，希望能看到他们一年一度的相会，乞求上天让自己也能像织女那样心灵手巧，祈求自己也能有个称心如意的美满婚姻。久而久之便形成了七夕节。

2006年5月20日，七夕节被国务院列入第一批国家非物质文化遗产名录，又被认为是“中国情人节”。

（608字）

一、根据课文内容，选择正确答案

1. 七夕节不包含下列哪一项意义？（　　）

A. 仰望星空　B. 崇拜自然　C. 乞求智巧　D. 象征爱情

2. 七夕节这个节日起源于：（　　）

A. 唐代　B. 宋代　C. 汉代　D. 元代

3. 下列哪一项能表现出宋元时期七夕乞巧相当隆重？（　　）

A. 人们要相互赠送礼物　B. 人们都要买很多东西

C. 乞巧节比春节还要重要　D. 出现了专卖乞巧物品的市场

4. 本文最适合的题目是：（　　）

A. 七夕节的来历　B. 七夕节的传说

C. 七夕节的影响　D. “中国情人节”

二、找出可以替换画线词语的一项

1. 每当农历七月初七夜，女子们在庭院中仰望夜空，向织女星乞求智巧，故称为“乞巧”。（ ）

A. 要求　B. 求助　C. 请求　D. 乞讨

2. 唐宋诗词中，女子乞巧也被屡屡提及。（ ）

A. 认真　B. 多次　C. 再次　D. 仔细

3. 这一习俗在民间也经久不衰，代代延续。（ ）

A. 经久耐用　B. 经常举办　C. 永垂不朽　D. 一直流行

4. 人们从七月初一就开始置办乞巧物品。（ ）

A. 放置　B. 购买　C. 寻找　D. 装饰

5. 每到农历七月初七，在牛郎织女“鹊桥会”时，姑娘们就会来到花前月下，抬头仰望星空，寻找牛郎星和织女星，希望能看到他们一年一度的相会，乞求上天让自己也能像织女那样心灵手巧，祈求自己也能有个称心如意的美满婚姻。（ ）

A. 符合心意　B. 门当户对　C. 互相般配　D. 心心相通

6. 2006 年 5 月 20 日，七夕节被国务院列入第一批国家非物质文化遗产名录，又被认为是“中国情人节”。（ ）

A. 写进　B. 参加　C. 列举　D. 投入

快速阅读2

建议阅读3分钟

米阔鲁节是呼伦贝尔草原莫尔格勒河流域鄂温克牧民的丰收节。每年的五月中下旬，忙完接羔保畜的鄂温克人喜气洋洋地聚集到一起，庆祝一年一度的丰收节日。这一天要给马烙印、剪鬃、去势、除坏牙，给羊剪耳记号等，并举行宴会。

五月的草原铺满绿草鲜花，当年出生的幼畜欢蹦乱跳，草原一派盎然的生机，米阔鲁就选择这段时间举行。米阔鲁没有固定日期，各家都根据天气和准备等情况而定。

首先从马群里套出两岁子马，放倒。人们有的用剪子剪鬃、割尾梢，有的用刀子割耳为记号。这时马的主人把自家的畜印烧红，烙在马的后腿上部。在羊圈里，母羊都放出去吃草了，只剩下满圈的小羊羔，牧人们把公羊羔割势，把母羊羔耳朵剪出自家样式的豁口（每家的羊豁口不相同，以示区别）。

这天也是青年牧人施展自己骑技的一天。他们从马群中套取三四岁的生马驯骑，如果没有一定的骑技，会摔得四脚朝天。富裕的人家还要举行赛马、摔跤等活动，以牛、羊奖励优胜者。

米阔鲁节上，老人们也赠给自己的亲人（如外甥、侄儿、女儿等）母羊羔，祝福晚辈们拥有更多的羊群。

最后，各家依次举行宴会。宴会按照鄂温克人先茶后酒的习惯进行。敬酒时，男女主人捧着一个木盘，盘里放两个酒杯，依次敬让。敬酒轮一周后，主人拿出一条"哈达"，向割势人致谢，同时郑重地向大家说明新的一年幼畜的繁殖数量。大家向主人道喜，祝他牲畜旺盛，烙印割势的数字与岁俱增。

劳动的付出有了丰盛的回报，人们无不由衷地喜悦。大家纵情放歌，举杯欢庆，祈求畜群安全，人畜两旺。

（615字）

一、根据课文内容，选择正确答案

1. 米阔鲁节是：（　　）

A. 非常忙碌的一天　　B. 举行宴会的日子

C. 鄂温克人的丰收节　　D. 鄂温克人接羔保畜的节日

2. 米阔鲁的具体举办日期是根据什么而定的？（　　）

A. 幼畜的数量　　B. 牧民们随意决定

C. 青年牧人的意愿　　D. 天气和各家准备情况

3. 牧民一般把自家的畜印烙在马身体上的什么部位？（　　）

A. 臀部　　B. 耳朵上　　C. 尾巴上　　D. 后腿上部

4. 为什么要把母羊羔的耳朵剪出自家样式的豁口？（　　）

A. 比较美观　　B. 与别人家的羊区分开

C. 有利于羊的身体健康　　D. 是牧民的传统祈福方式

5. 文章第四段中画线词语“生马”的意思是：（ ）

A. 高大的马 B. 陌生的马

C. 没有被驯服的马 D. 刚产完小马的母马

6. 在米阔鲁节的宴会上，敬了一轮酒之后，主人一般会：（ ）

A. 给老人们敬茶 B. 向割势人献“哈达”

C. 向老人们献“哈达” D. 给割势人送上一只羊羔

二、根据课文内容，判断正误

1. 米阔鲁节当天要给牛、羊烙印、去势、除坏牙等。（ ）
2. 五月的草原充满生机。（ ）
3. 如果骑马技术不好，很有可能被生马摔下来。（ ）
4. 在米阔鲁节当天，家家户户都会举行赛马、摔跤等活动。（ ）
5. 米阔鲁节的宴会上，老人们会赠送晚辈亲人母羊羔。（ ）
6. 鄂温克人的宴会上有“先茶后酒”的习惯。（ ）

第7课　城市印象

精读课文1

潍坊——美丽古老的风筝城

每到春天，美丽古老的潍坊城上空，便有一只只五颜六色、绚丽多姿的风筝，在云端轻轻飘荡，展翅飞翔。

潍坊地处山东半岛中部。相传，这里是中国风筝的发祥地。宋朝时期，风筝在这里已很流行，明朝更加普及，清朝乾隆年间达到鼎盛。

新中国成立以后，潍坊风筝这一古老的民间传统艺术奇葩有了新的发展。特别是改革开放以来，潍坊风筝成了带动经济起飞、增进同各国人民友好关系的信使。1984年潍坊举办首届国际风筝会，此后每年4月20日至25日，全国各地的风筝队及世界各地的风筝爱好者便齐聚潍坊。1988年潍坊市被第五届国际风筝会主席团确定为“世界风筝都”。

潍坊风筝在漫长的发展过程中，一直有画家的参与。画家与能工巧匠结合，逐步形成了选材讲究、造型精致、色彩鲜艳、品种繁多的特色。潍坊有一大批扎制风筝的老艺人。他们继承祖传的经验，既在扎制中苦心探索，又不断相互观摩、切磋，形成了一种群众性的集体创作。

潍坊有一个被称为“风筝城里风筝村”的杨家埠。杨家埠的木版年画闻名遐迩。它与天津杨柳青、苏州桃花坞，并称中国三大年画产地。年画和风筝，是一根藤上的两个瓜，贴在墙上是年画，飞在天上是风筝。杨家埠人从明朝到现在，年年冬天印年画，春天扎风筝。家家户户，上至八十老翁，下至七八岁的娃娃，几乎人人会画年画、扎风筝。他们的风筝有串式、板式、筒式、折叠式等100多个品种，畅销国内外。

外地人来潍坊，不等进城，就会看到公路两侧的风筝摊一个连一个。风筝有动有静，缤纷多姿，引得过往车辆不时停车选购。进得城来，大街小巷到处都有风筝店。柜台摆的，窗前挂的，全是形状各异的风筝，让人眼花缭乱。

为了收藏和展览古今中外的风筝，潍坊市建起一座中国独一无二的风筝博物馆。馆内共有大小展厅12个，陈列着2000多只中外风筝，展现了斑斓多彩的风筝世界。馆内设有影像大厅，可以再现历届潍坊国际风筝会的盛况。这里已成为国际风筝协会、国际风筝联合会组织各国风筝爱好者切磋技艺、交流感情、发展友谊的总部。

（799字）

改写自《人民日报》(海外版) 作者：吕熙祥

一、根据课文内容，选择正确答案

1. 中国风筝的发源之处是： （ ）
   A. 山东半岛北部　　B. 山东半岛中部
   C. 山东半岛南部　　D. 山东半岛西部
2. 风筝开始在潍坊流行是在： （ ）
   A. 宋朝　　B. 明朝
   C. 清朝　　D. 新中国成立后
3. 风筝给潍坊带来了： （ ）
   A. 国际风筝节　　B. 世界风筝之都
   C. 民间传统艺术奇葩　　D. 经济效益和文化交往
4. 每年的国际风筝会什么时候举行？ （ ）
   A. 4月上旬　　B. 4月中旬　　C. 4月下旬　　D. 4月20号
5. 潍坊风筝特色的形成主要是由于： （ ）
   A. 一直由画家制作　　B. 继承了祖传的经验
   C. 有很多老人制作风筝　　D. 画家和能工巧匠结合

6. 潍坊风筝是：（ ）

A. 集体创作的结果 B. 由画家设计制作的

C. 由老艺人教年轻艺人扎制的 D. 由画家和老艺人一起扎制的

7. “风筝城里风筝村”的意思是：（ ）

A. 杨家埠村的年画是最有名的 B. 杨家埠村的风筝是最有名的

C. 潍坊城里有一个做风筝的村子 D. 潍坊就像一个专做风筝的村子

8. “一根藤上的两个瓜”的意思是：（ ）

A. 年画和风筝像两个瓜

B. 一根藤上可以结两个瓜

C. 年画和风筝源于同一种民间艺术

D. 年画和风筝都是杨家埠人精心培育的艺术

9. 外地人来潍坊印象最深的是：（ ）

A. 到处都是卖风筝的 B. 可以随时停车买风筝

C. 这里的风筝比别处便宜 D. 不用进城就可以买到风筝

10. 在潍坊风筝博物馆可以：（ ）

A. 买到古今中外的风筝 B. 申请加入国际风筝协会

C. 随时和各国风筝爱好者交流 D. 看历届国际风筝会的影像资料

二、根据课文内容，判断正误

1. 春天的潍坊，天上到处飞着美丽的风筝。（ ）
2. 清朝乾隆年间是潍坊风筝发展最好的时候。（ ）
3. 新中国成立以后，潍坊就开始举办国际风筝会。（ ）
4. 改革开放后，潍坊风筝往返于各国之间，成为信使。（ ）
5. 1988 年潍坊被确定为世界风筝之都。（ ）
6. 制作潍坊风筝时，材料的选择非常讲究。（ ）
7. 老艺人们在制作风筝时常常互相学习、讨论。（ ）
8. 杨家埠是中国排名第三的年画产地。（ ）
9. 杨家埠的风筝是用冬天贴在墙上的年画扎制的。（ ）
10. 潍坊城外的公路两侧有很多风筝摊。（ ）
11. 潍坊风筝博物馆是国际风筝协会的总部。（ ）

三、根据课文内容，回答问题

1. 潍坊风筝有什么特色？

   答：________________

2. 中国三大年画产地是哪里？

   答：________________

3. 风筝博物馆的功能是什么？

   答：________________

四、根据课文内容，选择最接近下列画线词语的解释

1. 每到春天，美丽古老的潍坊城上空，便有一只只五颜六色、绚丽多姿的风筝，在云端轻轻飘荡，展翅飞翔。（　　）

   A. 各种各样　B. 多种姿势　C. 灿烂美丽　D. 光芒耀眼

2. 相传，这里是中国风筝的发祥地。（　　）

   A. 发财的地方　B. 起源的地方

   C. 吉祥的地方　D. 发展的地方

3. 宋朝时期，风筝在这里已很流行，明朝更加普及，清朝乾隆年间达到鼎盛。（　　）

   A. 最兴盛　B. 最茂盛

   C. 技术最高　D. 巨大的容器

4. 新中国成立以后，潍坊风筝这一古老的民间传统艺术奇葩有了新的发展。（　　）

   A. 难得的花草　B. 奇怪的花朵

   C. 奇特而美丽的花朵　D. 奇异而难得的技术

5. 画家与能工巧匠结合，逐步形成了选材讲究、造型精致、色彩鲜艳、品种繁多的特色。（　　）

   A. 灵活的工人　B. 能干的工人

   C. 能工作的人　D. 工艺技术高明的人

6. 他们继承祖传的经验，既在扎制中苦心探索，又不断相互观摩、切磋，形成了一种群众性的集体创作。（　　）

   A. 观察学习　B. 观看表演　C. 交流经验　D. 虚心请教

7. 他们继承祖传的经验，既在扎制中苦心探索，又不断相互观摩、切磋，形成了一种群众性的集体创作。（　　）

   A. 一起制作　B. 研究刀法

   C. 使用技巧琢磨　D. 互相研究学习

8. 杨家埠的木版年画闻名遐迩。 (　　)

A. 听到名声　　B. 经常联络　　C. 遥不可及　　D. 非常有名

9. 柜台摆的，窗前挂的，全是形状各异的风筝，让人眼花缭乱。 (　　)

A. 年纪大了眼睛花　　B. 看东西没有顺序

C. 怎么看也看不清楚　　D. 看到的太多而感到迷乱

五、选词填空

A. 绚丽多姿　　B. 能工巧匠　　C. 闻名遐迩　　D. 眼花缭乱

1. 新疆天池是________的旅游胜地。
2. 他们引进 24 名有企业工作经历的工程师、技术员等________到校任教师，成为全省第一家全职聘任实践指导教师的高职院校。
3. 青海是多民族地区，________的风俗民情形成了青海一大特色人文景观。
4. 打开莎士比亚戏剧集，如同打开百宝箱，使人________，处处迸发出智慧的火花，闪现着艺术的光芒。
5. 瑞安有许多名小吃和糕点，有着百年历史的李家炊糕更是________。
6. ________的彩旗、精巧别致的灯笼、悦耳动听的乐曲、摩肩接踵的人群，到处都洋溢着节日的喜庆气氛。

六、说一说

1. 为什么潍坊风筝能够独树一帜？
2. 请介绍一下风筝村杨家埠。
3. 请你根据课文介绍一下潍坊的风筝博物馆。

泛读课文

悠悠厦门

到了厦门，最大的体会是悠闲。快节奏的生活一下子放慢了节拍，连呼吸也跟着悄然放缓。如果说广州的生活是激情飞扬的恰恰，那么，厦门一定是那曲最悠扬华美的华尔兹。

朋友大概习惯了广州的快节拍，老是抱怨厦门“司机开车慢，服务员动作慢……”。也许，这才是他们真正的生活。工作不一定要用忙忙碌碌来形容，就像他们，那样一种从容不迫，那样一份悠然自得，一样把工作完成得倍儿棒。像享受生活一样享受工作，想来这也是一种境界了吧。

厦门的悠闲令人难忘。对我而言，印象最深刻的，却是那份无处不在的浪漫。厦门是一个多情的城市，最适合情侣居住。在这里，仿佛空气里也滋生着爱情，你只要闭上眼睛，就会嗅到那空气中飘浮着的爱的味道……

那天赶到厦门已经五点多了。站在轮渡上，看见夕阳的霞光下，远处的海面流光溢彩。鼓浪屿静穆在余晖里，宁静而安然。

选了一个临海的饭店住下，阳台上就可以看见那片蓝色的大海。海风吹来，卷起帘幔的一角，那露出来的一点儿蔚蓝顿时将心温柔地包容起来，一如这辽阔的大海。

海滩边，有一条铺砌整齐的沿岛路。绿树林荫间，有一张张供人休憩的椅子。显然，这里已成为情人的专座。一对对细语呢喃的情侣，在海风中许下相守一生的承诺。让我们将脚步放轻一点儿，再轻一点儿。在这空气里也能嗅出浪漫的地方，你会觉得惊扰了别人的卿卿我我也是一种罪过。

很喜欢海滩上那一排排沙滩椅，夜幕降临的时候，灯光亮起，伸伸懒腰，躺在沙滩椅上，晒着月光，听着海浪，品着咖啡的醇香……让时光记住这一刻彼此最深情的凝望，最美的风景与最爱的人分享。或许，这就是幸福的极致了吧。

夜晚的鼓浪屿最适宜漫步，相对于海边的宁静，海岛上可热闹了。广场上有着国家级的儿童会演，音乐厅里钢琴节又隆重开幕。鼓浪屿人真是令人羡慕，家门口就有好戏连台，也正是这从小就开始的艺术熏陶，才使这座钢琴之岛蜚声海外。漫步在一条条宁静的小巷里，一串串叮咚作响的琴音如天籁般传来。千万别诧异，任何一个花木扶疏的香筑小院里都可能住着一位才华横溢的青年才俊。琴音袅袅中，淡淡花香里，携手漫步其间会不会让你忘了今夕何夕？

（854 字）

一、根据课文内容，选择正确答案

1. 从第一段中我们可以知道，广州的生活： （ ）
   A. 节奏很快 B. 从容不迫 C. 悠然自得 D. 方便舒适
2. 厦门人对工作的态度是： （ ）
   A. 没必要忙忙碌碌 B. 一定要做得出色
   C. 工作没有享受生活重要 D. 像享受生活一样享受工作
3. 作者印象最深的是： （ ）
   A. 厦门的悠闲 B. 厦门的浪漫
   C. 厦门美丽的景色 D. 厦门人的工作态度
4. 作者觉得厦门最适合什么人居住？ （ ）
   A. 恋人 B. 孩子 C. 艺术家 D. 老年人
5. 作者感受到的第一个厦门美景是： （ ）
   A. 饭店窗外辽阔蔚蓝的大海
   B. 厦门空气中飘浮着的爱的味道
   C. 隔海相望的沐浴在晚霞中的鼓浪屿
   D. 铺砌整齐的沿岛路旁一对对细语呢喃的情侣
6. 在临海的饭店里，作者觉得自己： （ ）
   A. 成了大海的一部分 B. 终于看见了蓝色的大海
   C. 最喜欢看海风轻轻吹起窗帘 D. 心中充满大海带来的温柔感觉
7. 关于沿岛路，下面哪种说法不正确？ （ ）
   A. 这条路沿着海滩 B. 路边有绿树林荫
   C. 许多情侣在路边约会 D. 路边的椅子是专供情侣休息的
8. 作者觉得最幸福的是： （ ）
   A. 晒着月光听海浪 B. 夜幕降临时躺在沙滩椅上
   C. 伸伸懒腰喝杯醇香的咖啡 D. 与最爱的人一起享受美景
9. 鼓浪屿是： （ ）
   A. 一个公园 B. 一个海岛 C. 一个广场 D. 一条小巷
10. 鼓浪屿人令人羡慕，是因为： （ ）
    A. 这里热闹非凡 B. 这里的夜晚最适宜散步
    C. 这里既有儿童会演，又有钢琴节 D. 这里很容易看到许多优秀的演出
11. 作者让我们对什么“千万别诧异”？ （ ）
    A. 这里的风景如此优美 B. 这座钢琴之岛如此有名
    C. 小院里住着青年钢琴家 D. 散步时就能听到美妙的琴声

二、根据课文内容，判断正误

1. 最近厦门把快节奏的生活放慢了节拍。（ ）
2. “恰恰”是一种激情飞扬的舞曲。（ ）
3. “厦门”的意思是华尔兹。（ ）
4. 因为习惯于悠闲的生活，厦门人的工作效率比较低。（ ）
5. 厦门是个适合恋爱的城市，在那里居住的都是情侣。（ ）
6. 作者是在傍晚时分到达厦门的。（ ）
7. 鼓浪屿上的艺术活动非常多。（ ）
8. 鼓浪屿人从小就接受艺术熏陶。（ ）
9. 鼓浪屿的每个小院里都住着一位青年钢琴家。（ ）

三、根据课文内容，选择最接近下列画线词语的解释

1. 工作不一定要用忙忙碌碌来形容，就像他们，那样一种<u>从容不迫</u>，那样一份悠然自得，一样把工作完成得倍儿棒。（ ）

   A. 从不害怕　B. 从来不忙　C. 不慌不忙　D. 容易得到

2. 工作不一定要用忙忙碌碌来形容，就像他们，那样一种从容不迫，那样一份<u>悠然自得</u>，一样把工作完成得倍儿棒。（ ）

   A. 慢慢得到　B. 舒适开心　C. 自寻舒适　D. 自动放松

3. 站在轮渡上，看见夕阳的霞光下，远处的海面<u>流光溢彩</u>。（ ）

   A. 光芒流动闪烁　B. 在阳光下流动
   C. 阳光强烈刺眼　D. 色彩鲜艳夺目

4. 在这空气里也能嗅出浪漫的地方，你会觉得惊扰了别人的<u>卿卿我我</u>也是一种罪过。（ ）

   A. 互相讨论问题　B. 两人一起谈话
   C. 形容情侣间的谈话　D. 形容情侣间的亲密

5. 鼓浪屿人真是令人羡慕，家门口就有好戏连台，也正是这从小就开始的艺术熏陶，才使这座钢琴之岛<u>蜚声海外</u>。（ ）

   A. 闻名于世　B. 琴声飘扬
   C. 隔着大海就能听见琴声　D. 美丽的声音一直传到天边

6. 千万别诧异，任何一个花木扶疏的香筑小院里都可能住着一位才华横溢的青年才俊。 (　　)

A. 非常有名　　B. 热情洋溢

C. 充满才能　　D. 代表中华的希望

四、说一说

1. 请根据课文说说厦门与广州有什么不同。
2. 作者为什么说厦门的空气中飘浮着爱的味道？
3. 请你介绍一下鼓浪屿。

精读课文2

平民城市天津

天津人有深厚的平民意识，从根本上说，天津人一直把自己的城市只看作是一个平民城市。

从历史上考察，天津虽然也有过富人，但是天津的富人一直和平民没有多少往来。天津的商人们，大多住在南开一带。老城里也有些富人，但家家全是深宅大院，和平民社会是极少联系的。后来，天津有了租界地，新派的人家，大多迁到租界地去住了，和平民百姓就更是老死不相往来了。

在天津，贫富之间，一直是泾渭分明的。天津平民大多住在大杂院里。一个大院里几乎住了几百户人家。走进院来，东转西绕，绕不了多少时间，你就再也休想绕出去了。而且在大杂院里，几乎每户人家的门外都有一辆卖货用的车，看得出来，住在大杂院里的人家差不多全都是做小生意的，日子虽然也过得去，但全是底层的城市平民。就整体而言，天津的城市人口中，平民大约占到70%左右。但大多数平民，也就是住房情况不好，而收入却未必就不如其他阶层的人多，生活水平也不比一般人家差，每天也是鱼呀肉呀地吃着，绸呀缎呀地穿着。

所以，天津人走在路上全是贵族。至于回到家之后，谁是贵族，谁不是贵族，那就和任何人都没有关系了。天津人不景仰贵族，其原因也就在这里。

天津人不想做贵族，就是身上穿着名牌服装，但在骨子里还是平民。在天津，门面装潢得豪华的商店进去的人就少，越是那种小门脸的商店，生意就越好。小商贩们卖东西，也是迎合着天津人的这种心理。好好的苹果，摆在货架上，两块五一斤，无人过问。把一筐苹果往地上一堆，大声一吆喝："五块钱两斤啦！"人们立即就围上来抢。

作为一个平民城市，直到现在，大款们也不能在天津飞扬跋扈。至于那许多不可一世的明星，就更是一个个地早就领教过天津人的厉害。

天津人不崇拜贵族，不宠明星，不买大款的账。在他们的意识里，根本就没有名人、富人。任何在天津人面前"拿"大的人，都只会受到天津人的戏弄。

天津人认为做老百姓最好，过小日子是天津人最高的人生理想。可以一点儿也不夸张地说，天津是一个平民城市。

（798 字）

节选自《天津人》 作者：林希

一、根据课文内容，选择正确答案

1. 天津人有深厚的平民意识，是因为：（　　）

A. 天津出的名人太少　　B. 他们说不出什么名人来

C. 他们认为天津是一个平民城市　　D. 天津人一旦出了名就离开了天津

2. 关于天津的富人，下面哪种说法正确？（　　）

A. 都是商人　　B. 和平民百姓很少联系

C. 都住在老城的深宅大院里　　D. 都住在属于外国人的地区

3. 下列哪一项不是大杂院的特点？（　　）

A. 里边东转西绕非常复杂　　B. 里边的贫富差别非常分明

C. 住户几乎都是做小生意的　　D. 一个院子可能住几百户人家

4. 天津的平民生活水平怎么样？（　　）

A. 并不低　　B. 非常高

C. 情况不好　　D. 比一般人家差

5. 天津人不景仰贵族，是因为：（　　）

A. 路上走的全是贵族　　B. 天津人不知道谁是贵族

C. 他们互相之间没有关系　　D. 平民和富人吃穿差不多

6. 天津人的平民意识表现在：（　　）

A. 买苹果的方式　　B. 买东西的心理

C. 装修商店的方式　　D. 不喜欢穿名牌服装

7. 天津人买东西的心理是：（　　）

A. 喜欢抢着买　　B. 专门挑便宜的

C. 专门去大商店　　D. 喜欢买小商贩的

8. 名人、富人在天津：（　　）

A. 也得像普通人一样　　B. 买不了很贵的东西

C. 都觉得天津人很厉害　　D. 常常受到天津人的戏弄

9. 通过这篇文章，我们可以知道：（　　）

A. 天津没有出过名人　　B. 天津人只会做小生意

C. 天津是一个保守落后的地方　　D. 天津的文化内涵是平民文化

二、根据课文内容，判断正误

1. 天津人的平民意识根深蒂固。（　　）
2. 在天津富人和平民很少往来。（　　）
3. 有了租界地以后，时髦的富人都搬到那里去住了。（　　）
4. 住在大杂院里的人生活都很艰难。（　　）
5. 天津的城市人口中有 30% 左右属于富人。（　　）
6. 天津的平民最大的特点就是住房条件不好。（　　）
7. 天津人从表面上不太容易看出贫富差别。（　　）
8. 在天津门很小的商店一般生意比较好。（　　）
9. 天津人对待大明星非常严厉。（　　）
10. 天津人讨厌在他们面前摆架子显示地位的人。（　　）
11. 过好平平常常的生活是天津人最大的理想。（　　）

三、根据课文内容，回答问题

1. 以前天津的商人们住在哪儿？

答：________________

2. 为什么说住在大杂院里的人家差不多都是做小生意的？

答：________________

3. 天津人最高的人生理想是什么？

答：________________

四、根据课文内容，选择最接近下列画线词语的解释

1. 老城里也有些富人，但家家全是<u>深宅大院</u>，和平民社会是极少联系的。（　　）

A. 房子在地下很深　B. 富丽豪华的房子

C. 有很多房子的大院子　D. 住着许多人的大院子

2. 后来，天津有了租界地，<u>新派</u>的人家，大多迁到租界地去住了，和平民百姓就更是老死不相往来了。（　　）

A. 刚刚到来　B. 最近派来

C. 正在兴起的势力　D. 举止、思想时髦

3. 在天津，贫富之间，一直是<u>泾渭分明</u>的。（　　）

A. 比喻爱憎分明　B. 比喻界限清楚

C. 像河水一样流动　D. 分别住在两条河边

4. 走进院来，东转西绕，绕不了多少时间，你就再也<u>休想</u>绕出去了。（　　）

A. 想法　B. 休息　C. 不想　D. 不可能

5. 天津人不想做贵族，就是身上穿着名牌服装，但在<u>骨子里</u>还是平民。（　　）

A. 长相　B. 深刻　C. 内心里　D. 骨头里

6. 在天津，门面<u>装潢</u>得豪华的商店进去的人就少，越是那种小门脸的商店，生意就越好。（　　）

A. 假装　B. 装饰

C. 装上了黄色　D. 装满了东西

7. 小商贩们卖东西，也是<u>迎合</u>着天津人的这种心理。（　　）

A. 迎接远方的客人　B. 欢迎并且热情地招待

C. 能够与人愉快地合作　D. 有意去满足别人的心意

8. 把一筐苹果往地上一堆，大声一<u>吆喝</u>："五块钱两斤啦！"（　　）

A. 粗鲁地说　B. 热情介绍　C. 大声喊叫　D. 轻柔地说

9. 作为一个平民城市，直到现在，大款们也不能在天津飞扬跋扈。（　　）

A. 骄傲而自豪　　B. 对人没有礼貌

C. 骄横，不把别人放在眼里　　D. 高高在上，受到很多人尊敬

10. 至于那许多不可一世的明星，就更是一个个地早就领教过天津人的厉害。（　　）

A. 全世界著名　　B. 流行了几代

C. 很难看到一次　　D. 自以为高人一等

11. 至于那许多不可一世的明星，就更是一个个地早就领教过天津人的厉害。（　　）

A. 领会、教导　　B. 体验、经受

C. 领先、教训　　D. 接受、请教

12. 任何在天津人面前“拿”大的人，都只会受到天津人的戏弄。（　　）

A. 批评　　B. 欣赏　　C. 捉弄　　D. 帮助

五、选词填空

A. 迎合　　B. 骨子里　　C. 泾渭分明　　D. 不可一世

1. ________的楚霸王，最终自刎于乌江河畔。假如他听从了他人的建议，也许悲剧就不会发生，而历史也将被重新改写。
2. 各大商业银行都在加强理财产品的研发力量，为的是开发出更多能够________市场需求的新产品。
3. 他的生活方式已经完全西化了，但________却还是一个非常传统的中国人。
4. 在辩论赛中，两组队员的观点真是________，各不相让。
5. 身为国家公务员，“公”与“私”必须________，严禁公款吃喝。
6. 种种迹象表明，曾经________的、庞大的委内瑞拉石油公司正陷入现金流短缺的困境。
7. 新年伊始，电视台用千万元打造的这个大型明星情歌对唱真人秀节目________了大众的口味。
8. 有的人从________就不是什么好人，不管怎么教育都没用。

六、说一说

1. 请介绍一下天津的大杂院。
2. 为什么说“天津人走在路上全是贵族”？
3. 为什么说天津是一座平民城市？

快速阅读1

建议阅读3分钟

山东省阳谷县城东北6公里有个迷魂阵村。

迷魂阵村是由南北两个部分组成的，南面为大迷魂阵，北面为小迷魂阵。令人不可思议的是，所谓大迷魂阵在建筑规模上却比小迷魂阵小，且小迷魂阵更容易使人在村中走却辨不清方向。此村何以令人迷魂？分析起来主要是村里的建筑十分奇特。整个村子的布局呈新月形，两条主要街道，走向曲折多变。街道交叉又多为“丁”字形，房子亦循街而建，很容易使人把走向各异的房子认作北屋。此外，村外道路亦呈磨齿形，相互交错，难辨方向。

此村何以这样布局？相传这是战国时期齐魏两国交战，齐国军师孙膑为大败魏将庞涓而设的迷魂阵。然而历史上齐魏之间的两次著名战役——桂陵之战和马陵之战均发生在今河南境内，说是孙膑为庞涓而设显然名不副实。但阳谷是孙膑的故里，如此说来，此阵又并非与孙膑没有关系。

另一个迷魂阵村叫“斜尖”，位于山东省济宁市境内。这个面积为1.8平方公里，人口不足700人的小村庄村名为何叫“斜尖”已无从考证。但从外地来的人一进村子便如进迷宫，又说明此村称“斜尖”事出有因。相传，此地是穆桂英大破洪州（济宁古称洪州）时摆阵的地方，以至如今村民一提起穆桂英仍然津津乐道。至于村中的建筑，乍看与周围一些村庄并没有什么两样，但街道的走向以及房子所朝的方向却是不尽相同的，致使外地人极容易迷失方向。由于斜尖村在当地有迷魂阵之称，自然引出了不少故事。正因为外地人容易在村中转向，遇有亲朋好友来访，村民送客时总要将其送至村外，而这更为斜尖村增添了神秘色彩。

（615字）

一、根据课文内容，选择正确答案

1. 在本文中，“迷魂阵”的意思是：（　　）

A. 让人非常迷恋的地方　　B. 建筑奇特有趣的地方

C. 充满古代战争传说的地方　　D. 容易使人迷失方向的地方

2. 山东阳谷县的迷魂阵村中：（ ）

A. 有两个迷魂阵　　B. 小迷魂阵更容易走

C. 大迷魂阵建筑规模很大　　D. 房子都盖得像月牙一样

3. 阳谷县迷魂阵村的这种布局：（ ）

A. 是后来慢慢形成的　　B. 可能与孙膑有些关系

C. 是孙膑为打仗修建的　　D. 是孙膑为打败庞涓准备的

4. 第二个迷魂阵村为什么叫“斜尖”？（ ）

A. 从来无人考证过　　B. 因为面积小，人口少

C. 因为外地人觉得它是迷宫　　D. 可能与它迷宫似的布局有关系

5. 斜尖村的村民们喜欢谈论穆桂英，是因为她：（ ）

A. 曾经打败了洪州城　　B. 是古代著名的女英雄

C. 曾经在这里摆开战场　　D. 带人建造了这个迷魂阵

6. 斜尖村让人迷魂的原因是：（ ）

A. 这个村子布局太混乱　　B. 这个村子有不少故事

C. 村民送客都要送到村外　　D. 这个村子有一种神秘色彩

二、根据课文内容，判断正误

1. 山东省阳谷县城里有一个迷魂阵村。（ ）
2. 迷魂阵村之所以让人迷魂都是因为村里的布局。（ ）
3. 阳谷的迷魂阵村曾发生过两次著名战役。（ ）
4. 阳谷的迷魂阵村可能从战国时期就存在了。（ ）
5. 在斜尖村，外面来的人很难自己走出去。（ ）

快速阅读2

建议阅读3分钟

城市化一般是指人口向城市地区聚集和乡村地区转变为城市地区的过程。一个国家或地区城市化的水平，体现其社会经济发展水平。因为城市是区域发展的经济中心，能带动区域经济发展；而区域经济水平的提高，又促进城市的发展。城市化有以下三个主要标志：城市人口增加，乡村人口减少；城

市人口在总人口中的比重上升；城市用地规模扩大，农业用地转变为工厂、商店及住宅等非农业用地。

此外，在城市化过程中，城乡居民劳动方式、人均收入、文化教育的差别将不断缩小，价值观念和生活方式等逐渐趋同。

在城市起源以后的几千年里，世界城市人口和城市人口比重一直呈低水平缓慢增长状态。在1750年之前，世界城市人口占总人口的比重只有1%至2%。自18世纪中叶开始，欧美各国相继实现了产业革命，城市化步伐才开始加速。在19世纪的100年里，世界人口增长了70%，城市人口增长了340%。1900年的世界城市人口比重提高到13.3%。

20世纪以来，尤其是第二次世界大战结束以后，世界城市化的速度、规模、范围都达到了空前的程度，世界城市人口占总人口的比重迅速上升。这一时期，大城市的发展速度大大越过了小城镇。大城市的数目不断增多，其人口规模迅速膨胀。在大城市中，百万人口以上的特大城市的发展尤为引人注目。同时城市用地规模也在不断扩大。至1990年，世界城市人口比重达到41%。

（534字）

一、根据课文内容，选择正确答案

1. 城市化的意义主要是：（ ）

A. 加大城市人口比重　　B. 尽快减少乡村人口

C. 成为区域发展经济中心　　D. 体现社会经济发展水平

2. 下列哪一项不是城市化的主要标志？（ ）

A. 城市人口增加　　B. 城市用地规模扩大

C. 城市人口比重上升　　D. 城乡价值观念趋同

3. 城市化加速发展是从哪个时期开始的？（ ）

A. 19世纪　　B. 18世纪中叶

C. 1750年之前　　D. 城市起源以后的几千年里

4. 19世纪城市人口增长了：（ ）

A. 70%　　B. 340%　　C. 13.3%　　D. 1%至2%

5. 第二次世界大战结束以后，世界城市化进程：（ ）

A. 略有减慢 B. 迅速减退

C. 和之前持平 D. 达到空前程度

6. 本文最后一段中的“这一时期”指的是：（ ）

A. 20 世纪以来 B. 自 18 世纪中叶开始

C. 在 19 世纪的 100 年里 D. 第二次世界大战结束以后

二、根据课文内容，判断正误

1. 提高区域经济水平可以促进城市的发展。（ ）
2. 城市化过程中，农业用地在逐步减少。（ ）
3. 城市化可以缩小城乡居民文化教育水平的差别。（ ）
4. 1900 年的世界人口增长了 13.3%。（ ）
5. 第二次世界大战结束以后，大城市的发展非常迅速。（ ）

第8课 走近时尚

精读课文1

越野行走

越野行走是一种同时使用两根手杖行走的运动方式：肩部放松，手持手杖紧贴身体，上下肢大幅度交替运动，手杖始终倾斜……越野行走比散步有效，比慢跑安全，作为有氧运动的新成员，是一种介于走和跑之间的时尚运动。

这项运动源自芬兰。20世纪30年代，芬兰的一些越野滑雪运动员常常在想：怎么才能在短暂的冬季雪期后继续训练呢？

他们希望夏天也可以穿着滑雪板，拿着雪杖，在沙地或者草地上训练。但很快，他们发现训练太难、太累。于是有人想到：不要滑雪板，只穿跑步鞋，用手持雪杖行走来锻炼人的上肢和腿部肌肉，或者撑着手杖跑——这就是现代越野行走的雏形。

后来，有人对雪杖的手柄进行了重新改造，让它们更适合快步行走和登山。渐渐地，这项在户外进行的有氧运动成形了。

因为起源于越野滑雪，人们给它起名叫“越野行走”。

很快，这项运动在北欧、中欧流行开来。2000年，国际越野行走联合会（INWA）正式成立。现在，这项运动在加拿大、澳大利亚、日本等国家日渐风靡。

一般的行走以锻炼下肢为主。相比而言，越野行走因为有手杖“助阵”，人的上肢也得到了很好的锻炼——增强了运动负荷，同样的时间内事半功倍。

越野行走有这样五大功效：

1. 在平路上使用手杖，可以加大步幅，加快速度。特别是快步行走时，颇有“陆上游泳”的酣畅淋漓之感。

2. 登山时使用手杖，可以减轻腿部压力，节省体力，加快登山速度。更重要的是，可以保护膝关节，减少对膝关节的磨损。此外，因为有手杖的支撑，可以有效地维持身体平衡，使登山更安全。

3. 可以有效提高心肺功能，消耗多余脂肪，提高人体的耐力。根据国际越野行走联合会的专家统计，与普通行走相比，越野行走时心率至少可以提高13%。在消耗热量方面，普通散步每小时只消耗280卡路里，而越野行走可多消耗20%～46%的卡路里，甚至达到400卡路里。

4. 可以改善人体形态，使身姿挺拔，还可以让你的颈部、肩部肌肉得到放松，增强手臂、胸肌和背肌的力量。

5. 可以培养人的协调能力。

（783字）

一、根据课文内容，选择正确答案

1. 越野行走是一种： （ ）
   A. 有效的散步　　B. 安全的慢跑
   C. 步行穿越原野的新式运动　　D. 处于走和跑之间的新式运动
2. 越野行走的特点是： （ ）
   A. 脚上穿着滑雪板　　B. 走和跑交替进行
   C. 在没有雪的地方滑雪　　D. 胳膊和腿的摆动幅度很大
3. 发明越野行走的人最初的目的是为了： （ ）
   A. 在沙地或者草地上训练　　B. 在冬季雪期后继续训练
   C. 夏天也能享受滑雪的乐趣　　D. 用雪杖来锻炼上肢和腿部肌肉
4. 最初的越野行走运动使用的是： （ ）
   A. 拐棍　　B. 雪杖　　C. 手柄　　D. 滑雪板
5. 这项运动被命名为“越野行走”，是因为： （ ）
   A. 这是一种有效的散步运动　　B. 它是从越野滑雪演变而来的
   C. 它是介于走和跑之间的运动　　D. 这是一种使用手杖行走的运动

6. 越野行走的各种功效主要源于： （ ）

A. 行走的速度很快　B. 行走的步伐很大

C. 行走时使用了手杖　D. 既有平地行走，又有登山

二、根据课文内容，判断正误

1. 越野行走需要借助工具进行运动。 （ ）
2. 越野行走时上下肢大幅度交替运动，身体始终倾斜。 （ ）
3. 越野行走起源于芬兰，很快就在全世界流行开来。 （ ）
4. 越野行走所使用的手杖是由雪杖改造而来的。 （ ）
5. 越野行走主要锻炼上肢。 （ ）
6. 登山时使用手杖，可以有效地保护身体安全。 （ ）
7. 普通散步时心跳的频率低于越野行走时。 （ ）
8. 越野行走可以让人长个子。 （ ）
9. 越野行走可以让人的手臂力量得到充分锻炼。 （ ）

三、根据课文内容，回答问题

1. 与走和跑相比，越野行走有哪些优势？

答：____

2. 为什么越野行走事半功倍？

答：____

3. 越野行走对人的体形有什么好处？

答：____

四、根据课文内容，选择最接近下列画线词语的解释

1. 于是有人想到：不要滑雪板，只穿跑步鞋，用手持雪杖行走来锻炼人的上肢和腿部肌肉，或者撑着手杖跑——这就是现代越野行走的雏形。 （ ）

A. 最小的形式　B. 幼稚的形状

C. 最初的形式　D. 可爱的形状

2. 渐渐地，这项在户外进行的有氧运动成形了。 （ ）

A. 完成　B. 形成　C. 完结　D. 成就

3. 现在，这项运动在加拿大、澳大利亚、日本等国家日渐风靡。 （ ）

A. 像风一样　B. 变得疯狂　C. 遍及各地　D. 流行起来

4. 相比而言，越野行走因为有手杖“助阵”，人的上肢也得到了很好的锻炼——增强了运动负荷，同样的时间内事半功倍。（　　）

A. 好处　　B. 负担　　C. 水平　　D. 乐趣

5. 相比而言，越野行走因为有手杖“助阵”，人的上肢也得到了很好的锻炼——增强了运动负荷，同样的时间内事半功倍。（　　）

A. 形容费力大而收效小　　B. 形容费力小而收效大

C. 形容要花两倍的功夫去做事　　D. 形容事情做了一半就有结果

6. 越野行走有这样五大功效。（　　）

A. 效率　　B. 效果　　C. 功率　　D. 功利

7. 特别是快步行走时，颇有“陆上游泳”的酣畅淋漓之感。（　　）

A. 尽情想象　　B. 舒畅痛快　　C. 酩酊大醉　　D. 满身大汗

8. 更重要的是，可以保护膝关节，减少对膝关节的磨损。（　　）

A. 慢慢地破坏　　B. 折磨和伤害

C. 某一部分特别的损失　　D. 摩擦或使用造成的损害

五、选词填空

A. 风靡　　B. 功效　　C. 磨损　　D. 事半功倍　　E. 酣畅淋漓

1. 只要你学习方法找对了，就会有________的效果。
2. 据说，山楂可调节人体生理功能，刺激内分泌系统，促进唾液分泌，促进胃肠消化，增强造血功能，对延缓衰老也有一定________。
3. 在20世纪70年代全球性石油危机时代，经济节能的丰田汽车开始________全球。
4. 一到山下，大家就兴高采烈、争先恐后地往山上冲，好久没有这样________地爬山了，出一身大汗，真是痛快！
5. 高级的不锈钢机身可使其永保美丽，独特的表面硬化处理可以防止________和刮伤。
6. 事情要考虑周详以后再动手，才能够________。
7. 在笔记本电脑________ IT 界，成为大多数商务人士工作伙伴的同时，对笔记本专用耳麦的渴求也浮出水面。
8. 这真是一场缠绵悱恻的爱情，既________又不过分张扬。
9. 当前，许多生发的电视广告将产品的生发________吹得神乎其神，不少消费者上当受骗。

10. 骨骼持续受到大的压力，日积月累，反复________，伤害超出了骨细胞自我重建和修复能力范围时，骨骼脆弱处将出现应力性骨折。

六、说一说

1. 越野行走运动是怎样出现的？
2. 登山时使用手杖有什么好处？
3. 请介绍一种你喜欢的运动。

泛读课文

青少年为何喜欢怪打扮

如今许多青少年的扮相和行为，真是让很多人看见后百思不得其解：穿衣上分不清内衣外衣，发型上分不清男孩儿女孩儿；天然的地方越来越少，暴露的地方越来越多；鼻子、肚脐，甚至眼皮、嘴唇，都打上洞，穿上环；再加上斑斓怪异的文身、夸张怪异的语音、标新立异的肢体动作。要说这就是"时尚"，那么这种时尚对于年长一些的人，还真不那么好消化。

其实，这种以奇、怪、与众不同的夸张为时尚的风气，早在20世纪60年代末到70年代中期，就以"嬉皮士"的名称，在英、法、美等国的年轻一代中盛行，并迅速风靡世界。这种现象的出现，是和当时年轻人对前途的失望和迷惘，对现实社会、权威的叛逆及对现有秩序的挑战、挣扎和无奈分不开的。

随着二十世纪八九十年代西方政治的稳定和经济的好转，新一代的青年人重新看到了前途和希望。通过自身的努力，追求自我价值的体现和社会的承认，成为那一代人普遍遵循的价值观。随着这种"循规蹈矩"价值观的逐渐抬头，特立独行、愤世嫉俗的嬉皮士逐渐被冷落、被边缘化，而让位于讲究品位、温文尔雅的所谓雅皮士。

时代在演变，新的问题不断出现。在美国，"9·11与后冷战时代综合征"

以及几场局部战争的旷日持久，使人们的不满日渐郁积；外来劳动力的大量涌入和经济一体化带来的冲击，又给年轻人的前途增添了几多迷惘。在欧洲，欧盟的迅速扩张，让许多国家原有的经济和社会秩序一下被打乱，社会暴力频仍，失业率尤其是青年失业率的上升，让许多年轻人又对未来充满了失望。这都导致了那些夸张怪异服装、造型的回潮。

同时，现代社会越来越快的节奏和越来越大的工作压力，也使许多年轻人觉得有必要寻找一些调剂心情、排遣郁闷的阀门。上文提到的那些时尚的个人造型，正是他们找到的阀门之一。因此，这一时尚不仅在欧美，甚至在中国这样正在高速发展的国家，也迅速风靡。

但是，新一代的时尚年轻人并不回避自己的社会角色。这种时尚与其说是反抗，毋宁说是他们对社会、对长者们一种自我表现式的撒娇。特立独行的扮相，并不妨碍他们认真做好自己分内的事，也无碍于他们对事业、生活的憧憬和追求。在欧美如此，在亚洲，甚至在中国，也一样如此。

（867字）

节选自《环球时报》 作者：白文静

一、根据课文内容，选择正确答案

1. 第一段中，“百思不得其解”的意思是： （ ）
   - A. 引起深入思考
   - B. 值得反复思考
   - C. 怎么也想不明白
   - D. 得不到正确的解释
2. 现在很多青少年的扮相越来越： （ ）
   - A. 清新自然
   - B. 怪异夸张
   - C. 绅士淑女
   - D. 土气保守
3. 第一段的最后一句中，“还真不那么好消化”的意思是： （ ）
   - A. 不能很快地接受
   - B. 让人感到很不舒服
   - C. 完全没有办法理解
   - D. 对身体健康没有好处
4. “嬉皮士”是指： （ ）
   - A. 不受社会重视，处于社会边缘的人
   - B. 那些对现状不满，勇于反抗社会的人
   - C. 二十世纪六七十年代英、法、美等国的年轻人
   - D. 二十世纪六七十年代追求奇特怪异时尚的年轻人

5. 二十世纪八九十年代，西方新一代的年轻人：（ ）
   A. 愤世嫉俗　　B. 特立独行
   C. 追求自我价值　　D. 模仿“嬉皮士”
6. “愤世嫉俗的嬉皮士逐渐被冷落”中，“愤世嫉俗”的意思是：（ ）
   A. 受到社会和传统习俗的憎恶　　B. 憎恨现代社会，追求新的时尚
   C. 在这个愤怒的世界上有很多恶俗　　D. 憎恨黑暗的社会和不合理的习俗
7. 关于欧美出现的新问题，下面哪种说法不正确？（ ）
   A. 雅皮士大量出现　　B. 大量外来劳动力涌入美国
   C. 欧洲年轻人的失业率呈上升趋势　　D. 美国人对长时间的战争感到不满
8. 第五段中提到的“阀门”：（ ）
   A. 指奇特怪异的时尚　　B. 比喻正在流行的时尚
   C. 指一种改变心情的机器　　D. 比喻一种调节心情的方法
9. 作者认为新一代年轻人：（ ）
   A. 只会自我表现式的撒娇　　B. 并不了解自己的社会责任
   C. 能够承担起自己的社会责任　　D. 在努力追求特立独行的时尚
10. 作者对于新一代年轻人的态度是：（ ）
   A. 十分厌恶　　B. 漠不关心　　C. 严厉批评　　D. 充满理解

二、根据课文内容，判断正误

1. 现在许多青少年喜欢标新立异的舞蹈。（ ）
2. “嬉皮士”现象只是出现在英、法、美等国的年轻一代中。（ ）
3. “嬉皮士”的出现与社会现实有关。（ ）
4. “循规蹈矩”的价值观在二十世纪八九十年代又开始流行。（ ）
5. 嬉皮士现象之后出现了雅皮士。（ ）
6. 时代变化所引发的新问题又使年轻人感到了失望。（ ）
7. 时尚的个人造型是年轻人为自己减压的重要方式。（ ）
8. 新一代的年轻人用时尚来表达对社会的反抗。（ ）
9. 新一代的时尚年轻人也是有理想、有追求的。（ ）

三、选词填空

A. 标新立异　　B. 循规蹈矩　　C. 特立独行
D. 愤世嫉俗　　E. 温文尔雅　　F. 旷日持久

1. 六年前，因不甘心过________的生活，她放弃了国有企业质量部经理的职位，跳槽到一家美资企业，做起了小职员。

2. ________的两伊战争给两国人民带来了巨大的灾难。
3. 我要做一个________的人，就算“没有什么朋友”，但我强大的内心里，掌声不断……
4. 创新，就不能思维僵化、________，而是要突破条条框框的束缚，根据新的形势、新的任务，探索新的发展思路和新的工作方法。
5. 在优美的婚礼进行曲中，这场________的恋爱终于画上了完美的句号。
6. 她就是爱________。新潮服饰一上市，她必定买来穿戴在身，也不管是否适合自己。
7. 古诗文的运用不仅是一个大国领导人________的政治风度的表达，更是中华民族博大精深的文化传统的展现。
8. 几个失意的人凑在一起，难免就________地批评东批评西起来。

四、说一说

1. 请分析一下嬉皮士现象出现的原因。
2. 二十世纪八九十年代为什么嬉皮士逐渐被冷落、被边缘化？
3. 是什么原因导致了欧美国家夸张怪异时尚的回潮？

精读课文2

时尚是一笔糊涂账

有一次中央电视台一位著名主持人在他主持的节目中，依次问嘉宾什么叫时尚。诸如前卫、个性、新潮之类概念的回答都很抽象。倒是主持人最后调侃式的一个答案，很是形象生动，至今让人记忆犹新。他说，一个人裤子上磨破了一个洞，那是一个破洞；如果到处都是破洞，那就是时尚。

虽是玩笑，却也多少说准了一种社会现象，而且其描绘还不乏精彩。譬如一件所谓乞丐衫，凭什么风靡，不就是对衣衫褴褛的逆向思维么。依此类推，只要是标新立异惊世骇俗，能让人耳目一新，就肯定时尚。确实，时尚从来不需要理由，时尚原本就是一笔谁也说不清楚的糊涂账。

报纸上说，二十世纪二三十年代流行的女人尖头鞋又成了时尚。原以为所谓尖头，无非是鞋子头做得尖一点儿吧，影视剧里好像也见到过的。前不久在一家储蓄所里，不经意间瞥见一个女人脚上的鞋，让孤陋寡闻的我大吃一惊。那细长的尖头足有几寸长，还往上翘着；而那钉子一样的后跟，竟也有几寸长。我真不知道这个女人走路是多么吃力，更不敢想象这女人怎么爬楼梯。然而我理解，因为唯有这样才算时尚。

很显然，如果你问这个女人为什么要自讨苦吃，她肯定以为你不是外星人就是乡巴佬。时尚是不能问为什么的。譬如为什么要穿京剧里的那种厚底鞋，如站在两块厚砖头上，一不小心说不定就摔个半死。譬如小资变时尚了，便一哄而上地喝咖啡吃西餐，仿佛一夜间都成绅士淑女了，姿态优雅而斯文，然而实际上后背却在淌汗，因为一不留神就要忘了究竟是应该左手拿刀还是右手拿刀。

于是就都这样死要面子活受罪地时尚着。而且时尚的趋势明显是越受罪越时尚。譬如女人的瘦身，有的女人已减少到每天只吃一餐，整天饿得头晕眼花，有的因长年节食导致器官衰竭，甚至还有性命之虞，但为了“骨感”，她们照样在所不惜。

（711 字）

选自《新民晚报》 作者：钱凤伟

一、根据课文内容，选择正确答案

1. 来参加节目的嘉宾们对时尚的解释： （ ）

A. 都不太具体　　B. 让人很难忘记

C. 非常生动形象　　D. 都是开玩笑式的

2. 乞丐衫能够流行，是因为： （ ）

A. 它到处都是破洞　　B. 它表现了一种逆向思维

C. 主持人对它的描绘太精彩了　　D. 著名主持人在节目中提到了它

3. “不就是对衣衫褴褛的逆向思维么”中，“衣衫褴褛”的意思是： （ ）

A. 衣服色彩鲜艳　　B. 衣服样式奇特

C. 衣服破破烂烂　　D. 衣服和裤子不搭配

4. 从乞丐衫的流行，我们可以推理出： （ ）

A. 时尚的理由　　B. 什么是时尚

C. 什么是逆向思维　　D. 时尚是一笔糊涂账

5. 关于如今的尖头鞋，下面哪种说法正确？ （ ）

A. 鞋只有几寸长　　B. 鞋后跟有钉子

C. 鞋尖长长的，向上翘着　　D. 和曾经流行的完全一样

6. 如果去问那个女人，她的回答可能是： （ ）

A. 你家住在哪里　　B. 你太不时尚了

C. 我喜欢自讨苦吃　　D. 不能告诉你为什么

7. 从文中看，“小资”是指： （ ）

A. 向往西方生活方式的人　　B. 不知道怎么吃西餐的人

C. 突然变成绅士淑女的人　　D. 喜欢一起喝咖啡吃西餐的人

8. 最后一段中，“死要面子活受罪”的意思是： （ ）

A. 为了面子不怕犯罪　　B. 非常要面子不断忍受罪恶

C. 为了表面的虚荣而忍受痛苦　　D. 为了死得体面，宁愿活着时忍受痛苦

9. 女人瘦身这个例子是要说明： （ ）

A. 节食已经成为时尚　　B. 时尚会让人丢掉性命

C. 时尚对女人的影响很大　　D. 有些时尚已经令人丧失理智

10. 这篇文章中，作者要表达的观点是： （ ）

A. 时尚不需要理由　　B. 没有必要去追求时尚

C. 追求时尚不要失去理性　　D. 追求时尚也要注意身体

二、根据课文内容，判断正误

1. 中央电视台的那个节目讨论了什么样的裤子比较时尚。 （ ）
2. 作者觉得主持人对时尚的描述比较精彩。 （ ）
3. 时尚是说不清道不明的东西。 （ ）
4. 听说尖头鞋又成了时尚后，作者比较注意女人的鞋。 （ ）
5. 作者看到了那个穿着尖头鞋的女人怎么爬楼梯。 （ ）
6. 那女人觉得来自地球以外的人或者乡下人是不了解时尚的。 （ ）

7. 穿厚底鞋的人一不小心说不定会摔得很厉害。（　　）
8. 只要喝咖啡吃西餐，就一定会变成绅士淑女。（　　）
9. 这些小资在吃西餐的时候不太懂得用刀叉。（　　）
10. 作者认为，越是受罪就越是时尚，两者成正比。（　　）
11. 有些女人为了追求瘦身，甚至以损害身体健康为代价。（　　）

三、根据课文内容，回答问题

1. 中央电视台的那个节目中，嘉宾们对时尚的回答是什么？
答：________________
2. 时尚的标准是什么？
答：________________
3. 时尚的趋势是什么？
答：________________

四、根据课文内容，选择最接近下列画线词语的解释

1. 有一次中央电视台一位著名主持人在他主持的节目中，依次问嘉宾什么叫时尚。（　　）
A. 根据场次　B. 依照等级　C. 按照次序　D. 连续不断
2. 诸如前卫、个性、新潮之类概念的回答都很抽象。（　　）
A. 勇敢向前　B. 追赶时髦
C. 领先于潮流　D. 领先于世界
3. 倒是主持人最后调侃式的一个答案，很是形象生动，至今让人记忆犹新。（　　）
A. 严厉地指责　B. 尖锐地讽刺
C. 形象地做总结　D. 幽默地开玩笑
4. 依此类推，只要是标新立异惊世骇俗，能让人耳目一新，就肯定时尚。（　　）
A. 形容惊慌害怕到了极点　B. 影响巨大，令人感到恐惧
C. 过分新奇而使百姓感到害怕　D. 言行非同寻常，使世人震惊
5. 依此类推，只要是标新立异惊世骇俗，能让人耳目一新，就肯定时尚。（　　）
A. 形容听得多见得多　B. 耳朵、眼睛都有创新
C. 所见所闻都觉得很新鲜　D. 亲耳听到亲眼看到新事物

6. 前不久在一家储蓄所里，不经意间瞥见一个女人脚上的鞋，让孤陋寡闻的我大吃一惊。（　　）

A. 很仔细　　B. 不经常　　C. 无意中　　D. 不意味

7. 前不久在一家储蓄所里，不经意间瞥见一个女人脚上的鞋，让孤陋寡闻的我大吃一惊。（　　）

A. 孤独寂寞　　B. 传统保守

C. 知识浅薄，见闻狭窄　　D. 住处狭窄，饮食简陋

8. 譬如小资变时尚了，便一哄而上地喝咖啡吃西餐，仿佛一夜间都成绅士淑女了，姿态优雅而斯文，然而实际上后背却在淌汗，因为一不留神就要忘了究竟是应该左手拿刀还是右手拿刀。（　　）

A. 举止大方　　B. 喜爱文化　　C. 举止文雅　　D. 喜爱文学

9. 譬如女人的瘦身，有的女人已减少到每天只吃一餐，整天饿得头晕眼花，有的因长年节食导致器官衰竭，甚至还有性命之虞，但为了“骨感”，她们照样在所不惜。（　　）

A. 考虑　　B. 担忧　　C. 希望　　D. 恐怕

10. 譬如女人的瘦身，有的女人已减少到每天只吃一餐，整天饿得头晕眼花，有的因长年节食导致器官衰竭，甚至还有性命之虞，但为了“骨感”，她们照样在所不惜。（　　）

A. 可惜　　B. 舍得　　C. 决不珍惜　　D. 决不痛苦

五、选词填空

A. 记忆犹新　　B. 衣衫褴褛　　C. 依此类推　　D. 惊世骇俗　　E. 耳目一新

F. 不经意间　　G. 孤陋寡闻　　H. 自讨苦吃　　I. 一哄而上　　J. 头晕眼花

1. 好的文艺作品，总是能够开阔人们的视野，使人________。

2. 2月14日当天，黄金满2克返40元，________，上不封顶。

3. 你应该经常浏览一些重要网站，了解一些重要的、有趣的信息，否则你就真的________了。

4. 她一直有个想法：把丈夫的传奇经历和他们两人________的爱情写出来。

5. 一位老人到开发区一家快餐店点饮料，只因________，身上又只有两元硬币，竟然不受待见。

6. 野营其实真是一种________的旅行，大包小包地带一大堆东西，跟搬家似的，吃的、用的、住的都得塞进去。

7. 有时候下蹲一会儿，起身时突然________，要好几秒钟才恢复正常，这是身体出毛病的预兆吗？
8. 坚持下去，你会发现路旁的风景很美，生活也会在________改变，越变越好。
9. 国学专业的设立应该冷静客观，不能________，更不能搞成一种“运动”。
10. 对于这段难得的经历，他说：“当时激动的心情现在仍________。”

六、说一说

1. 为什么说时尚是一笔糊涂账？
2. 本文提到了哪些时尚？你怎么看这些时尚？
3. 作者对时尚的态度是什么？
4. 你认为什么是时尚？

快速阅读1

建议阅读3分钟

染黄的头发，面口袋似的裤子，松糕鞋，耳垂上越来越多的饰物……另类打扮在一些青少年中越来越流行。而中科院心理所的高晶副教授最近所做的一项调查表明，真正认可这群标新立异、做另类打扮的孩子的人非常少。

调查发现，青少年对这类打扮看不惯的占24.1%，无所谓的占69.6%，很想模仿的人只有6.3%。实际上，无论是另类打扮的青年人，还是他们周围的人，对此打扮都有失真的认识。

每一个人在青春期都会不可避免地出现一个反叛的时期，只是有的人表现得明显，有的人表现得不明显而已。高晶副教授在接受本报记者采访时说，青少年这种“反叛”心理的根源就是想跟以往隔开，与父母的判断和认识隔开，这是独立意识形成过程中的自然心理现象，是青年人在走向社会过程中心理发展的一个规律性现象。

在这一“隔开”的过程中，倘若社会缺乏强有力的主流意识引导，青少年就容易受外来文化的影响。实际上，绝大多数另类打扮的孩子都是“哈韩”“哈日”一族。这说明国内文化中缺少能满足其心理需要的东西，而日韩文化中的部分因素恰好弥补了这一点。高晶说："现代社会没有为青少年树立起榜样。像我们小时候都崇拜小英雄雨来、刘文学、刘胡兰等，但现在的孩子没有榜样。"

高晶副教授主持的调查显示出，这群另类打扮的孩子这样做是表示自己对于流行趋势的追求，表达自己的见解与爱好。他们有反叛意识，但并非以反叛为主。她推测，国内城市中这群"另类"孩子所追求的新异的东西也有可能成为未来文化的主流。

（595 字）

一、根据课文内容，选择正确答案

1. 下面哪种打扮不是青少年中流行的？（　　）
   A. 黄色的头发　　B. 很大的口袋
   C. 又厚又高的鞋子　　D. 耳朵上挂很多东西
2. 高晶副教授的调查显示：（　　）
   A. 大部分人不喜欢这种另类打扮
   B. 青春期不可避免都会出现反叛
   C. 大部分人对另类打扮不反对也不赞成
   D. 每个人青春期都喜欢标新立异，做另类打扮
3. 青春期反叛是为了：（　　）
   A. 尽快走入社会　　B. 标新立异，做另类打扮
   C. 远远地离开父母，自己独立生活　　D. 和自己的过去及父母对自己的认识隔开
4. 高晶副教授认为孩子们另类打扮的主要原因是：（　　）
   A. 反叛社会　　B. 追求时尚
   C. 想引人注意　　D. 喜欢日韩文化

二、根据课文内容，判断正误

1. 大部分人对另类打扮的青少年的认识都不太正确。（　　）
2. 青少年的反叛是一种规律性现象。（　　）
3. 另类打扮的孩子很喜欢模仿韩国或者日本的时尚。（　　）
4. 高晶副教授认为现在的青少年应该像她小时候一样崇拜英雄。（　　）

快速阅读2

建议阅读3分钟

那会儿我们还是小娃儿，整天与小伙伴们一起手牵手，开开心心地度过每一天，可却不知这意义何在。那时连什么是友谊都不知道，只是觉得能在一起过好每一天就是幸福。

上了小学，还是能跟这几个小伙伴在一起，会觉得命中注定，每天都这么快乐。小升初的日子我不断地努力，会觉得有些疲倦了，但是有苦说不出，总是找些理由把气撒在朋友身上。我会想：真正的朋友是不会在意那么多的。我也没想太多。

后来上了初中，再次在同一所中学相遇。不想让关系冷僵，便去讨好她，想尽办法去把漏洞补上。恢复了友谊后，显然感到没有以前那么完美，那么聊得来了。那时我发现她身边不缺自己一个朋友。

初中直接升上了高中，同一个班级的两个相处了将近12年的朋友还在一起，我觉得有些释然，甚至会感到有些厌倦。但看到她身边的挚友与她谈天说地，有说有笑，并肩走在一起的时候，我感觉到自己没有那么快乐了，觉得被冷落了。但为了高考，我又没想太多，只是聊以自慰地说："好吧，我现在只需要学习好，做好我自己，友情什么的不堪一击，考上大学后再说吧。"我自己也没想清楚，那一击是谁造成的。

时间就像是沙漏里的一粒粒沙子，一点一滴地流去。高考过去了，志愿也报了，录取通知书也拿到手了。表面上捧着录取通知书欣喜若狂，内心却感觉不到高考时那种期待和兴奋。

拉着沉重的行李箱，踏进大学校园。秋叶"唰唰"地落下，落到身边。蓦然感到心酸与疼痛，问自己："我想要的真的仅有这些吗？"

（590字）

一、根据课文内容，选择正确答案

1. 没上学的时候，友谊是什么样的？（ ）

A. 没想太多　　B. 有苦说不出

C. 每天都快乐　　D. 不会在意太多

2. 小升初的时候，“我”总是找些理由把气撒在朋友身上，是因为：（ ）

A. 讨厌朋友　　B. 朋友就是用来撒气的

C. 相处久了，觉得有些厌倦　　D. 觉得好朋友是不会在意的

3. “沙漏”是：（ ）

A. 装沙子的口袋　　B. 古代的计算器

C. 测量时间的装置　　D. 测试朋友的一种游戏

4. “我”踏进大学校园的感受是：（ ）

A. 心酸　　B. 头疼　　C. 疑问　　D. 期待

5. 最适合做本文题目的是：（ ）

A. 失去的友谊　　B. 友谊的真谛

C. 友谊与学习　　D. 什么是友谊

二、根据课文内容，判断正误

1. 上初中时，“我”曾努力修补友谊。（ ）

2. 上高中时，“我”常常和好朋友谈天说地，有说有笑。（ ）

3. “聊以自慰”是指因为无聊，所以找些借口来安慰自己。（ ）

4. 上了大学“我”才明白，友谊也很重要。（ ）

第9课 教育问题

精读课文1

考试中的性别差异

生活领域中的性别差异已经是公认的事实。但是，从教育的角度来看，男女生是否有智商甚至情商的差异却一直存在着争议。

一些人认为男女生从初中到大学的学习成绩（主要指考试成绩）有差异是智力、心理、生理差异造成的。但也有人认为男女生的智力、心理尽管有一定差异，但不会太大。学习成绩产生性别差异主要是考试命题范围与类型的差别造成的。某年高考后，上海一些高校文科专业绝大多数都是女生（男生只占 1/3 或更少）就作为这一理论的事实根据而被广泛引用。

有关人士认为，当年的高考题属于死记硬背和细枝末节的居多，这正是女生考试的强项；而具有创造性的题目如应用题较少，这类题恰恰又是男生的强项。故而造成当年女生考试成绩优于男生的情况，以至高校文科专业中女生远远多于男生。

无独有偶，这种成绩的性别差异和争论也广泛存在于美国和欧洲国家中。尤其是那些决定一个考生命运的考试（如高中、大学毕业考试和申请助学金的考试）更是令人关注和争论不休。在美国，高中毕业生必须参加全国统一的"初级教育能力考试"（PSAT），类似中国的高考，这一考试决定着学生是否能上大学以及拿奖学金。

尽管 PSAT 是一种标准化考试，但却遭到许多美国家庭的指责和反对。他们认为该项考试似乎专为男生而设，历年的大部分高分获得者都是男生。

专家和有关人员通过分析认为，女生受到不公正对待，并非其智力和学习不行，而是命题内容和题型对女生不利。相对来说，女生丢分的部分主要是数学，而该部分又是清一色的多项选择题。批评者认为这一“悲剧”并非女生的数学能力不行，而是试题本身有问题。

美国麻省的一个研究小组在这方面曾做了多项研究。根据研究结果，他们认为，男女生确实在应付处理不同的考试题型上有差别。例如，女生做多项选择题就不如男生做得好。因为男生对他们不知道的题总是愿意猜测着去做，并迅速转移到下一个题。而女生遇到不会的题则冥思苦想，结果终因时间有限而错过许多题。专家建议，为弥补这种不平衡，应该在考试题中加入适量的填空题，而这正是女生擅长的题型。

（822字）

节选自《中国青年报》 作者：张田勘

一、根据课文内容，选择正确答案

1. 男女生的哪个问题一直存在着争议？（　　）

   A. 学习成绩是否有差异　　B. 智商、情商是否有差异

   C. 心理、生理是否有差异　　D. 在生活中是否有性别差异

2. 某年上海一些高校文科新生绝大多数都是女生，是因为：（　　）

   A. 上海女生普遍学习好　　B. 当年考试有性别差异

   C. 男生在考试方面不如女生　　D. 当年高考题型适合女生做

3. PSAT 是一种什么考试？（　　）

   A. 中国高考的英文版本　　B. 对美国人设置的中国高考

   C. 去美国留学需要通过的考试　　D. 美国高中毕业生进入大学的考试

4. 许多美国家庭对 PSAT 考试是什么态度？（　　）

   A. 争论个不停　　B. 觉得应该关注

   C. 认为不够标准化　　D. 认为有性别歧视

5. 在 PSAT 考试中女生很难得高分，是因为：（　　）

   A. 女生智商不够高　　B. 女生不擅长数学

   C. 男生比女生聪明　　D. 题目设计对女生不利

6. 专家研究的结果是： （ ）

A. 女生受到了不公正对待　　B. 女生的数学能力比较差

C. 男女思考问题的方法存在很大差别　　D. 命题的题型对男女生成绩影响很大

7. 做多项选择题男生能够拿高分，是因为他们： （ ）

A. 生理条件好　　B. 有充分的准备

C. 用更多的时间学习　　D. 不在难题上浪费时间

8. 下面哪种题型比较适合女生？ （ ）

A. 应用题　　B. 填空题

C. 创造性题目　　D. 多项选择题

二、根据课文内容，判断正误

1. 教育领域中的性别差异已经是公认的事实。 （ ）
2. 据调查，男女生学习成绩差异主要是由心理和生理因素引起的。 （ ）
3. 考试命题范围与类型的差别造成了男女生成绩的性别差异。 （ ）
4. 某年高考后，上海一些高校的文科专业全是女生。 （ ）
5. 男生更能适应创造性题目。 （ ）
6. 考试成绩的性别差异不只存在于中国。 （ ）
7. 美国的 PSAT 是专为男生而设的考试。 （ ）
8. PSAT 的题目都是多项选择题。 （ ）
9. 专家认为，在美国，女生确实不如男生学得好。 （ ）
10. 女生多项选择题做不好，是因为她们在难题上花了太多时间。 （ ）

三、根据课文内容，回答问题

1. 本文中一个公认的事实是什么？

答：________________________________

2. 文中提到的那年高考题有什么特点？

答：________________________________

3. 美国麻省的专家认为应该怎样改革考试题目？

答：________________________________

四、根据课文内容，选择最接近下列画线词语的解释

1. 生活领域中的性别差异已经是公认的事实。（　　）

A. 公众认为　　B. 公开承认

C. 大家同时认为　　D. 大家一致承认

2. 但是，从教育的角度来看，男女生是否有智商甚至情商的差异却一直存在着争议。（　　）

A. 争斗　　B. 议论　　C. 争论　　D. 竞争

3. 学习成绩产生性别差异主要是考试命题范围与类型的差别造成的。（　　）

A. 出题　　B. 做题　　C. 命令　　D. 标准

4. 有关人士认为，当年的高考题属于死记硬背和细枝末节的居多，这正是女生考试的强项；而具有创造性的题目如应用题较少，这类题恰恰又是男生的强项。（　　）

A. 细小的树枝　　B. 后面的部分

C. 最后的结果　　D. 细小的问题

5. 有关人士认为，当年的高考题属于死记硬背和细枝末节的居多，这正是女生考试的强项；而具有创造性的题目如应用题较少，这类题恰恰又是男生的强项。（　　）

A. 强壮的项目　　B. 最努力的项目

C. 最强大的工程项目　　D. 有较强实力的方面

6. 无独有偶，这种成绩的性别差异和争论也广泛存在于美国和欧洲国家中。（　　）

A. 没有单个的　　B. 没有一个只有两个

C. 虽很少见但不止一个　　D. 只要出现就是一对儿

7. 相对来说，女生丢分的部分主要是数学，而该部分的解题方式又是清一色的多项选择题。（　　）

A. 只有一种颜色　　B. 全部是一样的

C. 干净的一个系列　　D. 清爽的一种颜色

8. 而女生遇到不会的题则冥思苦想，结果终因时间有限而错过许多题。（　　）

A. 痛苦地想　　B. 从头到尾地想

C. 整整一夜认真地思考　　D. 多方面长时间地思考

五、选词填空

A. 清一色　　B. 细枝末节　　C. 无独有偶　　D. 冥思苦想

1. 为了在众多的追求者中引起这位姑娘的注意，他________，给自己设计了一个绝对浪漫的求爱方案。

2. 今年入伍的女兵________全是大学生。
3. 他这个人一向粗心大意，不太注意________的地方。
4. 渤海的生态环境破坏十分严重，________，黄河流域的生态环境也遭到了严重的破坏。
5. 这里有条“新疆街”，40多家店铺的老板________都来自新疆。
6. 别小看这些________，如果不认真对待，也可能影响整个工作的顺利完成。
7. 有些人心术不正，终日为钱财________，唯利是图，不择手段，贪污受贿，巧取豪夺。
8. 昨天国家男篮、女篮出征世锦赛，但是男篮出师不利，________，女篮也输了。

六、说一说

1. 麻省专家的研究结果是什么？请举例说明。
2. 你同意文中的观点吗？说说你的理由。

泛读课文

走出教育循环

中国社会有些可怕的循环，过去最典型的是婆媳循环，而今天城市里最常见的循环则是教育循环。有了孩子以后，家长开始为供养孩子读书、培育孩子成人不惜牺牲一切。孩子娶妻生子以后，再次上演这种牺牲，结果便构成这样一个循环：每一代新人的成长，都以上一代的彻底放弃为代价。

教育孩子，希望孩子活得比自己好，比自己健康，比自己有出息，这是非常正常的愿望。但中国家长的特殊之处在于：为了达到这个目的，他们中约有半数选择了一种放弃自己，使自己不能再有出息的方式。他们做出这项选择时，年龄通常在三四十岁，也就是个体生命最为年富力强之时。父母为孩子的成长而自愿放弃自身的前途，那是他们的权利，旁人无权说三道四。但当一代代父母以约为50%的规模接力棒般地选择了这种放弃时，从社会进步角度考虑，我们不能不感到问题的严重。

一代代成年人在自己最奋发有为之时，不是将自己的生命力用在充满创造性、建设性的社会人生上，而是倾全力培养家庭单细胞中的那个细胞核，结果便构成了对教育的最大讽刺。教育周而复始地循环，教育的重要性至高无上，而教育的目的性却无人过问。

为什么这些当年也曾受过一定教育的青年人，为人父母之后却选择了放弃自己？其重要原因在于，他们有一种普遍的失败之感。我们以往大而空的教育目标，使他们步入社会后便失去了个体明确的人生目标。他们认为自己是没希望的一代，于是便将唯一转机和全部希望都寄托在孩子身上。他们对孩子的那份爱心，其实蕴藏着极大的贪婪。他们希望孩子出人头地并非完全站在孩子的立场上，还有着孩子成功之后能使自己扬眉吐气、老来享福的居心。

因此，要改变这种教育循环，家长们必须先在心理上改变失败人生的自我评价。家长们应该认识到：除了孩子的明天，你还有自己的今天；除了孩子明天理论上的鹏程万里，你还有自己的人生课题要完成，还要取得属于自己的现实成功；除了要求孩子今后不辜负你含辛茹苦的栽培，你首先应该不辜负你父母昨天对你那同样含辛茹苦的栽培。此外，从公民的社会责任角度看，家长并没有权利用自己的今天去赌孩子的明天，用自己今天灰头土脑的失败去赌孩子明天那八字还没一撇的辉煌成功。

（871字）

改写自中国秘书网 作者：周泽雄

一、根据课文内容，选择正确答案

1. 教育循环的后果是： （ ）

A. 一代更比一代强　　B. 成年人不想牺牲一切

C. 孩子结婚生子后不得不再次牺牲　　D. 一代人成长的代价是上代人的牺牲

2. 作者认为什么是非常正常的？ （ ）

A. 教育循环　　B. 希望孩子比自己强

C. 为孩子彻底放弃自己　　D. 把希望全寄托在孩子身上

3. 作者为什么感到问题很严重？（ ）

A. 中国家长太特殊了　B. 50% 的父母成为接力棒

C. 有太多的父母选择自我放弃　D. 父母都希望孩子比自己有出息

4. 从社会进步的角度考虑，父母的这种牺牲：（ ）

A. 有利于人才培养　B. 不能推动社会发展

C. 有利于教育事业发展　D. 极大地推动了社会进步

5. “家庭单细胞中的那个细胞核”是指：（ ）

A. 教育　B. 孩子　C. 父母　D. 人生

6. 为什么作者认为这是对教育的讽刺？（ ）

A. 教育循环得太多了　B. 教育的地位过高了

C. 人们忽视了教育的目的　D. 人们用尽全力培养的只是一个细胞核

7. 教育循环让我们反思：（ ）

A. 循环的利与弊　B. 教育的重要性

C. 家长的奉献精神　D. 教育的目的是什么

8. 父母把全部希望寄托在孩子身上，是因为他们：（ ）

A. 非常爱孩子　B. 自己没有目标

C. 觉得自己没有希望了　D. 太希望孩子能成功了

9. 中国父母对孩子的爱心：（ ）

A. 是无私的父母之爱　B. 是社会道德要求的

C. 是一代代传下来的　D. 不是完全为孩子考虑的

10. 作者希望家长们认识到：（ ）

A. 自己的人生任务和责任　B. 孩子是不会辜负父母的栽培的

C. 不是每个孩子都能鹏程万里的　D. 今天的失败换不来明天的成功

11. 最后一段中，“八字还没一撇”的意思是：（ ）

A. 需要牺牲的　B. 没有希望的

C. “八”字写错了　D. 还不知能不能实现

二、根据课文内容，判断正误

1. 中国社会最可怕的循环是婆媳循环。（ ）
2. 现在中国城市里最常见的循环是教育循环。（ ）
3. 家长为了孩子的教育可以牺牲自己的一切。（ ）
4. 父母教育孩子是希望孩子将来能够报答父母。（ ）

5. 父母们做出牺牲的时候通常是自己最有创造力的时候。（ ）
6. 父母为孩子牺牲自己，对社会发展不利。（ ）
7. 谈教育的重要性是一种讽刺。（ ）
8. 父母们认为自己的孩子将来在搞研究方面会鹏程万里。（ ）
9. 家长应该全力做好自己的事，否则就是对自己父母的辜负。（ ）
10. 放弃自己培养孩子其实就是一场赌博。（ ）

三、根据课文内容，选择最接近下列画线词语的解释

1. 教育孩子，希望孩子活得比自己好，比自己健康，比自己有出息，这是非常正常的愿望。（ ）
   A. 有前途　B. 能出国　C. 有财富　D. 更轻松
2. 他们做出这项选择时，年龄通常在三四十岁，也就是个体生命最为年富力强之时。（ ）
   A. 富有而强壮　B. 年收入最高
   C. 年轻而且有钱　D. 年轻，精力旺盛
3. 父母为孩子的成长而自愿放弃自身的前途，那是他们的权利，旁人无权说三道四。（ ）
   A. 指责　B. 说闲话　C. 多说几遍　D. 说三四次
4. 一代代成年人在自己最奋发有为之时，不是将自己的生命力用在充满创造性、建设性的社会人生上，而是倾全力培养家庭单细胞中的那个细胞核，结果便构成了对教育的最大讽刺。（ ）
   A. 工作能力极强　B. 即将达到成功
   C. 精神饱满有作为　D. 有努力奋斗的目标
5. 教育周而复始地循环，教育的重要性至高无上，而教育的目的性却无人过问。（ ）
   A. 每个周期都是开始　B. 一周又一周地开始
   C. 周到而重复地开始　D. 一圈又一圈地循环
6. 教育周而复始地循环，教育的重要性至高无上，而教育的目的性却无人过问。（ ）
   A. 到达高处　B. 无边无尽
   C. 高到顶点　D. 无法与上边相比

7. 他们希望孩子出人头地并非完全站在孩子的立场上，还有着孩子成功之后能使自己扬眉吐气、老来享福的居心。（　　）

A. 兴致高昂　　B. 呼吸顺畅

C. 扬起眉毛，畅快呼吸　　D. 摆脱压抑，舒展开心

8. 除了孩子明天理论上的鹏程万里，你还有自己的人生课题要完成，还要取得属于自己的现实成功。（　　）

A. 远走高飞　　B. 前途遥远　　C. 实现目标　　D. 前途远大

9. 除了要求孩子今后不辜负你含辛茹苦的栽培，你首先应该不辜负你父母昨天对你那同样含辛茹苦的栽培。（　　）

A. 忍受了艰难困苦　　B. 付出了全部心血

C. 包含着辛苦和希望　　D. 艰辛地培养和教育

10. 此外，从公民的社会责任角度看，家长并没有权利用自己的今天去赌孩子的明天，用自己今天灰头土脑的失败去赌孩子明天那八字还没一撇的辉煌成功。（　　）

A. 肮脏不堪　　B. 消沉沮丧　　C. 头发灰白　　D. 愚蠢无知

四、说一说

1. 什么是教育循环？
2. 为什么中国的父母要自我牺牲，放弃自己？
3. 怎么做才能改变这种教育循环？

精读课文2

快乐是最好的教育

人来到世上是为了寻找和享受快乐幸福的，正如一位诗人所说——为了看看阳光，我来到这个世界上。所以，这个世界上的任何行业里，能够取得卓越成就的人，本质上都是一个积极乐观的人。

因此，好的教育一定是快乐的：从快乐的目标出发，以快乐的方式开展教育教学，让孩子体验快乐的生活，有一个快乐的过程，最终达成一生的快乐。

然而，古人常把学习、求知与快乐对立起来。“头悬梁，锥刺股”“书山有路勤为径，学海无涯苦作舟”……类似的流传久远的观念，不断地被灌输到孩子的脑中。于是，学习被异化，探求新知被异化，乐趣荡然无存，一切都是为了功利。“宝剑锋从磨砺出，梅花香自苦寒来”“吃得苦中苦，方为人上人”这样的理念，与人生的本质追求相违背。

生命的本质是追求快乐和愉悦。对学校生活有了快乐和愉悦的体验，才会产生兴趣和向往，才会激发活力和创造力。学习和成长从此才能变得不再那么痛苦和煎熬，教育也才能真正回归本源，而不再是被异化为对学生生命的折磨和摧残。因此，要给孩子一个喜欢学校的理由。

北京亦庄实验小学本着这一理念，策划了很多有趣的活动，吸引孩子们的参与。他们将校园里一条不大用的马路改造成沙道，给孩子们提供一个玩儿沙子的地方。沙道开放那天，孩子们一拥而上，玩儿得不亦乐乎。那份快乐，那份投入，让人感动。

当然，快乐是有层次的。作为学校，不仅仅要给孩子提供浅表层次的快乐，例如玩儿沙子，更要提供深度的快乐体验。

在沙道开放的当天，学校就开发了一个《沙的王国》的晨诵课程。第二天一早，刚刚玩儿过沙子的孩子们，跟着老师，一起诵读着金子美铃的《沙的王国》，一起研究沙道里的沙子是如何从大海深处涌上海滩，又如何从海滩上被装上汽车，穿过高山，越过平原，最终来到学校的……这样的学习，孩子们兴致盎然。

一所学校要让孩子喜欢，仅仅有一个沙道肯定是远远不够的。学生内在的深度的快乐体验，一定是来自对世界的发现和探求，来自对思维的挑战，这就需要借助于课程的变革来实现。

（802字）

改写自《好的教育一定源于快乐，归于快乐》 作者：李振村

一、根据课文内容，选择正确答案

1. 一个能做出卓越成就的人通常是怎样的？ （ ）
   A. 能像诗人那样生活　　B. 一定要受过良好的教育
   C. 具有积极乐观的生活态度　　D. 人生目的是寻找和享受快乐幸福
2. 作者认为“书山有路勤为径，学海无涯苦作舟”这句话： （ ）
   A. 很有道理　　B. 能让孩子成为人上人
   C. 告诉孩子们学习都是为了功利　　D. 把学习、求知与快乐对立起来了
3. 作者认为生命的本质是什么？ （ ）
   A. 兴趣和向往　　B. 学习和成长
   C. 追求快乐和愉悦　　D. 体验快乐的学校生活
4. 北京亦庄实验小学为什么将一条马路改造成沙道？ （ ）
   A. 这条马路不太有用　　B. 要给孩子一个喜欢学校的理由
   C. 为吸引更多的学生读这所小学　　D. 孩子们需要一个玩儿沙子的地方
5. 学校开发《沙的王国》晨诵课程的目的是： （ ）
   A. 给学生提供深度的快乐体验
   B. 让学生学习金子美铃的《沙的王国》
   C. 让学生知道沙道里的沙子是怎么来的
   D. 不让学生一直玩儿沙子，以免浪费时间
6. 如何能让孩子喜欢学校？ （ ）
   A. 开发晨诵课程
   B. 在校园里建造沙道
   C. 让孩子们一边玩儿一边学
   D. 进行课程改革，让学生有内在的深度的快乐体验

二、根据课文内容，判断正误

1. 诗人都是积极乐观的人。 （ ）
2. 以快乐的方式开展教育教学，一定能让孩子达成一生的快乐。 （ ）
3. 古人认为学习、求知不是一件快乐的事情。 （ ）
4. “头悬梁，锥刺股”把学习和快乐对立起来了。 （ ）
5. “吃得苦中苦，方为人上人”的理念，与人生的本质追求相违背。 （ ）
6. 快乐和愉悦的体验能激发人的活力和创造力。 （ ）
7. 北京亦庄实验小学开展了很多能让孩子们感觉快乐有趣的活动。 （ ）

8. 北京亦庄实验小学沙道开放那天，沙道上非常拥挤。 (　　)
9. 快乐有浅表层次的，还有深度体验的。 (　　)
10. 《沙的王国》晨诵课程是为了让孩子们体验深度快乐。 (　　)
11. 学生深度的快乐体验来自对世界的发现和探求，以及对思维的挑战。 (　　)

三、根据课文内容，回答问题

1. 快乐的教育应该是怎样的？
   答：________________
2. 把学习、求知与快乐对立起来的名言有哪些？
   答：________________
3. 哪些名言反映了学习的目的就是为了功利？
   答：________________

四、根据课文内容，选择最接近下列画线词语的解释

1. 所以，这个世界上的任何行业里，能够取得卓越成就的人，本质上都是一个积极乐观的人。 (　　)
   A. 特别　B. 杰出　C. 一般　D. 不同寻常
2. 类似的流传久远的观念，不断地被灌输到孩子的脑中。 (　　)
   A. 流进　B. 输送　C. 加深　D. 浇灌
3. 于是，学习被异化，探求新知被异化，乐趣荡然无存，一切都是为了功利。 (　　)
   A. 简单化　B. 排除出去
   C. 转化成对立的方面　D. 意想不到的各种变化
4. 于是，学习被异化，探求新知被异化，乐趣荡然无存，一切都是为了功利。(　　)
   A. 完全不存在了　B. 飘荡而没有存在感
   C. 像水冲过一样干净　D. 风吹过，什么都没留下
5. 沙道开放那天，孩子们一拥而上，玩儿得不亦乐乎。 (　　)
   A. 一开始就很拥挤　B. 一下子全都围上去
   C. 一下子拥挤在一起　D. 一个推着一个上去
6. 沙道开放那天，孩子们一拥而上，玩儿得不亦乐乎。 (　　)
   A. 非常开心　B. 都不愿意离开
   C. 完全忘记了时间　D. 不知道怎么才能更开心

7. 这样的学习，孩子们兴致盎然。 (　　)

A. 兴奋极了　　B. 兴趣很大

C. 高兴得跳起来　　D. 兴致勃勃地讨论

五、选词填空

A. 卓越　　B. 灌输　　C. 荡然无存　　D. 一拥而上　　E. 兴致盎然

1. 公交车终于开来了，等车的人非常多，开门之后大家________，导致很多人都没挤上去。
2. 经过岁月的侵蚀，这座祠堂原来的一切布置，包括木制的祖先牌位、陈旧的画像等都已________。
3. 请为人父母者不要再做孩子学习上的________者了，而是应该努力做他们的启发者！
4. 同学们正________地讨论着今天的比赛，上课铃声就响了。
5. 大火扑灭后，只见屋内物品烧得一塌糊涂，所有财物都________。
6. 对于多数企业来说，他们缺乏转型所必需的前期积累，短时间内________很可能事倍功半。
7. 昨天下午，40 名市民坐上轨道交通 4 号线试运行车辆，________地体验 4 号线的独特魅力。
8. 运动员们之所以能够取得________的成就，是与他们平素的刻苦训练分不开的。

六、说一说

1. 为什么说好的教育一定是快乐的？
2. 请介绍一下北京亦庄实验小学贯彻快乐教育的具体做法。
3. 你认同作者的观点吗？你对教育的理解是什么？

快速阅读1

建议阅读3分钟

近日，某市一大学老师将学生课堂搬进了 KTV 包房。事件被当地网友披露后引发了轩然大波。老师为什么要到 KTV 上课？到底上的什么课？ 4 月 18 日，面对网友的质疑和困惑，记者辗转联系到了这位将课堂搬进 KTV 的老师。她是某市职业技术学院经管系市场营销专业的教授。“这是我第一次将课堂搬进KTV。”王老师告诉记者，这是一种教学尝试，同时也是一种教学创新。

进入21世纪以来，教育领域一直在进行新的尝试和探索。新课标的实行，新教学思维的运用，新教学理念的传导，都在切实改变着传统教育模式。

KTV作为当下比较受年轻人欢迎的娱乐场所，能够释放工作和生活的压力，是一个可以适当放松的好去处。而王老师将课堂搬入KTV的做法也应辩证地看待。首先，课堂和授课内容并无较大关联，所以课堂地点的设置可以随机。在KTV中上课在一定程度上能够满足学生的好奇感和新鲜感，能够让学生因为兴奋更加全身心地投入到老师所教授的课程中。优势我们要把握，但劣势也不能被忽略。KTV内部环境的嘈杂对教学是有影响的。虽然环境的变化能够让学生因新奇而激发学习兴趣，但在教学过程中外界的音响声等各种噪声也必然会对学生的注意力产生影响。

教育创新在我国是一直鼓励和倡导的。在创新中才能生存，在创新中才能发展。但创新并不意味着异想天开。教育的创新应该是在健康环境的基础上，积极探索能够启发学生的创新思维，拓展学生的知识视野，全面增强学生的综合素质的教学方法和知识体系。在创新中，我们一定要把握好适度原则，让教育能够与社会环境的变化相适应，能够为学生素质的全面发展提供基础保障。

（636字）

一、根据课文内容，选择正确答案

1. 王老师在KTV包房给学生上课： （ ）

A. 被记者发现了　　B. 网友们都感到非常气愤

C. 在网上引起了很大反响　　D. 网友们向王老师提出了很多问题

2. 王老师为什么将课堂搬进KTV？ （ ）

A. 她要尝试进行教学创新

B. 学生更喜欢KTV的环境

C. 她所教的专业需要在 KTV 上课

D. 她要在 KTV 给学生传导一种新的教学理念

3. 下列哪一项不是教育领域改变传统教育模式所进行的尝试和探索？ （ ）

A. 实行新课标　　B. 运用新的教学思维

C. 传导新的教学理念　　D. 寻找新的教学场所

4. 应如何看待王老师将课堂搬入 KTV 的做法？ （ ）

A. 可以这么做，值得提倡

B. 不利于教学，必须制止

C. 要依据环境的变化来考虑这个问题

D. 既要看到好的一面，也不能忽视不利的一面

5. 在 KTV 包房上课的好处是： （ ）

A. 能让学生感到兴奋　　B. 能让学生更认真地听课

C. 课堂地点的设置可以随机　　D. 满足了学生的好奇感和新鲜感

6. 在 KTV 中教学最大的不利因素是： （ ）

A. 需要支付 KTV 的费用　　B. 环境的嘈杂会影响学生的注意力

C. 教学过程中，KTV 的音响效果不好　　D. 环境的变化会对学生的注意力有影响

7. 为什么我国一直鼓励和倡导教育创新？ （ ）

A. 我们需要在创新中生存　　B. 创新能带来健康的环境

C. 创新是一种好的教学方法　　D. 只有创新才能生存和发展

8. 教育创新的前提是： （ ）

A. 能够拓展学生的知识视野　　B. 能够启发学生的创新思维

C. 建立在健康环境的基础上　　D. 全面增强学生的综合素质

二、根据课文内容，判断正误

1. 记者很快就联系到了将课堂搬进 KTV 的王老师。 （ ）

2. 王老师所教的专业是市场营销。 （ ）

3. 进入 21 世纪以来，教育领域彻底改变了传统教育模式。 （ ）

4. 年轻人喜欢去 KTV 释放工作和生活的压力。 （ ）

5. 作者认为王老师不应该将课堂搬入 KTV。 （ ）

6. 在 KTV 中上课能够让学生因为兴奋而全身心地投入到课程中。 （ ）

7. 创新最大的意义在于异想天开。 （ ）

8. 在创新中，一定要把握好适度原则。 （ ）

9. 教育应该和社会环境的变化相适应。 （ ）

快速阅读2

建议阅读3分钟

工商管理专业的大学生学什么？我感到最重要的是培养学生的创业精神或“企业”精神，其次才是学习掌握工商管理的原理、方法、知识和工具。“企业”这个词是当今社会使用最为广泛的一个词语，我们通常理解为投资办工厂或办公司，却几乎忘掉了它的本义。“企业”是企求事业，企求创业。凡是有成就的人都有一个共同的特点：对人生目标和事业的不懈追求。但是这一命题的“逆命题”却不一定成立，即不是每一位创业者都一定能够成功，甚至可以说成功者是少数。但是它的“逆否命题”是成立的，即缺乏企业精神或事业心的人是不可能成功的。

一个人在毕业离开学校以后，可能会遇到各种各样的境况。你可能非常顺利，也可能非常不顺利。在不顺利的情况下，作为一名合格的工商管理专业毕业生，你应当做到的、唯一保持不变的就是你的“企业”精神。而在非常顺利的情况下，更有可能扼杀和毁灭你的“企业”精神，因为你可能因为顺利而安于现状或小富即安，这同样是与“企业”精神背道而驰的。

因此，工商管理学院应当把培养学生的企业精神、创业精神放在首位。你选择了工商管理专业，就选择了一条创业之路、企业之路。为此你必须为自己树立一个人生目标，当一个目标实现以后，你就应当有一个新的、更高的目标。无论是在校读书期间，还是毕业以后步入社会，你都必须能够抵御周围的各种诱惑，在浮躁、浮华、浮动的环境中做到心如止水，耐住寂寞，潜心攻读，保持清醒的头脑和冷静的目光。只有这样，才能使自己不至于迷失方向，放弃创业。

作为一个从事工商管理专业的人，永远不能放松对自己的要求，永远不能放弃做人的信念，永远不能降低做人的目标。

（663字）

节选自《什么课程最重要》 作者：丁学东

一、根据课文内容，选择正确答案

1. 作者认为工商管理专业的大学生最应该学的是什么？（ ）
   A. 如何成为企业家
   B. “企业”的真正含义
   C. 创业精神或“企业”精神
   D. 工商管理的原理、方法、知识和工具
2. 作者认为“企业”这个词的本义是：（ ）
   A. 有成就
   B. 企求事业或创业
   C. 投资办工厂或公司
   D. 不懈追求人生目标和事业
3. 有成就的人共同的特点是：（ ）
   A. 一定能够成功
   B. 了解了企业精神
   C. 掌握了工商管理的知识
   D. 对人生目标和事业追求不懈
4. 工商管理专业的学生毕业后：（ ）
   A. 都非常顺利
   B. 都非常不顺利
   C. 可能会安于现状或小富即安
   D. 应该保持自己的“企业”精神
5. 毕业后非常顺利的环境可能会让人：（ ）
   A. 失去“企业”精神
   B. 觉得现实是很安全的
   C. 过上富裕而安全的生活
   D. 背负着“企业”精神继续向前飞驰
6. 工商管理专业培养学生，最重要的是：（ ）
   A. 为学生树立人生目标
   B. 帮助学生选择创业之路
   C. 引导学生抵御周围的各种诱惑
   D. 培养学生的企业精神和创业精神
7. “在浮躁、浮华、浮动的环境中做到心如止水”的意思是：（ ）
   A. 不管周围怎样变化，内心都要保持平静
   B. 在热闹繁华的环境中，心态要像水流一样
   C. 在动荡不安的环境中，内心要保持温柔如水
   D. 不管周围怎样变化，心都要像流水一样随时能停止

二、根据课文内容，判断正误

1. “企业”这个词通常被我们理解为投资办工厂或办公司。（ ）
2. 只要对人生目标和事业追求不懈，就一定能成功。（ ）
3. “企业”精神就是安于现状或小富即安。（ ）
4. 工商管理专业的学生一定要为自己树立人生目标。（ ）
5. 有了清醒的头脑和冷静的目光，人就不会迷失方向，放弃创业。（ ）

第10课　初入职场

精读课文1

菜鸟的年终总结

他是一名职场菜鸟，大学一毕业，就来到了一家公司的市场部。他赌着一口气，希望能早点儿摘下“菜鸟”的标签，让羽毛丰满起来。

第一年，年终总结他洋洋洒洒写了几千字，把这半年的工作像菜单一样列了出来。最后他写道：“我勤勤恳恳，热情积极，任劳任怨，思维活跃……我希望在新的一年里，尽早融入这个集体，与公司共同发展，共同进步。做好本职工作，就是我最坚定的信念。”

第二年结束的时候，又要交年终总结了。他原想把去年的工作总结改一改落款下的日期，重复利用。但是打开电脑，他迟疑了。因为他的心境已经不再是去年的了。他把鼠标一直往下拉，看完那些流水账，他笑了。估计去年老总看了也是这样笑的。

可是，写什么呢？他想起上个月发生的一件事。他被安排到一家百货商场做促销活动。原本他们只需按计划执行就可以，但他发现这次活动赠送的礼品仍然和上次一样，是他们公司的产品——护手霜。记得上次促销时，他特意宣传了一下即将推出的新产品——柔肤水，发现很多顾客很感兴趣。于是他主动向部门主任提出了自己的建议。主任接受了他的建议，迅速把赠品改为柔肤水。为此，从企划部到物流部，大家一直加班到晚上十点。但是没有一个人抱怨，也没有人追究加班的原因原来只是因为一个小人物的一句话。

想到这里，他很感动。他在电脑里敲上一行字：“深深体会到，一个公司需要一个团队的合作和努力。我希望在新的一年里，能够更好地和同事合作。”

第三年，又该交年终总结了。他回顾这三年和同事们的相处，发现每个人都有缺点也有优点。如果总是看着同事们的缺点，就会感觉相处十分辛苦，但如果和他们的优点相处，工作则像一场愉快的旅行。

于是，他在总结里写道：“我希望和这些优秀的同事在一起，精诚合作，把自己的优点也充分发挥出来，共同推进我们的事业。”

主任拿着他的总结看了好一会儿，老总看完他的年终总结，在他转身走出办公室后，微微笑了。

新年后第一天上班，他被任命为市场部主管。老总知道，他已经具备了一个主管的素质。

他终于不再是一只菜鸟。他扇动着丰满的翅膀，在自己的天空惬意地飞翔。

（836 字）

节选自《菜鸟的年终总结》 作者：冯娟

一、根据课文内容，选择正确答案

1. 他刚开始工作时：（　　）
   A. 总是非常生气　　B. 别人都叫他“菜鸟”
   C. 在一家公司的市场部　　D. 在市场负责蔬菜销售
2. 第一段中，他想“让羽毛丰满起来”的意思是：（　　）
   A. 他非常生气　　B. 他想挣到很多钱
   C. 他希望变得成熟而有经验　　D. 他希望能够爱上这份工作
3. 第一年写年终总结时，他：（　　）
   A. 得意扬扬地写了很多字
   B. 觉得自己已经做得很好了
   C. 照着菜单的样子写出了自己做过的工作
   D. 把自己这半年做过的工作全部都写了出来
4. 第二年写年终总结的时候，他：（　　）
   A. 感觉自己去年写的总结很可笑　　B. 在犹豫是不是要用去年的总结
   C. 打算把去年的总结改一改交上去　　D. 觉得老总看了他的总结一定会满意的

5. 关于那次促销活动，下面哪种说法正确？ （ ）
A. 原计划是护手霜的促销活动
B. 他提出的一个建议被主任接受了
C. 为了这个活动，大家加班到晚上十点
D. 他建议宣传一下公司推出的新产品——柔肤水

6. 他想起那次促销活动很感动，是因为： （ ）
A. 没有人抱怨加班 B. 主任接受了他的建议
C. 同事们都有团结合作的精神 D. 很多顾客对公司的新产品很感兴趣

7. 在工作的第二年，他认识到： （ ）
A. 总结不能写成流水账 B. 应该主动提出自己的建议
C. 团队的合作是非常重要的 D. 促销活动应该推出顾客感兴趣的产品

8. 工作第三年，他最大的收获是： （ ）
A. 学会了如何和同事们相处 B. 感觉和同事相处十分辛苦
C. 感觉工作像一场愉快的旅行 D. 发现了每个人的优点和缺点

9. 为什么说他“不再是一只菜鸟”了？ （ ）
A. 他长出了丰满的翅膀 B. 他成为市场部的主管
C. 他学会了在天空中飞翔 D. 他能写出让老总满意的年终总结了

二、根据课文内容，判断正误

1. 他一进入公司就决心要尽快成长起来。 （ ）
2. 第一年，他觉得自己的工作做得很出色。 （ ）
3. 第一次写年终总结，他写得不太顺利。 （ ）
4. 第二年，他的想法已经和第一年不一样了。 （ ）
5. 他再看自己第一年的工作总结时觉得不好意思。 （ ）
6. 在他写第二年年终总结的前一个月，公司在百货商场做了一次促销活动。 （ ）
7. 那次百货商场的促销活动最后的赠品是护手霜。 （ ）
8. 他的一个建议使大家一直加班到很晚。 （ ）
9. 他感觉自己这三年的工作像一场愉快的旅行。 （ ）
10. 主任不太明白他的总结写的是什么。 （ ）
11. 老总对他的年终总结比较满意。 （ ）
12. 因为年终总结写得很好，所以他被任命为市场部主管。 （ ）

三、根据课文内容，回答问题

1. 他第二年年终总结的主题是什么？
   答：________________________________
2. 他第三年年终总结的主题是什么？
   答：________________________________
3. 老总为什么任命他为市场部主管？
   答：________________________________

四、根据课文内容，选择最接近下列画线词语的解释

1. 他赌着一口气，希望能早点儿摘下“菜鸟”的标签，让羽毛丰满起来。（　　）
   A. 胖　B. 充足　C. 满足　D. 丰收
2. 第一年，年终总结他洋洋洒洒写了几千字，把这半年的工作像菜单一样列了出来。（　　）
   A. 充满激情　B. 一边想一边写
   C. 连续不断，很有气势　D. 啰里啰唆，很多废话
3. 我勤勤恳恳，热情积极，任劳任怨，思维活跃……（　　）
   A. 勤快忠诚　B. 勤劳而热情
   C. 非常辛苦地　D. 努力而踏实
4. 我勤勤恳恳，热情积极，任劳任怨，思维活跃……（　　）
   A. 不怕辛苦，不怕抱怨　B. 接受任何工作和批评
   C. 各种各样的工作和抱怨　D. 在任何情况下都不抱怨
5. 但是打开电脑，他迟疑了。（　　）
   A. 担心　B. 犹豫　C. 有疑问　D. 开始考虑
6. 他把鼠标一直往下拉，看完那些流水账，他笑了。（　　）
   A. 各种发生过的事情　B. 不分主次和类别的罗列
   C. 像流水一样过去的事情　D. 关于各种收入和支出的记录
7. 但是没有一个人抱怨，也没有人追究加班的原因原来只是因为一个小人物的一句话。（　　）
   A. 追查　B. 研究　C. 讲究　D. 了解

五、选词填空

A. 迟疑　B. 追究　C. 洋洋洒洒　D. 任劳任怨

1. 在岳父重病的关键时刻，他不离不弃，________，主动挑起了家庭的重担。

2. 听了这个价钱，我________了一会儿，决定还是不买了。
3. 他表示一定会坚决依法查处，严肃________责任。
4. 这份家书涉及的话题大到政治、历史和文化，小到读书、修为和持家，________，皆有感而发，给家庭成员以莫大的精神慰藉。
5. 对认错态度良好的那一部分人就不要再________了。
6. 天津爱心联盟的成员们积极为全运会出力，不怕脏不怕累，________，清理垃圾。
7. 你不要再________了，这个机会一定要抓住。
8. 董事长随即发表了开场致辞，表达了企业对城市发展的责任，________的致辞，让全场甚是感动。

六、说一说

1. 请介绍一下那次促销活动。
2. 请根据他的三份年终总结，谈谈他在工作中的成长经历。
3. 读完这篇文章你有什么感想？

泛读课文

睡草坪的日子

那年去广州找工作，求老乡，拜同学，一家家工厂、公司去碰运气，碰得焦头烂额，不是"暂不增人"，便是没有我干得了的差事。

半个多月过去了，钱快花光了，可工作还是没着落。夜晚寄居在同学打工的一家工厂的集体宿舍里，两人共挤一张单人床。正是五月，广州已是炎热难当，那滋味可想而知。

有一天找工作时路过一片草地。广州的绿化搞得不错，大片的细绒绒的草地上，等距离地长着旺盛的木芙蓉。在草地上坐下歇息的那一刻，一个"创意"在我脑中油然而生：我要把这儿当作我的眠床。

主意已定，我马上去找同学，从他那个汗臭味终日不散的集体宿舍取出行李。

回到了那片草坪，我长出一口气。这世界太不公平，有人日进斗金，有人想卖苦力找不着地方；有人住别墅，有人住拥挤的集体宿舍，更有像我这样的走投无路者，连最便宜的旅店也住不起而以草地为床。

早睡是睡不了的，绿缎子般的草坪上睡着个人肯定很引人注目。我便背着旅行包到处流浪，等待夜深人静。广州是一座不夜城，不知什么时候才是夜深，夜既深而人不静。走得倦了，回到那片草坪，看准一株枝繁叶茂的木芙蓉，睡在下面肯定不易被人发现。

走近树下，我大吃一惊，树底下躺着一个人，不知是活人还是死人，也不知是好人还是歹人。我正要跑，那人坐起，招呼我。原来，那人也和我一样，也是找工无着，无钱住旅店，才住进免费草地床。他告诉我，他睡草地已十多天了。他说，每晚都有人睡在这里，多的时候，这一带有几十个。

旅行袋作枕，天作帐，草为床，我仰卧着。想起家乡，想起父母，想到我竟沦落到这般田地，泪水无声地淌出。

那以后，我每日背着行囊四处找工，睡过的草地有五六处。广州草坪多，为漂泊的异乡人提供了方便。

后来，我在朋友的帮助下，进了一家广告公司当业务员，后来又兼做文员。我辛勤的劳动得到公司老总的赏识。我开始住办公室，后来和同事住进了出租屋。

打工六年，我攒下了一笔钱，决定回乡。行前，我来到我曾夜宿过的街边草坪，流连，感谢草坪。

如今，我在家乡的城市拥有一套两室一厅的居室，我没舍得花钱装修，只将卧室四壁全刷成草绿，为了纪念一段苦涩而珍贵的人生。

（852 字）

节选自《福州晚报》 作者：方建华

一、根据课文内容，选择正确答案

1.“我”在广州找工作时： （ ）

A. 很不顺利 B. 有很多人帮忙

C. 没有地方需要人 D. 找遍了所有的工厂和公司

2.“我”刚到广州时： （ ）

A. 钱花得很快 B. 什么工作都不会干

C. 和同学挤着睡在一起 D. 在同学打工的工厂工作

3.“我长出一口气”，是因为： （ ）

A. 这个世界太不公平了

B. 对自己找工作充满了信心

C. 终于找到了一个舒适的住处

D. 终于可以不再和同学热烘烘地挤在一起睡觉了

4. 说“广州是一座不夜城”，是因为： （ ）

A. 广州没有夜晚 B. 早睡是睡不了的

C. 夜很深了，城市还很热闹 D. 即使在深夜，人们还很忙

5.“我”看好那棵木芙蓉，是因为： （ ）

A. 树下没有别人 B. 睡在那里不易被发现

C. 它开满了花儿，很漂亮 D.“我”的朋友也睡在那里

6. 树底下那人： （ ）

A. 原来认识“我” B. 是这片草地的主人

C. 也是找不着工作的人 D. 请“我”免费睡草地床

7. 在草地上“我”哭了，是因为： （ ）

A. 离开了同学 B. 睡得很不舒服

C. 觉得自己太失败了 D. 觉得自己对不起父母

8. 后来“我”： （ ）

A. 一直睡在草地上 B. 一直住在办公室

C. 一直自己租房住 D. 终于赚了一些钱

9.“我”觉得睡草坪的日子： （ ）

A. 激励着“我”不断努力 B. 是一段非常悲惨的人生

C. 让“我”认识了很多朋友 D. 是一段苦涩而珍贵的记忆

二、根据课文内容，判断正误

1. “我”在广州找工作时，托了很多朋友。（ ）
2. 经过半个月的努力，“我”终于找到了工作。（ ）
3. 五月的广州非常热。（ ）
4. 找工作的路上，“我”发现可以睡在草地上。（ ）
5. “我”被一个睡在树下的人吓了一跳。（ ）
6. 睡在草地上，“我”想起了父母。（ ）
7. 那时候“我”白天到处找工作，晚上就回到那棵树下睡觉。（ ）
8. “我”在那家广告公司干得很好，有了自己的办公室。（ ）
9. 找到工作以后，“我”仍然时常去睡草地。（ ）
10. “我”在广州工作了六年。（ ）
11. 后来“我”在广州买了一套房子。（ ）

三、选词填空

A. 焦头烂额　　B. 油然而生　　C. 走投无路

1. 好莱坞演员工会与前不久刚刚被编剧及导演们搞得________的美国电视电影制片协会的合同，今年七月就会到期。
2. 面对这种中国乒乓球无敌的局面，一种无趣和无奈________。
3. 赵大宝________，只好再去求人，最后通过一个老朋友的介绍，在一家饭店当上了保安。
4. 除了工作，年轻的妈妈每天考虑的就是到哪儿去给女儿借钱治病，不仅为钱忙得________，而且也欠下了一屁股的债。
5. 一般情况下，凡事不到________，谁会以这种有辱自身人格尊严的形式来表达某种利益诉求？
6. 他为人谦和，有着儒雅的长者之风，又因喜着工装而具有一种“工人老大哥”式的朴实，因此，更让人心底的敬意________。

四、说一说

1. 为什么“我”觉得世界太不公平？
2. 睡在草地上时，“我”心里是什么感觉？

精读课文2

毕业焦虑困扰学生群体

客观来讲，在求职市场上，大学生是弱势群体。他们没有经验，对未来不敢确定，有许多盲目的方面。同时，他们年纪虽小，却背负许多东西：父母的期望、改变命运的理想等。在变化多端的社会中，自身的幼稚和软弱，加上缺乏自信和方向，使许多大学生毕业在即非常焦虑。

而作为买方市场的劳动力市场，垄断理直气壮而又不合理地存在着。比如说许多劳动合同中存在霸王条款，让大学生们敢怒不敢言。正如一位毕业生所言："事情明摆着，你不签，后面等着一个排的人，谁也不是傻子！"的确，签约是一个博弈的过程。竞争那么激烈，谁还敢那么耐心地等待呢！

因此，种种迷茫和无奈成了毕业生的阶段性心态。理想和现实的矛盾摆在每一个人的面前，我们不得不做出取舍。在精神与现实的双重压力下，签约成了许多人必须做出的抉择。专业的舍弃、爱人的分离甚至是心灵的背叛，大学生们面对那份准备签约的协议书落笔艰难。在心有不甘却又怕失去机会的心态下，不得不抱着"先混饭吃，再谋发展"的原则把自己盲目地签出去。

然而，有这样的无奈，我们是不是就只能听从摆布了呢？当然不是，每个人都是有力量的。我们需要勇敢而理智地面对自己的生活。无奈的选择不等于无为的选择，每一种选择都面临机遇和挑战。学会把握当下，新环境就会成为你又一个探索、磨炼和积累人生经验的机会。

在大学先后获得英语专业学士学位和经济学硕士学位的李小姐，第一份工作是为一家经纪公司做接待员。从接听电话、打字、整理文档开始，这份工作她干了一年。此后，她又去了美国，为一位美国商人和他的家人教授中文。这个过程让她发现商业贸易的实用和速度对她有足够的吸引力。于是，她成了一名商人，后来成了一家大公司的首席执行官。

"不要掩盖自己的天赋，也不要放弃自己的信念。无论结果看起来可能多么可怕或糟糕，无论保持自己本性的结果是什么，我们应该坚持自己对未来发展的判断，坚持自己对成就大业的把握，坚持对自己能有所作为的信念……注重发展性的人比注重局限性的人在生活中获得的要多得多。”这是李小姐对自己成长经历的总结，把它献给那些把自己签出去的勇敢者吧。

（850 字）

一、根据课文内容，选择正确答案

1. 大学生就业的劣势不包括下列哪一项？（ ）

A. 过于年轻、幼稚　B. 软弱、缺乏自信

C. 背负太多的期望　D. 既无经验，也无目标

2. 现在的劳动力市场：（ ）

A. 用人单位占据优势　B. 找工作的全是大学生

C. 它的存在是不合理的　D. 劳动合同都是霸王条款

3. “霸王条款”是指：（ ）

A. 内容很多的条款　B. 难以理解的条款

C. 强制性的不合理条款　D. 只要单方面签字的条款

4. “让大学生们敢怒不敢言”中，“敢怒不敢言”的意思是：（ ）

A. 非常愤怒地指责　B. 气得连话都说不出来

C. 只敢生气却不敢反对　D. 敢于愤怒却说不出理由

5. 大学生们明知不合理却还是签约的根本原因是：（ ）

A. 竞争太激烈了　B. 签约只是一个过程

C. 不签约就会成为傻子　D. 后边等着的人很着急

6. 下列哪一项不是毕业生的阶段性心态？（ ）

A. 焦虑　B. 耐心　C. 迷茫　D. 无奈

7. 面对签约协议，大学生们“落笔艰难”，是因为他们：（ ）

A. 签字签得很无奈　B. 不敢在上边签字

C. 找不到签名的地方　D. 签完字后日子会很艰难

8. 大学生们为什么要把自己盲目地签出去？（ ）

A. 为了进一步发展　B. 为了先吃上一顿饭

C. 为了能够生存下去　D. 希望再次找到机会

9. 当我们选择了不理想的工作时，我们：（ ）

A. 只能混饭吃打发时间　　B. 只能听从别人的摆布

C. 要学会把握机会和挑战　　D. 虽不甘心却也不能失去机会

10. 李小姐的第一份工作是：（ ）

A. 自己经商　　B. 家庭中文教师

C. 经纪公司接待员　　D. 大公司的首席执行官

11. 李小姐成功的原因是：（ ）

A. 商业吸引了她　　B. 她学过很多专业

C. 美国人教会了她做生意　　D. 她的第一份工作做得很好

12. 李小姐的故事告诉我们：（ ）

A. 只要有天赋就会成功　　B. 对未来应该有正确的判断

C. 找工作有时可能很可怕或糟糕　　D. 任何时候都不要放弃自己的信念

二、根据课文内容，判断正误

1. 大学生求职的焦虑是因为目标非常高。（ ）
2. 社会变化太快，刚毕业的大学生往往不知道该怎么办。（ ）
3. 劳动力市场上存在着很多不合理的垄断现象。（ ）
4. 许多劳动合同中的条款对大学生很不公平。（ ）
5. 每一个工作机会都有很多人在竞争。（ ）
6. 很多毕业生为了找到合适的工作宁愿耐心等待。（ ）
7. 虽然可能面临放弃专业，学生们还是不得不签约。（ ）
8. 大学生们找工作时如果盲目签约，那一生都只能听从摆布。（ ）
9. 那位美国商人帮助李小姐成为一名商人。（ ）
10. 李小姐认为不能只看眼前，要注重发展。（ ）

三、根据课文内容，回答问题

1. 大学生们对待不合理的劳动合同是什么态度？

答：____

2. 大学生们签约时是什么心态？

答：____

3. 李小姐的受教育经历是什么？

答：____

四、根据课文内容，选择最接近下列画线词语的解释

1. 同时，他们年纪虽小，却背负许多东西：父母的期望、改变命运的理想等。（　　）

A. 背着　B. 承担　C. 需求　D. 负责

2. 在变化多端的社会中，自身的幼稚和软弱，加上缺乏自信和方向，使许多大学生毕业在即非常焦虑。（　　）

A. 充满变化　B. 开始变化

C. 多角度变化　D. 多方面变化

3. 在变化多端的社会中，自身的幼稚和软弱，加上缺乏自信和方向，使许多大学生毕业在即非常焦虑。（　　）

A. 以后　B. 以前　C. 就在眼前　D. 正在发生

4. 在变化多端的社会中，自身的幼稚和软弱，加上缺乏自信和方向，使许多大学生毕业在即非常焦虑。（　　）

A. 思考　B. 压力

C. 重点担心　D. 着急、忧虑

5. 而作为买方市场的劳动力市场，垄断理直气壮而又不合理地存在着。（　　）

A. 合理而强大　B. 直接而凶猛

C. 有了理由所以很强硬　D. 明白道理后非常生气

6. 的确，签约是一个博弈的过程。（　　）

A. 竞争　B. 赌博　C. 认真下棋　D. 不断提高

7. 理想和现实的矛盾摆在每一个人的面前，我们不得不做出取舍。（　　）

A. 牺牲　B. 舍弃　C. 决定　D. 选择

8. 在心有不甘却又怕失去机会的心态下，不得不抱着“先混饭吃，再谋发展”的原则把自己盲目地签出去。（　　）

A. 心里有很多想法　B. 心里觉得很痛苦

C. 心里觉得非常不愿意　D. 心里有很多想不通的地方

9. 无奈的选择不等于无为的选择，每一种选择都面临机遇和挑战。（　　）

A. 无所谓　B. 没有目的

C. 无法解释　D. 什么也不做

10. 学会把握当下，新环境就会成为你又一个探索、磨炼和积累人生经验的机会。（　　）

A. 当然　B. 现在　C. 机会　D. 下一步

五、选词填空

A. 在即　　B. 取舍　　C. 变化多端　　D. 理直气壮　　E. 心有不甘

1. 人只有敢于________，才会有机会获取更长远的利益。
2. 这里一会儿晴天，一会儿雷电、冰雹，这样________的天气，你受得了吗？
3. 局部利益和整体利益、个人利益和多数人利益之间，又该如何________？
4. 虽然明白付出和收获不一定成正比的道理，但我依然是________，不愿意就这样白白地让时间从眼前溜走。
5. 希望每个人都成为控烟员，________地把过去失去的权力要回来。
6. 养老金入市________，如何助力资本市场良性发展引人注目。
7. 他的脾气________，捉摸不定，常常说风就是雨。

六、说一说

1. 为什么大学生求职的时候是弱势群体？
2. 为什么说“无奈的选择不等于无为的选择”？
3. 读完本文你有什么感想？

快速阅读1

建议阅读3分钟

在高中，魏军是老师眼中的“差生”。因为估计考不上大学，在高考前夕，他向朋友借了200元钱，只身赴广东打工。在此期间，他修过马路，也睡过马路，还曾因为无钱上医院，自己忍痛剜掉腿上的脓包。在饱尝生活的艰辛后，魏军意识到，要想在社会上立足，必须拥有一技之长。于是，他来到盐城技工学校，成为该校第一位来自外地的学生。

在技工学校，魏军找到了学习的自信和乐趣。经过两年的磨砺，魏军和22名学习数控机床的同学一起，带着梦想来到广东一家企业。然而，现实给他们当头浇了一盆冷水。魏军的第一份工作竟然是搬运货物和扫厕所，而且是扫女厕所。魏军清楚地记得第一个月的工资是344元。很多同学都要走，但魏军却坚持留下来。“当时我想，只要能养活自己，就忍下去，凡事不可太急功近利。”魏军说。在魏军的劝说和大家互相勉励下，三个月的试用期，22人没有一人离开。正式上岗后，每天12个小时的工作之外，魏军还经常自费复印产品说明书和英文技术资料，如饥似渴地学习和钻研新技术。正是凭着这股韧劲，魏军很快成了厂里的技术能手。

如今，原盐城技工学校9801班33名毕业生中，已经有一半人年收入达六位数，11人通过各种方式自主创业。魏军从自己最熟悉的专业领域入手，创办了一家模具加工厂。“生产一线的高技能人才创业有自己的优势，他们更务实，能更准地把握市场需求并找准切入点。”魏军说。

（555字）

一、根据课文内容，选择正确答案

1. 魏军去广东打工，是因为：（　　）
   A. 家里很穷　　B. 不喜欢学习
   C. 可能考不上大学　　D. 打工能赚很多钱
2. 魏军来到盐城技工学校，是因为：（　　）
   A. 生活太艰辛了　　B. 他一直找不到合适的工作
   C. 要有技术，才能在社会上生存　　D. 他身体不好，需要休息一段时间
3. 魏军在学校里：（　　）
   A. 学习数控机床　　B. 学习英文资料
   C. 实现了自己的梦想　　D. 经历了非常痛苦的两年
4. 面对现实，魏军做出的选择是：（　　）
   A. 离开公司　　B. 坚持下去
   C. 劝说大家自主创业　　D. 开始学习新的技术
5. “凡事不可太急功近利”中，“急功近利”的意思是：（　　）
   A. 为了靠近功利太着急　　B. 迅速努力就可以接近成功
   C. 急于追求成功和眼前的利益　　D. 为了眼前的利益付出太多努力
6. 魏军正式上岗后：（　　）
   A. 开始自主创业　　B. 开了一家复印店
   C. 就成为技术能手　　D. 非常努力地学习新技术

二、根据课文内容，判断正误

1. 魏军因为老师不喜欢他，就不想参加高考了。（ ）
2. 魏军向朋友借了200元钱，和朋友一起去广东打工。（ ）
3. 魏军靠着自己的不懈努力，成为一名技术能手。（ ）
4. 魏军后来也开始自主创业。（ ）
5. 生产一线的高技能人才创业更容易成功。（ ）

快速阅读2

建议阅读3分钟

走向社会，首先要学会思考，让自己的思想清晰而有条理。条理性需要训练，没有人天生就会。什么是条理性呢？形象的表述就是做事要有条理。强调实践的重要性，让学生在校期间不断实践，实际上这就是条理性的早期锻炼，好处多多。

我见过很多自以为是的刚刚步入社会的年轻人。他们趾高气扬，以为手中的文凭是一把万能钥匙，想打开哪把锁就能打开哪把锁。虽然社会的构造有时候还真像一把锁，但不是随便拿把钥匙就可以打开的。开锁的前提是，钥匙齿的凸凹面必须与锁孔的凸凹面反向，双方完全契合才能开启。现实的情况一定是锁的设计在前，钥匙的设计在后，你不调整自己，就甭想打开这把锁。

所以，大部分刚刚走上社会的莘莘学子都会遇上同样的问题，不太适应。有的人会调整自己，而有的人则会怨天尤人。千万不要以为知识掌握的多寡与做事的成败有必然联系，如果知识在使用时不对口，还不如没知识容易成功。

走上社会，条理性的问题日趋复杂，几乎处处都会遇到。因此做事之前好好想想，理出条理，再加上认真的态度，事情就容易成功。砌一块砖容易，盖一座大厦难，难就难在条理性的实施上。弄懂这个道理，会事半功倍。

（468字）

一、根据课文内容，选择正确答案

1. 文中“趾高气扬”这个成语与下面哪一个意思相近？（　　）

A. 卑躬屈膝　　B. 得意忘形　　C. 妄自菲薄　　D. 扬眉吐气

2. 文章第二段告诉我们，社会的构造像一把锁，要想开锁，首先要：（　　）

A. 设计锁　　B. 调整自己　　C. 设计钥匙　　D. 学会思考

3. “而有的人则会怨天尤人”中，“怨天尤人”的意思是：（　　）

A. 觉得老天对人不公平　　B. 每个人都在埋怨天气

C. 责怪命运，责怪别人　　D. 有些人尤其不喜欢天气

4. 文章第三段告诉我们：（　　）

A. 没有知识更容易成功　　B. 一定要注意使用知识的方式

C. 学生们走上社会后都不适应　　D. 知识掌握的多少与做事的成败有联系

5. 最后一段中，“砌一块砖容易，盖一座大厦难”是要说明：（　　）

A. 砌砖比盖大厦容易　　B. 用砖盖一座大厦很难

C. 小事好做，大事难做　　D. 想做大事，必须要有条理

6. 文章告诉我们：（　　）

A. 实践是非常重要的　　B. 社会的构造像一把锁

C. 做事要多思考，有条理　　D. 年轻人要不断调整自己

二、根据课文内容，判断正误

1. 条理性是人天生就会的。（　　）
2. 不断参加实践，能锻炼一个人的条理性。（　　）
3. 刚毕业的年轻人常常觉得自己很了不起。（　　）
4. 社会像一把锁，文凭就是一把万能钥匙。（　　）
5. 如果弄懂怎么盖一座大厦，就会事半功倍。（　　）

第11课 让世界充满爱

精读课文1

爱心不会闲置

我每周都准时收看央视新闻频道的《本周》节目。这是一档附加着哑语解说，充满着人文关怀的节目。

有一次，我和一个朋友一道收看《本周》节目。突然，他指着那位哑语解说员说："看这比画劲儿，纯粹是多此一举！播新闻你就好好播吧，整哪门子哑语呀？好像全中国的人都耳背似的。"

我说："你说得可不对。不知你留意过盲道没有，反正我留意过。自打这座城市里修建了盲道，我就从来没有遇见过真正的盲人在上面走。你可能要说，这不是浪费吗？我不这么认为。"

我的学校曾有过一个在大地震中失去了右臂的学生。他最怕上体育课和实验课，终日里郁郁寡欢。更糟糕的是，有些调皮的同学还会没深没浅地跟他开玩笑。有一天，政治老师来上课，她点了四个同学的名字，让他们到讲台上完成一道练习题。首先，她让大家把自己的外套脱掉，同学们便嘻嘻哈哈地脱了；老师又命令他们穿好，他们也照办了。老师又说："现在，请你们用一只左手把外套脱掉再穿上。"他们笨拙地完成了。然后，老师又说："请你们不用自己的双手将外套脱掉再穿上。"他们面面相觑。半晌，才有一个同学恍然大悟地去帮着邻近的同学脱外套。受到了他的启发之后，他们互帮互助，顺利完成了任务。末了，老师说："从某种意义上讲，我们每个人都是残疾人。在我们的婴儿时期，我们的大脑与四肢几乎都处于残障状态，我们需要人来抱，来喂，来帮助；等我们老了，我们的大脑和四肢又有可能陷入残障状态，痴呆，偏瘫，活动受限，这些疾患威胁着我们。同学们，你们看，今天的我们有多么幸运，趁着我们还健康，趁着我们还有足够的时间和能力去帮助那些需要帮助的人，我们就应该多做一点儿啊！”

从此以后，那个班的同学都争着抢着去帮助那个失去右臂的同学，爱护他，善待他，让他充分感受到班集体的温暖。

所以我想，在某一时刻，即便没有失聪的人收看《本周》，即便城市四通八达的盲道标志没有人去触摸，它们的存在也是有充分理由的。就像这位令人敬佩的政治老师苦心设计的练习题一样，它们要以自己的存在唤醒人们也许已然麻木的爱心。

（825 字）

选自《求学》 作者：张丽钧

一、根据课文内容，选择正确答案

1.《本周》节目可能是一个： （ ）

A. 新闻节目 B. 哑语节目

C. 针对残疾人的节目 D. 介绍人与人之间相互关心的节目

2.“我”喜欢收看《本周》节目，是因为： （ ）

A.“我”要学习哑语 B.“我”能看懂哑语

C. 这个节目充满人文关怀 D. 节目主持人是“我”的朋友

3. 在谈论《本周》节目时，“我”朋友的语气是： （ ）

A. 满意 B. 高兴 C. 厌烦 D. 担心

4. 朋友认为节目里有哑语解说： （ ）

A. 非常好 B. 没必要 C. 无所谓 D. 很麻烦

5.“我”提到城市盲道，是为了： （ ）

A. 安慰“我”的朋友 B. 证明到处都有浪费

C. 说明“我”经常留意城市里的盲道 D. 说明对残疾人的关心始终应该存在

6. 关于“我”的学校那个没有右臂的学生，下面哪种说法不正确？ （ ）

A. 他一天到晚都不开心 B. 他喜欢和同学们开玩笑

C. 是大地震造成了他的残疾 D. 上体育课和实验课时，他很不方便

7. 政治老师让同学们做这个练习，是要让他们知道：（　　）

A. 这四个同学是最调皮的　　B. 不能随便和残疾人开玩笑

C. 穿脱衣服是一件不容易的事情　　D. 残疾人不容易，应该多帮助他们

8. 最后，老师告诉大家：（　　）

A. 每个人都是残疾人　　B. 我们小时候都曾是残疾人

C. 将来老了可能会得很多病　　D. 每个人都会需要别人的帮助

9. “我”认为政治老师设计这道练习题是为了：（　　）

A. 让学生们触摸盲道　　B. 让学生们学会穿衣服

C. 唤醒学生们麻木的爱心　　D. 让学生们收看《本周》节目

10. “爱心不会闲置”这个主题出现在：（　　）

A. 第一段　　B. 第三段　　C. 第四段　　D. 最后一段

二、根据课文内容，判断正误

1. 《本周》是每周一期的节目。（　　）
2. “我”的朋友不清楚解说员用的是什么哑语。（　　）
3. 很少有人在这个城市的盲道上面走。（　　）
4. “我”认为城市盲道很重要。（　　）
5. 有些同学喜欢拿失去右臂的同学开玩笑。（　　）
6. 老师刚开始让学生脱衣服的时候，学生都满不在乎。（　　）
7. 老师让四位同学不用双手脱衣服和穿衣服，过了好一会儿，终于有一个同学想出了完成任务的办法。（　　）
8. 人进入老年会有各种疾病，所以应该限制老人的活动。（　　）
9. 政治课老师设计的练习题取得了预期的效果。（　　）
10. 为残疾人设置的这些东西能够唤醒人们的爱心。（　　）

三、根据课文内容，回答问题

1. 《本周》是一个什么样的节目？

答：________________________________

2. 政治老师让四位同学不用双手脱衣服和穿衣服，他们是怎么完成任务的？

答：________________________________

3. 这次政治课的效果是什么？

答：________________________________

四、根据课文内容，选择最接近下列画线词语的解释

1. 这是一档附加着哑语解说，充满着人文关怀的节目。（ ）
A. 有时加上　B. 另外加上　C. 附近还有　D. 附近加上
2. 看这比画劲儿，纯粹是多此一举！（ ）
A. 比画太多　B. 多余的举动
C. 没必要在这里　D. 比画得太用力
3. 播新闻你就好好播吧，整哪门子哑语呀？（ ）
A. 什么　B. 哪里　C. 哪个人　D. 哪个门
4. 好像全中国的人都耳背似的。（ ）
A. 耳朵上　B. 在背后　C. 听不见　D. 喜欢听
5. 他最怕上体育课和实验课，终日里郁郁寡欢。（ ）
A. 充满痛苦　B. 很不开心
C. 不敢欢笑　D. 总是一个人
6. 更糟糕的是，有些调皮的同学还会没深没浅地跟他开玩笑。（ ）
A. 经常　B. 没完没了　C. 不多不少　D. 没有分寸
7. 他们面面相觑。（ ）
A. 面对面进行讨论　B. 面对面互相看着
C. 互相看着不知道怎么办　D. 互相打量着对方的表情
8. 半晌，才有一个同学恍然大悟地去帮着邻近的同学脱外套。（ ）
A. 突然明白了一切　B. 迷迷糊糊地开始
C. 突然看到了希望　D. 小心翼翼地想到
9. 就像这位令人敬佩的政治老师苦心设计的练习题一样，它们要以自己的存在唤醒人们也许已然麻木的爱心。（ ）
A. 心中厌恶　B. 痛苦的心　C. 心中痛苦　D. 费尽心思
10. 就像这位令人敬佩的政治老师苦心设计的练习题一样，它们要以自己的存在唤醒人们也许已然麻木的爱心。（ ）
A. 不敏锐　B. 变成木头　C. 蓬蓬勃勃　D. 非常麻烦

五、选词填空

A. 多此一举　B. 没深没浅　C. 嘻嘻哈哈　D. 面面相觑　E. 恍然大悟

1. 他们在一起能有什么正事儿！无非是吃吃喝喝、________而已。

2. 听到这里，我有一种________的感觉，原来最重要的是想象力。
3. 没想到他突然说出这样莫名其妙的话，弄得大家________。
4. 这次原谅他，如果他下次还是说话________的，我就要当面批评他了。
5. 当在超市看到这个男人的时候，我和老公________，甚是惊讶。
6. 这孩子________的，真让人操心。
7. 看了她的日记，小王________，原来她是个聋哑人。
8. 人家都出院了，你还去医院探望，真是________！

六、说一说

1. "我"的朋友对《本周》节目的看法是什么？
2. 政治老师让学生做了什么练习？她为什么要设计这个练习？
3. 你怎么理解"从某种意义上讲，我们每个人都是残疾人"？

泛读课文

有困难找"小绿人"

昨天是农历小年，乌鲁木齐下起了小雪，气温骤降让回家过年的旅客行色匆匆。在这寒冷的冬日，人流中有一群绿色的身影，如同一抹春意，温暖着思乡者的心。他们就是今年乌鲁木齐火车南站的志愿者。他们在寒冷的冬季为南来北往的旅客提供周到细致的服务。这群身着绿色衣服的年轻人，是旅客眼中的"小巨人"。"有困难找小绿人"也是今年春运旅客说得最多的一句话。

来自新疆师范大学的郭晨向记者介绍，参加这次活动的志愿者共有50名，其中30名来自新疆师范大学。这些志愿者都是自发报名，经过严格的培训后上岗的。有些做引导的女生从早到晚站在进站口迎接旅客，为旅客指路。她们冻得手指发僵，嘴唇发紫，却仍在坚持。

来自自治区青年志愿者协会的董乐为了帮一位腿脚不便的阿姨坐上列车，把围巾弄丢了。她顾不上去找，转身又去搀扶一位老大爷，忙乱中又将手套弄丢了。虽然丢了东西，但当她听到老大爷用不太熟练的汉语说“谢谢你们，你们真棒！”时，董乐的心瞬间被快乐填满。这种快乐，就是她在严寒中从早忙到晚的动力源泉。

“到北京的车几点?”“我的车票丢了，怎么办?”在乌鲁木齐火车南站售票大厅，来自乌鲁木齐铁路局机务段的志愿者杨红芳耐心地回答旅客们提出的问题。短短的十分钟，她已经接待旅客 13 名，解决问题 9 个。部分旅客回家心切，态度十分恶劣，有时甚至会出言不逊。面对这些，杨红芳没有一点儿不耐烦的神色。她说：“我们是小绿人，就得尽到这份责任。”

“您好，我是春运志愿者，我来帮您提行李吧。”郭晨已经记不清一天重复了多少次“您好”，更记不清提过多少件行李，搀扶过多少位老人。服务中，郭晨始终满脸微笑。他坚信，微笑是志愿者最好的名片。“可能很多人质疑我们，觉得我们是温室里长大的一代，吃不了苦，受不了委屈。但是在这里，每一名志愿者都用最真挚的笑容让旅客感受到家一般的温暖，而我们的行动也赢得了所有人的信赖和支持。”

冬季的新疆是白色的，白雪覆盖下的一切都显得纯净而肃穆。在这样的冬季，这群充满活力的“小绿人”让旅行者匆忙的脚步不再那么沉重。这群年轻的“小绿人”成为春运大潮中最闪亮的符号。

（857 字）

一、根据课文内容，选择正确答案

1.“气温骤降让回家过年的旅客行色匆匆”中，“行色匆匆”的意思是：（ ）

A. 走得越来越快

B. 急得来不及看景色

C. 形容急急忙忙行走的样子

D. 形容因为寒冷而拥挤的样子

2. 文中“人流中有一群绿色的身影，如同一抹春意”的意思是：（ ）

A. 春天快要来了

B. 志愿者都喜欢穿绿色的衣服

C. 看到志愿者的行为，作者感到春天般的温暖

D. 为了让旅客看清楚，志愿者都穿了绿色的衣服

3. 文中“小绿人”指的是：（ ）

A. 春运中的大学生　B. 在校大学生志愿者

C. 春运中的青年志愿者　D. 身穿绿色衣服的年轻人

4. “态度十分恶劣，有时甚至会出言不逊”中，“出言不逊”的意思是：（ ）

A. 什么话也不说　B. 反反复复地说

C. 一开口说话就打人　D. 说话没礼貌，很难听

5. “微笑是志愿者最好的名片”的意思是：（ ）

A. 给别人名片时必须微笑　B. 微笑是志愿者主要的工作

C. 志愿者的名片上必须有微笑的照片　D. 微笑可以拉近志愿者和别人的距离

6. 关于志愿者的服务，下列哪一项没有提到？（ ）

A. 为旅客指路　B. 帮旅客拿行李

C. 回答旅客各种问题　D. 帮助疏导铁路交通

7. 作者对“小绿人”的态度是：（ ）

A. 同情　B. 赞扬　C. 批评　D. 没说明

8. 本文最有可能是一篇：（ ）

A. 议论文　B. 短篇小说　C. 新闻报道　D. 工作总结

二、根据课文内容，判断正误

1. 这是春节前发生在火车站的一些感人故事。（ ）
2. 这群身穿绿色衣服的年轻人个个身材高大，是旅客眼中的“巨人”。（ ）
3. 志愿者中大部分来自学校。（ ）
4. 志愿者报名后就可以去火车站加入服务行列。（ ）
5. 天气虽然寒冷，但志愿者们还是快乐地为旅客服务着。（ ）
6. 董乐感觉做志愿服务非常快乐。（ ）
7. 志愿者杨红芳一天里接待了13名旅客，回答了很多问题。（ ）
8. 志愿者郭晨的工作主要是帮旅客提行李。（ ）
9. 很多人觉得年轻人做不了艰苦的工作。（ ）
10. 因为“小绿人”的出现，很多旅客停下来看他们如何工作。（ ）

三、选词填空

A. 自发　B. 质疑　C. 行色匆匆　D. 出言不逊

1. 这两位著作者对于法理学其他方法的合理性都未曾提出________。

2. 那人因酒驾被警察拦下，非但毫无悔意，还________，非常放肆。
3. 几名大学生在活动结束后________捡起地上的垃圾，引来其他游客的好评。
4. 雨下得很大，路人都________，不肯多停留一刻。
5. 同学们纷纷________试卷答案的准确性。
6. 小张________，目中无人，连董事长也敢冒犯，我看他是不想干了。
7. 每次回到家乡，他都________。同学打电话找他，也很少能打通。

四、说一说

1. 请介绍一下春运志愿者“小绿人”的主要工作。
2. 请介绍一下志愿者郭晨。
3. 你了解志愿者活动吗？你参加过什么志愿活动？

精读课文2

在大桥守望生命

2003年9月10日，首个“世界预防自杀日”，南京长江大桥发生一起自杀事件，这促使陈思扛着自制标语牌走上了大桥。

“全社会都来关注自杀者。天无绝人之路，退一步海阔天空，善待生命每一天。”红色心形的牌子，在车流人群中非常醒目。下面是陈思家的电话和手机号码。南京长江大桥因为其“轰轰烈烈”的效果和极高的成功率，在轻生者心中成为“自杀圣地”。从1968年建成至今，已有1000多人在此自杀。这是陈思选择大桥的原因。

自此，每个双休日的8点到下午5点，陈思都守望在大桥上，搜寻着神情仓皇、心事重重的徘徊者。仅仅在最初的20天里，他就把11条生命从死亡线上拉了回来。

在很多人看来，在大桥守望自杀者，类似于守株待兔，牵涉精力过多，而效率偏低。半年多来，陈思救助的自杀者一共只有26人。但陈思认为，

“或许 26 这个数字很小，但对于自杀者个人和他的家庭来说，却是全部。自杀者认为社会黑暗，不值得留恋。我希望自己能做一支蜡烛，给他们一丝光明和希望。在大桥守望是干预自杀的最后一道防线。它更多的是一种象征意义，让自杀者看到这个社会还关心他们，再苦再累的地方还有人在守候。”

从开始自杀救助的第一天，陈思就把自己的经历和感悟写进了《大桥日记》。日记本越来越厚，陈思的心情却越来越沉重。他意识到，仅凭一己之力，是无法担当“生命守望者”使命的。他一直在寻求用更广泛的途径帮助自杀者。长期业余研究心理学的陈思注册了个人心理咨询网站“心灵港湾”，为有精神烦恼和心理障碍的人提供倾诉空间。他也在寻求更多社会力量的加入。他曾在《大桥日记》中写道：“国家那么大，政府肯定有力不能及的地方，民间的声音应该更大一些。”

现在全国约有 300 多人表示希望在自己的城市为自杀者提供帮助。南京已有 10 名志愿者走上了大桥。一个人点燃的星星之火，开始在志愿者中传递，温暖越来越多的心灵。社会也开始关注大桥上的自杀者，南京铁路分局大桥派出所和南京工业大学团委制作了励志标语牌，设置在桥栏两侧：“只要春天还在，我就不会悲哀。纵使黑夜吞噬一切，太阳还可以重新回来。”

（832 字）

改写自《华东新闻》 作者：姚玉洁 梅洁

一、根据课文内容，选择正确答案

1. 陈思成为自杀救助义工，是因为：（　　）
   A. 在南京长江大桥上自杀的人太多了
   B. 他在车流人群中看到了一块醒目的红色心形牌子
   C. 从 2003 年 9 月 10 日起，全社会都开始关注自杀者了
   D. 首个“世界预防自杀日”南京长江大桥发生了一起自杀事件
2. 第二段中，“天无绝人之路”的意思是：（　　）
   A. 没有通往天上的路　　B. 天上没有绝对的路
   C. 人一定能战胜大自然　　D. 任何困难总会有办法解决的

3. 很多人选择在南京长江大桥自杀，是因为这里：（ ）

A. 有人守候　　B. 允许自杀

C. 是一个神圣的地方　　D. 引人注目而且容易成功

4. 在最初的 20 天里，陈思：（ ）

A. 救助了 11 位准备自杀的人

B. 把 11 位在大桥上徘徊的人带回了家

C. 每天从早上 8 点到下午 5 点都守在大桥上

D. 发现那些走来走去、表情慌张、充满心事的就是打算自杀的人

5. 很多人认为守望自杀者：（ ）

A. 是公益事业　　B. 类似于一种游戏

C. 是为了引人注意　　D. 浪费时间和精力

6. 陈思坚持守望自杀者，是因为他觉得：（ ）

A. 自己是一支蜡烛　　B. 自己喜欢做志愿者

C. 每个人对他的家人都很重要　　D. 能帮助 26 个人已经很满足了

7. 陈思觉得自己守望的意义在于：（ ）

A. 能够迅速出名　　B. 让自杀者无法自杀

C. 能做自己喜欢的事　　D. 让自杀者看到最后的希望

8.《大桥日记》记载了陈思：（ ）

A. 要当志愿者的原因　　B. 守望自杀者的经历和感悟

C. 研究心理学的成果和体会　　D. 成立一个援助联合会的设想

9. 通过一段时间的自杀救助，陈思认为：（ ）

A. 政府有义务帮助自杀者　　B. 自己没有能力再做下去了

C. 应该换一种方式来帮助自杀者　　D. 应该发动更多的人参与这件事

10. 关于自杀救助，下面哪种情况正确？（ ）

A. 陈思决定要放弃了

B. 陈思的义举得到了广泛响应

C. 全国约有 300 人来到南京帮助自杀者

D. 南京长江大桥上每天有 10 位志愿者守候着

11. 那个励志标语的意思是：（ ）

A. 我们喜欢春天　　B. 黑夜会吞噬一切

C. 请不要在这儿自杀　　D. 新的一天会有新的希望

二、根据课文内容，判断正误

1. 第一个“世界预防自杀日”南京长江大桥上有人跳桥自杀。（ ）
2. 陈思举着一块红色心形的牌子在大桥上救助自杀者。（ ）
3. 陈思在劝导自杀者的牌子上写了自己的电话。（ ）
4. 每年都有1000多人在南京长江大桥自杀。（ ）
5. 自杀者常常是匆匆忙忙地从大桥上跳下去的。（ ）
6. 最多的时候，陈思20天里救了11个人。（ ）
7. 陈思认为在大桥守望仅仅是一种象征意义。（ ）
8.《大桥日记》记得越多，陈思的心情就越沉重。（ ）
9. 为了帮助更多的人，陈思开办了自己的网站。（ ）
10. 陈思不希望政府参与自杀救助活动。（ ）

三、根据课文内容，回答问题

1. 陈思的标语牌上写着什么？
答：______________________________

2. 什么样的人可能是自杀者？
答：______________________________

3. 陈思为什么要注册“心灵港湾”网站？
答：______________________________

四、根据课文内容，选择最接近下列画线词语的解释

1. 天无绝人之路，退一步<u>海阔天空</u>，善待生命每一天。（ ）
A. 比喻路途遥远　　B. 形容广阔无边
C. 比喻生活充满乐趣　　D. 形容海和天相距遥远

2. 南京长江大桥因为其“轰轰烈烈”的效果和极高的成功率，在<u>轻生者</u>心中成为“自杀圣地”。（ ）
A. 想自杀的人　　B. 生活贫困的人
C. 生活轻松的人　　D. 生命很轻的人

3. 自此，每个双休日的8点到下午5点，陈思都<u>守望</u>在大桥上，搜寻着神情仓皇、心事重重的徘徊者。（ ）
A. 看守看望　　B. 守护远望　　C. 等待希望　　D. 等着要看

4. 自此，每个双休日的 8 点到下午 5 点，陈思都守望在大桥上，搜寻着神情仓皇、心事重重的徘徊者。（ ）

A. 悲哀凄凉　　B. 慌张匆忙　　C. 孤独痛苦　　D. 自信骄傲

5. 在很多人看来，在大桥守望自杀者，类似于守株待兔，牵涉精力过多，而效率偏低。（ ）

A. 比喻被动等待　　B. 守候一只兔子

C. 比喻收获很少　　D. 守着树和兔子

6. 从开始自杀救助的第一天，陈思就把自己的经历和感悟写进了《大桥日记》。（ ）

A. 感情波动　　B. 感想和体会

C. 丰富的感情　　D. 感动和觉悟

7. 他意识到，仅凭一己之力，是无法担当“生命守望者”使命的。（ ）

A. 一点点力量　　B. 自己的权力

C. 知己的力量　　D. 一个人的力量

8. 国家那么大，政府肯定有力不能及的地方，民间的声音应该更大一些。（ ）

A. 努力不够的　　B. 再努力也做不到

C. 力量所达不到的　　D. 力量不能及时到达

9. 纵使黑夜吞噬一切，太阳还可以重新回来。（ ）

A. 就让　　B. 如果　　C. 但愿　　D. 即使

五、选词填空

A. 纵使　　B. 海阔天空　　C. 守株待兔　　D. 一己之力　　E. 力不能及

1. 人生总是要遇到很多困难的，不要被困难所击败，好好走下去，前面总会是一片________。
2. 办案民警决定________，可是，在附近路口蹲守了几天，就是没有发现嫌疑人。
3. 一个人无论有多大的能耐，总是有他________的地方。
4. 一位作家如果失去了真诚，________很有才华，很有灵气，也只能是靠新的语调编织旧的故事，作品的价值肯定会大打折扣的。
5. 2017 赛季，他凭借________阻挡了广州恒大在天河提前夺冠，这是他距离冠军最近的一次。
6. ________你有三头六臂，如果选错了方向，成功的可能性几乎是不存在的。
7. 柯先生查看对方资料，显示对方为一美女。既然闲来无事，对方又是美女，柯先生也就乐得和对方在网上________地胡聊起来。

8. 女冒险家完成壮举，靠________用了四年半绕地球一圈。

六、说一说

1. 对于在大桥守望救助自杀者，陈思有什么看法？
2. 陈思为自杀救助都做了哪些事情？
3. 社会是怎样回应陈思的努力的？

快速阅读1

建议阅读3分钟

1976年9月16日，他正沿着河边进行慢跑训练，突然一辆载有96人的公交车失控翻入河里，直接沉到了10米深的水底。

大多数乘客被撞击后在水下失去了意识。这次事故应该没有人能够生还。

但是，那天他在现场。

目击这一切，他一刻也没犹豫，立即潜入被严重污染的乌黑的河水中，踢碎车窗玻璃，开始往外救幸存者。

在短短30分钟内，他30次潜入冰冷的河水中。20条生命在他手中获救。其实，他救出了更多的人，可是有些人最后没能活下来。

他一次又一次潜下去，车窗玻璃把他划得遍体鳞伤。现场的人说，他全身扎满了碎玻璃。

后来别人问他："当时你怕吗？"

他说："怕，我怕在水下犯错误。"因为他知道他的体力只能潜下去那么多次，但是水太黑，他什么都看不见。有一次他拉了半天，却发现是一把椅子，那一次他本来可以多救一个人的。直到后来很多年，那把椅子一直在他的噩梦里反复出现。

在潜下去30次以后，他失去了意识，昏倒在河边。他全身严重受伤，得了重度肺炎，还得了坏血病。

苏联当时召集了全国最好的医生，没人能确定他能不能撑住。

终于，在昏迷46天后，他醒了过来。可他再也没法游泳了。

他过上了普通人的生活。可他的故事还在继续。

1985年2月19日，他路过的一栋大楼发生大火，他想都没想就冲进去救人。

这一次他又救出了好多人，自己却重度烧伤。

1993年以后，他又过上了普通人的生活，在莫斯科开了一家修鞋店，名字叫“二次重生”。

他就是大名鼎鼎的沙瓦尔什·卡拉佩特延，曾是苏联的游泳运动员。巅峰时期，他保持着11项世界纪录，得过17个世界冠军、13个欧洲冠军和7个苏联冠军。他是当时的游泳之王，也是一位真正的英雄。

（655字）

一、根据课文内容，选择正确答案

1. 翻车事故发生时，沙瓦尔什：（ ）
   A. 也坐在车里　　B. 正在河边跑步
   C. 正在河里游泳　　D. 正在河边钓鱼
2. 下列哪一项文中没有提到？（ ）
   A. 被救的人都来感谢他　　B. 救人后，他得了重度肺炎和坏血病
   C. 他在半个小时内30次潜入水底救人　　D. 在救人过程中，他浑身扎满了碎玻璃
3. 当有人问沙瓦尔什时，他说怕，是因为：（ ）
   A. 他全身扎满了碎玻璃　　B. 水太黑，他什么都看不见
   C. 车窗玻璃把他划得浑身是伤　　D. 他担心在水下浪费了救人的机会
4. 根据本文，我们可以知道沙瓦尔什：（ ）
   A. 喜欢过普通人的生活　　B. 非常害怕河水里的椅子
   C. 30分钟内救上来20个人　　D. 曾是位了不起的游泳运动员
5. 最适合做本文题目的是：（ ）
   A. 一个乐于助人的故事　　B. 一位英雄的普通生活
   C. 沙瓦尔什和他的“二次重生”　　D. 游泳之王沙瓦尔什：一位真正的英雄

二、根据课文内容，判断正误

1. 那场翻车事故中没有人生还。 （ ）
2. 沙瓦尔什在潜水救人后昏迷了很久，医生们不知道他还能不能活过来。 （ ）
3. 沙瓦尔什因为救人，牺牲了自己的运动生涯。 （ ）
4. 1985年，沙瓦尔什住的那栋大楼发生大火，他再次因为救人受伤。 （ ）

快速阅读2

建议阅读3分钟

那是汶川大地震后第二年的初冬时节，我和一些来灾区视察的作家朋友相聚在都江堰南桥河边。刚一落座，一个瘦弱的女子背着一把电吉他，双手撑着拐杖，一步一挪地朝我们走来。她身下齐腿根的地方，支着两具金属假肢，在夜色里闪烁着阴森的惨白。

这女孩儿，多年前我就认识了。那时她不过十来岁吧，抱着比自己高的吉他，在河边的餐馆、夜市的摊上徘徊，请客人点歌："叔叔，你点一首，点一首吧，就点一首。"见客人不听，就说："要不，我免费给你唱一首吧？"如果有客人给钱，她那张小脸便笑得很灿烂。

可就是这样一个女孩子，却在大地震中被倒塌的房屋砸断了双腿，直到第二天下午才被挖出来。她会对都江堰这座城市充满仇怨吧？她刚一出院，就撑着拐杖架着假肢回来了。她说，她是回来感恩的。地震发生的当天傍晚，好心的房东大娘爬上房顶，用双手疯狂地刨挖，把十根手指都挖破了，直到第二天下午，才在消防官兵的帮助下，把她从深深的废墟里挖出来。她说，她回来是为救她的大娘唱歌，为救她的部队官兵唱歌的。她要为天下所有的好心人免费唱一个月的歌。

那天，在初冬的雨意浓重的夜晚，这个被地震夺去双腿的女孩儿，撑着拐杖，架着假肢，站在河畔寒凉的风中，唱着一首《隐形的翅膀》：

"每一次，都在徘徊孤单中坚强；每一次，就算很受伤，也不闪泪光。我知道，我一直有双隐形的翅膀，带我飞，飞过绝望……”歌声中，我和十多位来自全国各地的作家，全都热泪盈眶。

（584 字）

一、根据课文内容，选择正确答案

1. 通过这篇课文，我们可以知道：（ ）
   A. 地震让女孩儿失去了双腿　　B. 女孩儿是回来找救她的大娘的
   C. 女孩儿对都江堰这座城市充满仇怨　　D. 女孩儿小时候就开始免费给别人唱歌
2. 从本文中，我们可以知道，女孩儿的性格很：（ ）
   A. 脆弱　　B. 活泼　　C. 坚强　　D. 温柔
3. 女孩儿唱《隐形的翅膀》这首歌，暗示了什么？（ ）
   A. 她想学会飞翔　　B. 她生活得很艰难
   C. 她想离开这个地方　　D. 她决心勇敢面对困难
4. 下列哪一项文中没有提到？（ ）
   A. 女孩儿亲人的情况　　B. 女孩儿残疾的原因
   C. 女孩儿免费唱歌的原因　　D.“我”在哪里见到了女孩儿
5. “我和十多位来自全国各地的作家，全都热泪盈眶”，是因为：（ ）
   A.《隐形的翅膀》这首歌非常悲伤
   B.“我们”觉得女孩儿失去了双腿很可怜
   C.“我们”被女孩儿的歌声和她的精神感动了
   D.“我们”为那些在地震中受到伤害的人难过

二、根据课文内容，判断正误

1. 在地震发生的当天傍晚，女孩儿被好心的房东大娘救出来了。（ ）
2. 女孩儿在地震中失去了双腿，她开始靠唱歌赚钱。（ ）
3. 女孩儿是一个懂得感恩的人。（ ）
4. 从文中我们可以推测，《隐形的翅膀》是女孩儿非常喜欢的一首歌。（ ）

第12课 商海弄潮

精读课文1

赚钱的智慧只需一点点

有个年轻人决定靠自己的智慧赚钱。他跟着大伙儿一起来到一座山上，开山卖石头。

别人把石块砸成石子，运到路边，卖给附近建筑房屋的人。这个年轻人则直接把石块运到码头，卖给杭州的花鸟商人了。因为他觉得这里的石头奇形怪状，卖重量不如卖造型。

就这样，这个年轻人很快就富裕起来了。三年后，卖怪石的年轻人成了村子里第一座漂亮瓦房的主人。

后来，不许开山，只许种树了，于是这里变成了果园。当地的鸭梨汁浓肉脆，香甜无比。每到秋天，漫山遍野的鸭梨引来四面八方的客商。乡亲们把堆积如山的鸭梨整车整车地运往北京、上海，然后再发往世界各地。

鸭梨带来了小康生活，村民们欢呼雀跃。这时候，那个卖怪石的年轻人却卖掉果树，开始种柳树。因为他发现，来这里的客商不愁挑不上好梨，只愁买不到盛梨的筐。

五年后，他成了村子里第一个在城里买商品房的人。

再后来，一条铁路从这里贯穿南北。这里的人上车后，可以北达北京，南抵九龙。小小的村庄更加开放搞活了。

就在乡亲们开始集资办厂的时候，那个年轻人却又在他的地头，砌了一道三米高百米长的墙。这道墙面朝铁路，背依翠柳，两旁是一望无际的万亩梨园。坐火车经过这里的人，在欣赏盛开的梨花时，会醒目地看到墙上的广告。

据说这是五百里山川中唯一的广告。那道墙的主人，仅凭这道墙，每年又有 4 万元的额外广告收入。

20 世纪 90 年代末，某著名跨国公司的老板来华考察。当他坐火车经过那个小村庄的时候，听到上边的故事，马上被那个年轻人惊人的商业智慧所震惊，当即决定下车寻找此人。当这位老板找着这个年轻人的时候，他却正在自己的店门口与对门的店主吵架。

原来，他店里的西装标价 800 元一套，对门就把同样的西装标价 750 元一套；他标价 750 元，对门就标价 700 元。一个月下来，他仅卖出 8 套，而对门的客户却越来越多，一下子批发出了 800 套。

跨国公司老板一看这情形，顿时失望不已。但弄清真相后，又惊喜万分，当即决定以百万年薪聘请年轻人。原来，对面那家店也是他的。

也许，赚钱的智慧只需一点点。

（809 字）

节选自《赚钱的智慧只需一点点》 作者：楚风

一、根据课文内容，选择正确答案

1. 年轻人为了赚钱做的第一件事是：（　　）

   A. 把石块砸成石子　　B. 靠自己的智慧赚钱

   C. 跟着大伙儿开山卖石头　　D. 把石块卖给建筑房屋的人

2. 这位年轻人为什么能够很快富裕起来？（　　）

   A. 因为他认识了杭州来的商人

   B. 因为他找到了很多奇形怪状的石头

   C. 因为他发现利用石头的造型挣钱更多

   D. 因为别人只把石头运到路边，而他把石头运到码头上

3. 关于当地的鸭梨，下面哪种说法不正确？（　　）

   A. 口感非常好　　B. 产量非常大

   C. 山上到处都是果园　　D. 直接出口到世界各地

4. 种鸭梨给当地带来的变化是： （ ）

A. 人们都不去开山了　　B. 村里的柳树变少了

C. 大家都过上了好日子　　D. 村里到处都是堆积如山的鸭梨

5. 年轻人能够第一个在城里买商品房，是因为： （ ）

A. 他开始种柳树了　　B. 他卖盛梨的筐又挣了很多钱

C. 他的果园引来了四面八方的客商　　D. 他发现来这里的客商买不到很好的梨

6. 这个村子通了铁路以后： （ ）

A. 村里的人开始一起办工厂

B. 这个小村庄来了更多的人

C. 那个年轻人修了一个大大的梨园

D. 村里的人有的去了北京，有的去了九龙

7. 年轻人砌墙的目的是： （ ）

A. 隔开梨园和铁路

B. 墙后边种柳树，两旁种梨树

C. 利用铁路边的地理位置做广告挣钱

D. 让坐火车经过的人更好地欣赏盛开的梨花

8. 20 世纪 90 年代： （ ）

A. 年轻人在做服装生意　　B. 一套西装卖 800 元左右

C. 年轻人的生意已经不太好了　　D. 某跨国公司老板来华寻找年轻人

二、根据课文内容，判断正误

1. 附近建筑房屋的人常常到路边来买石子。 （ ）
2. 有一位杭州的花鸟商人觉得这里的石头奇形怪状。 （ ）
3. 三年后，年轻人在村里买了一座漂亮的瓦房。 （ ）
4. 后来政府不让开山采石了。 （ ）
5. 村里人都种梨树的时候，年轻人却开始种柳树。 （ ）
6. 村里的梨是装在柳条筐里运出去的。 （ ）
7. 五年后，那位年轻人离开了村子，搬到城里去住了。 （ ）
8. 穿过村子的铁路是从北京到九龙的。 （ ）
9. 年轻人在铁路和他的柳树林之间修了一道墙。 （ ）
10. 那时候在村里很多人在铁路边做广告。 （ ）

三、根据课文内容，回答问题

1. 年轻人为什么要开始种柳树？
   答：______________________________
2. 年轻人砌的那道墙给他带来了什么好处？
   答：______________________________
3. 跨国公司老板一开始为什么很失望？
   答：______________________________

四、根据课文内容，选择最接近下列画线词语的解释

1. 每到秋天，漫山遍野的鸭梨引来四面八方的客商。 （ ）
   A. 山上野生的　　B. 整个山上的
   C. 长在山上和田野里的　　D. 山上、田野里到处都是
2. 乡亲们把堆积如山的鸭梨整车整车地运往北京、上海，然后再发往世界各地。 （ ）
   A. 堆在一起像山一样　　B. 从山上采集下来的
   C. 像山一样立在那儿　　D. 沉重得像一座山一样
3. 鸭梨带来了小康生活，村民们欢呼雀跃。 （ ）
   A. 又喊又跳　　B. 开心的喊声吓跑了小鸟
   C. 像鸟儿一样聚在一起庆祝　　D. 欢乐地呼喊，高兴得像小鸟一样跳跃
4. 再后来，一条铁路从这里贯穿南北。 （ ）
   A. 通过　　B. 连通　　C. 修通　　D. 穿过去
5. 这道墙面朝铁路，背依翠柳，两旁是一望无际的万亩梨园。 （ ）
   A. 一眼望不到边　　B. 看不见边界线
   C. 四周没有围栏　　D. 一眼就能看到
6. 坐火车经过这里的人，在欣赏盛开的梨花时，会醒目地看到墙上的广告。（ ）
   A. 吃惊　　B. 很显眼
   C. 睁大眼睛看　　D. 让人清醒过来

五、选词填空

A. 漫山遍野　　B. 堆积如山　　C. 欢呼雀跃　　D. 一望无际

1. 影片运用实景拍摄，从________的大草原，到一片素白的雪山，再到色彩浓烈的古印度。

2. 赢球的广东队也还没有到________的时刻，毕竟他们需要备战下一轮的附加赛。
3. 济南南部山区的山楂树红了，________都是红彤彤的果实，甚是喜人。
4. 孩子们都围在水井边不停地奔跑，村民们________，每个人脸上都挂着笑容，像过节一样。
5. 这个生在海边的山东人第一次到无人区时，不由得感慨："戈壁滩真是________啊，就像大海一样。"
6. 双节过后，快递迎来了小高峰，仓库里的快递包裹________。
7. 面对________的工作，我们要学会如何轻松快速地将它们处理完。
8. 春风吹拂，这里________开满了不知名的美丽山花。

六、说一说

1. 这个年轻人是怎样越赚越多的？
2. 跨国公司老板为什么要以百万年薪聘请年轻人？
3. 读了这篇文章，你受到什么启发？

泛读课文

创业快速成功从哪儿入手

如果你刚开始创业，第一件要做的事情是：学习经营管理的诀窍。问题是，你能否快速进入状态呢？

刚开始当老板的人，大多知道必须加强技术、财务、营销、员工等方面的管理，但某些经营诀窍似乎并不是一夜之间可以领悟的。

《财道纵横》认为：想要快速创业成功，不妨试着从以下十个方面入手：

1. 到其他公司学习

如果有机会到其他公司（不管是大型公司总管理处还是小型公司）服务，应悉心观摩老板的经营长处，这对你的创业将大有好处。

2. 雇用精明能干的员工

有些老板惧怕雇用太精明的员工，但许多创业成功者认为，雇用精明能干的员工，不但有助于业务的拓展，而且自己也可向他们学习。所以许多创业成功者把成功归因于“雇用比他们精明的员工”。

3. 时常与创业经验丰富的人聚餐

只要他人拥有你所欠缺的实际经验，你不妨主动积极地在空当时间邀约对方，不管是早餐、午餐还是晚餐，多与这类“过来人”聚餐聊聊，汲取他们的点子与心得。

4. 利用视听材料增加管理知识

如电视上有关于企业管理的节目，应按时收看，或设法下载下来，有空儿时观看。另外，网上流传的一些经营管理课程视频，可利用空闲时间学习，必定有收益。

5. 敢于采用“尝试错误”的学习方法

通常，当你询问创业成功者如何学习经营管理时，他们一定会回答“从尝试错误中学习经验”。摸索经验或许并非最有效的方式，但自己所领悟的经营诀窍，通常是最珍贵、最实在的。

6. 与员工共进午餐

在小型企业中，老板与主要员工每天共进午餐，可加强创意的交流，解决问题以及互相学习等，可谓一举数得的好办法。

7. 拓宽各种资讯来源

多阅读书籍、杂志、报纸、商业通讯以及交易刊物等，这些均是极珍贵的资讯来源。

8. 运用供应商的智慧

供应商通常不仅熟悉本行业业务，而且能够提供许多对你有所助益的特殊资讯。

9. 注意倾听顾客的抱怨及赞誉

从顾客的心声中，发现你的缺失，以便及时改进。如果你的某些措施非常正确，则应继续保持并做得更好。

10. 持续寻找问题

只要你提出问题，大多数人都会乐意解答你的疑问。你的疑问能吸引他人的注意，进而获得他们的钟爱。同样地，如果别人问你问题，你应尽可能地答复。如果你希望知道更多，你首先必须付出更多。

（868字）

一、根据课文内容，选择正确答案

1. 这篇文章主要介绍怎样：（　　）
   A. 开始创业　　B. 快速成功
   C. 学习经营管理　　D. 快速进入公司
2. 老板选择的员工应该：（　　）
   A. 聪明、有能力　　B. 很有自我学习能力
   C. 能使公司获得成功　　D. 不会让自己感到害怕
3. “过来人”是指：（　　）
   A. 其他的人　　B. 有空儿来聚餐的人
   C. 缺乏足够经验的人　　D. 创业经验丰富的人
4. 当老板的人，还应该加强：（　　）
   A. 多媒体的使用　　B. 对员工的监管
   C. 企业管理知识的学习　　D. 与电视台的经常性合作
5. “尝试错误”的学习方法是指：（　　）
   A. 从错误中学习经验　　B. 自己去领悟经营诀窍
   C. 摸索经验并非最有效的方式　　D. 经常向创业家学习经营管理
6. “可谓一举数得的好办法”中，“一举数得”的意思是：（　　）
   A. 一顿饭花的钱并不多　　B. 已经多次证明是成功的
   C. 做一件事，得到多种收获　　D. 一旦开始就会有很多收获
7. “供应商”是指：（　　）
   A. 提供原材料的商家　　B. 提供专业指导的商人
   C. 精通商业领域的专家　　D. 掌握很多有用信息的商人
8. 老板对待顾客应当：（　　）
   A. 坚持自己的原则　　B. 给顾客各种奖励
   C. 听取顾客的各种意见　　D. 与他们进行发自内心的交流

二、根据课文内容，判断正误

1. 作为一名创业者，首先要学习经营管理的技巧。 （ ）
2. 学习某些经营管理的诀窍需要很长的时间消化吸收。 （ ）
3. 创业者应该去非常著名的公司或企业参观学习。 （ ）
4. 要雇用没自己聪明能干的员工来公司工作。 （ ）
5. 经营活动中出现的错误是宝贵的经验。 （ ）
6. 利用吃饭时间与员工沟通交流非常有好处。 （ ）
7. 要学会充分利用他人的智慧。 （ ）
8. 多问问题会引起他人注意并得到他人喜爱。 （ ）

三、根据课文内容，回答问题

1. 要想成为老板，需要学习哪些方面的知识？
   答：________________
2. 如何拓宽资讯来源？
   答：________________
3. 供应商会提供什么帮助？
   答：________________

四、说一说

1. 创业者可以从哪些人身上有所收获？应该怎么做？
2. 你怎么理解“从尝试错误中学习经验”？

精读课文2

商业合同

甲方：客户

乙方：译林翻译中心

1. 甲方应保证拥有或已取得原稿的版权或翻译权，乙方不对资料中涉及政治、商业秘密等内容所产生的纠纷负责。乙方除保留署名权外，其他权利由甲方所有和支配，乙方不承担任何的法律责任。

2. 如甲方对乙方译稿有异议，请在收到译稿后三个工作日内以书面形式提出，逾期视为自动放弃。三个工作日内乙方应按甲方的要求依照客观情况免费修改。

3. 如甲方在翻译过程中修改原稿，甲方也须书面通知乙方，甲方应承担相应的翻译费用；如增加原稿，增加部分按原合同每千字计价，不足千字按千字计算。

4. 甲方有责任尽可能地向乙方提供原稿的翻译辅助资料。

5. 乙方翻译稿件需按“忠实、通顺”的翻译标准进行翻译。但甲方应理解以下可能出现的情况：翻译中存在可译与不可译，两种语言中没有意义绝对相同的两个词，以及各语言或同一语言中表达方式的无限多样性等问题，因而翻译总有偏失等现象。作为译者，乙方应该尽可能减少这种偏失，甲方不能因对某些词的择取而拒稿。任何与此有关的争议，双方应争取以商讨方式解决。

6. 如乙方译稿出现翻译错误，即漏译或与原文意思相对或相反情况，甲方有权拒收稿件，要求乙方退还预付款项。

7. 当译文错误率超过0.5%时，超过部分错一罚十，同一错误重复出现只计一次。

8. 基于保密原因，无论甲方是否按期取稿，乙方有权将逾期三十天未取的原稿和译稿予以销毁。稿件的销毁不影响客户支付全部译费。

9. 乙方有义务根据甲方的要求随时向甲方报告翻译情况。

10. 按甲方提供的联系方式和时间进行联络失败时，乙方不承担延误责任。

11. 乙方非经甲方任何形式的许可，不得向第三方泄露甲方翻译资料内容。

12. 因乙方原因造成交稿时间延误，应按单价乘以应完成天数除以实际完成天数的方式对甲方进行赔偿。

13. 甲方提出的任何退款或索赔金额仅限于乙方所收取的译费金额之内。

14. 甲乙双方任何一方于任务开始之前提出解除协议的，须向对方赔偿协议金额的30%作为违约款。任何一方于任务开始后提出解除协议的，除须向对方赔偿协议金额的30%作为违约款外，还应承担对方因此所产生的费用（总金额不超过本协议的译费金额）。

（849字）

一、根据课文内容，选择正确答案

1. 译林翻译中心保留：（　　）
   A. 版权　B. 翻译权　C. 署名权　D. 所有权利
2. 如果甲方在三个工作日内以书面形式对译稿提出异议，乙方应当：（　　）
   A. 和甲方进行协商　B. 自动放弃一切权利
   C. 收到修改费用后立即修改　D. 在三个工作日内免费修改
3. 在翻译过程中，如果甲方要修改原稿，那么：（　　）
   A. 不需要额外付费　B. 须尽快电话通知乙方
   C. 须以书面形式告知乙方　D. 须按实际超出字数计价
4. 乙方翻译稿件时：（　　）
   A. 应充分尊重原稿　B. 不允许出现任何偏失
   C. 可对稿件进行适当修改　D. 两种语言的词语必须一一对应
5. 对于超过规定期限三十天甲方仍未取回的原稿和译稿：（　　）
   A. 乙方有权销毁　B. 乙方仍须继续保留
   C. 甲方须另外支付保管费　D. 甲方须支付一半的费用
6. 对于甲方翻译资料的内容，乙方：（　　）
   A. 可以告诉第三方　B. 要随时向甲方报告
   C. 要经过甲方同意才能开始翻译　D. 不经过甲方同意不能告诉别人
7. 出现下面哪种情况甲方可以向乙方索赔？（　　）
   A. 译稿出现错误　B. 译稿引起商业纠纷
   C. 没有按时完成译稿　D. 甲方提供的联络方式联络失败
8. 下列哪一项不是乙方的义务？（　　）
   A. 对译稿严格保密　B. 随时报告翻译情况
   C. 提供原稿的翻译辅助资料　D. 交稿后三个工作日内免费修改译稿
9. 如果甲方在任务开始之前提出解除协议，那么：（　　）
   A. 甲方须承担由此产生的全部费用　B. 乙方须承担由此所产生费用的30%
   C. 乙方须向甲方赔偿协议金额的30%　D. 甲方须向乙方赔偿协议金额的30%

二、根据课文内容，判断正误

1. 在翻译工作开始前，甲方必须取得原稿的翻译权。（　　）
2. 乙方须对译稿内容引起的商业纠纷负责。（　　）
3. 甲方对译稿有异议必须在收到译稿后三个工作日内提出。（　　）
4. 在翻译过程中甲方如增加原稿，则以千字为单位计算翻译费用。（　　）
5. 甲方不得因为某些词语的翻译偏失拒收稿件。（　　）
6. 译文出现错误时，每一处错误要赔偿十倍的罚款。（　　）
7. 稿件因甲方逾期 30 天未领回而被乙方销毁后，甲方将不必支付全部费用。（　　）
8. 如果没有及时和甲方取得联系，乙方必须承担延误责任。（　　）
9. 如果乙方因自身原因延误了交稿，赔偿金额与实际完成天数有关。（　　）
10. 任何原因导致的索赔总金额都不能超过双方商定的译费总额。（　　）

三、根据课文内容，回答问题

1. 甲方在乙方翻译过程中提出增加原稿时，如何计算费用？
   答：____________________
2. 乙方翻译稿件的标准是什么？
   答：____________________
3. 如果因乙方原因延误交稿时间，应该如何赔偿甲方？
   答：____________________

四、根据课文内容，选择最接近下列画线词语的解释

1. 甲方应保证拥有或已取得原稿的版权或翻译权，乙方不对资料中<u>涉及</u>政治、商业秘密等内容所产生的纠纷负责。（　　）
   A. 牵扯到　B. 影响到　C. 经历过　D. 深入到
2. 甲方应保证拥有或已取得原稿的版权或翻译权，乙方不对资料中涉及政治、商业秘密等内容所产生的<u>纠纷</u>负责。（　　）
   A. 错误　B. 争执　C. 任务　D. 争吵
3. 如甲方对乙方译稿有<u>异议</u>，请在收到译稿后三个工作日内以书面形式提出，逾期视为自动放弃。（　　）
   A. 不同的含义　B. 不一样的议论
   C. 与众不同的意见　D. 不同的或反对的意见

4. 如甲方对乙方译稿有异议，请在收到译稿后三个工作日内以书面形式提出，逾期视为自动放弃。 （　　）

A. 超过原有的期望　　B. 超过规定的期限

C. 缩短规定的期限　　D. 到了一定的期限

5. 任何与此有关的争议，双方应争取以商讨方式解决。 （　　）

A. 商量决定　　B. 彼此检讨　　C. 热烈讨论　　D. 商量讨论

6. 基于保密原因，无论甲方是否按期取稿，乙方有权将逾期三十天未取的原稿和译稿予以销毁。 （　　）

A. 考虑到　　B. 甚至于　　C. 如果是　　D. 基本于

7. 按甲方提供的联系方式和时间进行联络失败时，乙方不承担延误责任。（　　）

A. 拖延　　B. 耽误　　C. 延长误会　　D. 延续错误

8. 乙方非经甲方任何形式的许可，不得向第三方泄露甲方翻译资料内容。（　　）

A. 解释　　B. 表达　　C. 透露　　D. 露出

9. 甲方提出的任何退款或索赔金额仅限于乙方所收取的译费金额之内。 （　　）

A. 得到赔偿　　B. 要求赔偿　　C. 给予赔偿　　D. 决定赔偿

10. 甲乙双方任何一方于任务开始之前提出解除协议的，须向对方赔偿协议金额的30% 作为违约款。 （　　）

A. 最终分手　　B. 解除约定　　C. 违反约定　　D. 违反法律

五、选词填空

A. 涉及　　B. 商讨　　C. 基于　　D. 予以　　E. 延误

1. 公司要求，凡规章的主要内容与法律、行政法规、地方性法规相抵触的，要坚决________废止。

2. 中建公司第十五项目部通过和业主不断沟通协调，共同________解决方案，历时五个月，终于化解了双方之间的矛盾。

3. 此次换位体验主要________三方面考虑。

4. 这次“三新行动”规模之大、________面之广、持续时间之长在全国环保公益活动中尚属首次。

5. 对违反规定者，视情节轻重________批评教育、停止职务甚至纪律处分。

6. 会见中，他就有关合作事项，与客商们进行了积极的________。

7. 航班________时，每30分钟向旅客发布一次航班动态信息，并努力安排旅客尽早成行。

8. 因为________了治疗，他的伤病虽经手术也很难治愈了。

六、说一说

1. 为什么翻译有时会出现偏失？
2. 关于解除协议的赔偿，这份合同是怎样规定的？

快速阅读1

建议阅读3分钟

在社会各个阶层中，强大而成熟的中等收入阶层对于社会的稳定具有举足轻重的作用。中国虽然没有形成强大的中产阶层，但到目前为止也形成了为数不少的中等收入阶层。一个和谐社会的建立自然离不开这些中产阶层的和谐状态。

然而，现在这些所谓的中等收入阶层，许多人对自己的生活状态并不满意，拥有财富的现实与他们的心态之间没有和谐可言。因为在他们自己看来，他们虽然具有较高的经济收入，但高收入所付出的成本也是巨大的：工作压力、紧张的生活节奏、失去悠闲感。

在他们潜意识里，中产阶层的生活状态应该用“悠闲”来描绘。在物质上，中产阶层是物质财富的创造者和拥有者，有能力支付各种费用并过上安稳的生活；在精神上，他们应该是自由的，除了工作之外，有自己充裕的闲暇时光。

其实，这是中等收入阶层心态不平和所产生的幻想。

即使在中产阶层号称最为强大的美国也不存在“悠闲”的中产阶层。随着经济全球化进程的加快，占美国人口80%的中产阶层正在失去原有的悠闲状态。全球竞争使他们无法拥有安全感。买房、供子女上大学、过体面的退休生活三件大事成为多数美国中产阶层生活中无法回避的问题。

在俄罗斯，统计结果也显示，虽然最近五年俄罗斯中产阶层的人数增加了一倍，但是心理学家和医生们提供的信息使中产阶层人数增加带来的喜悦大打折扣。他们认为，中产阶层受到种种恐惧的困扰，他们的健康正在受到严重损害。

由此可见，要做具有一定的物质条件、精神上自由的悠闲中产阶层并非易事，这不是中国的特例，而是一种普遍的社会现象。

（621 字）

一、根据课文内容，选择正确答案

1. 在社会各个阶层中，对社会的稳定起重要作用的是：（ ）

   A. 成熟的阶层 B. 强大的阶层

   C. 中等收入阶层 D. 有收入的阶层

2. 中等收入阶层认为：（ ）

   A. 他们付出得太多了 B. 他们之间互相不够和谐

   C. 自己的收入已经比较高了 D. 自己还没有拥有心中希望的财富

3. 中国的中等收入阶层认为中产阶层应该是：（ ）

   A. 生活悠闲的 B. 生活富足的

   C. 生活安稳的 D. 财富的创造者和拥有者

4. 作者认为目前中等收入阶层对想象中生活状态的看法：（ ）

   A. 是可笑的 B. 是不现实的

   C. 是不和谐的 D. 没有具体标准

5. 如今，大部分美国中产阶层的生活：（ ）

   A. 越来越悠闲 B. 越来越不安全

   C. 正在逐渐倒退 D. 正在丧失“悠闲感”

6. 关于俄罗斯的中产阶层，下面哪种说法正确？（ ）

   A. 人数每年增加一倍 B. 人们害怕成为中产阶层

   C. 人数比中国中产阶层多 D. 人数增加并没有带来很大的喜悦

7. 文中提到美国和俄罗斯，是为了说明：（ ）

   A. 哪一个国家的中产阶层最多 B. 中产阶层的生活应该是怎样的

   C. 中国的中产阶层生活得更困难 D. 中产阶层遇到的问题具有普遍性

二、根据课文内容，判断正误

1. 中国有强大而成熟的中产阶层。 ( )
2. 中产阶层的状态对社会的稳定和谐非常重要。 ( )
3. 目前许多拥有财富的人对自己的生活并不满意。 ( )
4. 拥有较高收入的人内心认为中产阶层的生活应该是悠闲的。 ( )
5. 过去，美国的中产阶层生活得比较悠闲。 ( )
6. 俄罗斯的中产阶层非常喜欢在商场打折的时候购物。 ( )

快速阅读2

建议阅读3分钟

你也许从来没想过服装发布会能在线上完成，但今年茵曼的新装发布会开了这个先河。本场发布会的主题为“向日出 say hi”，以邀请城市女性看日出为契机，在电脑端和手机端带给消费者一次前所未见的“日出”发布会，传达应该放慢生活脚步的理念。登陆中国最大电商网站“天猫”以及中国用户最多的手机社交软件“微信”都可以看到这场发布会。

发布会与销售结合为一体，是本次茵曼云端发布会用户体验的最大着力点。在天猫，参与者可在观看视频过程中进行互动并领取优惠券，边看边选购，感受360度服装细节展示，最终页面导向天猫商城，让消费者最大程度感受抢购的乐趣。而在微信端的体验，结合手机功能属性，定制重力感应及多点触控互动，提升用户体验。用户可以360度全景观看云端发布会场景，并抓拍模特儿抽取优惠券。

据悉，本次云端发布会的拍摄一共动用了100台机器和100多位工作人员。全高清的360度实景拍摄结合三维电脑合成技术，将500分钟的素材精华剪辑成4分钟的震撼短片，并在不同的平台实现各具特色的互动体验。

打破传统思路，把发布会搬到云端完成，对于女装电商品牌来说，拥有如此的创意与执行力实属不易。现在的电商品牌往往通过降价打折来吸引目光，而茵曼为服饰企业的品牌化之路树立了一个好榜样。它不仅完成了新品发布，助力品牌冲刺销售额，更重要的是，深化了茵曼品牌形象，传递出慢生活的品牌主张。相信在未来，电商品牌会尝试更多革新性的社会化营销。

（583 字）

一、根据课文内容，选择正确答案

1. 本文主要介绍： （ ）
   A. 云端技术的使用　　B. 如何举办时装发布会
   C. 一场网络上举行的时装发布会　　D. 一场邀请城市女性看日出的活动
2. 关于“茵曼”，下面哪种说法正确？ （ ）
   A. 是一个国际服装品牌　　B. 是一个女装电商品牌
   C. 是用户最多的电商网站　　D. 是一套先进的时装展示技术
3. 茵曼主张的理念是什么？ （ ）
   A. 慢生活　　B. 用户体验
   C. 打破传统　　D. 向日出 say hi
4. 茵曼的这次发布会： （ ）
   A. 让城市女性看到了“日出”　　B. 将发布会与销售结合为一体
   C. 在网络技术方面有很多创新　　D. 首次将天猫商城与微信结合起来
5. 茵曼这次发布会的意义在于： （ ）
   A. 让消费者最大程度感受到了抢购的乐趣
   B. 在不同的平台实现了各具特色的互动体验
   C. 为服饰企业的品牌化之路树立了一个好榜样
   D. 在电脑端和手机端带给消费者一次前所未见的“日出”发布会

二、根据课文内容，判断正误

1. 茵曼是第一个在网络上举行服装发布会的品牌。 （ ）
2. 本场发布会邀请了很多城市女性一起去看日出。 （ ）
3. 消费者可以边看发布会边抢购。 （ ）
4. 用手机观看的用户如果可以和模特儿合影，就能得到优惠券。 （ ）
5. 这场发布会是一个 4 分钟的短片。 （ ）
6. 作者估计未来电商品牌都会采用这种形式进行营销。 （ ）

第13课 奇妙的动物世界（上）

精读课文1

动物的环保意识

许多动物在死亡时要走到很远的地方去把自身的尸体埋葬掉。这种做法最为著名的是大象，其他动物也有这样的行为，__1__獾（huān）、大猩猩等都这么做。长期以来，动物这种做法的重要意义却被人类所忽略，__2__给予了它们种种解释。比较能认同的一种解释是，动物有灵性，知道自己要死了，不愿引起其他同伴的悲伤。

__3__这样的解释有一定道理，__3__动物这种行为最重要的本质却被掩盖了。显然它__4__动物特有的一种有效的自我保护方式，__4__对自己生存环境的最大保护，从而使自己所属的这个群体能更好地生存下去。近年来环境生态学和公共卫生学研究结果的解释是，大象或其他动物自我埋葬或被同伴埋葬，是为了减少病菌的传播和疾病的流行。因为__5__用泥土浅浅地埋掉或遮盖住尸体，__5__可以极大地减少尸体的腐烂和苍蝇传播疾病的机会。

另一些鲜为人知的事实是，一些动物会利用自身产生的独特物质，在自己死后为群体创造较好的公共卫生条件，使得整个群体能健康地生活。蜜蜂死亡如同人一样，喜欢"寿终正寝"，即死在自己的巢穴里。但是众所周知，__6__动物死亡后不做任何处理，其尸体__6__会腐烂，病菌丛生，从而造成整个群体的生病和死亡。

事实上__7__每天蜂巢里都有很多蜜蜂死亡，__7__我们从来没有看到死亡蜜蜂的腐烂现象以及其导致的传染病在蜜蜂中的大流行。原因在于，蜜蜂死后会把自己包裹在自己生产的蜂蜡中。这样做就像人类的木乃伊一样，涂了一层极好的防腐材料，可以防止因尸体腐败而把病菌传染给其他蜜蜂。可见，动物保护环境和维护公共卫生的本领与知识比人类强多了。

事实上，与人类相比，动物在环保意识和维护公共卫生上更有智慧，做法更为聪明。它们似乎有与生俱来的环保意识和行为，当然这样的意识和行为也是在生存竞争中获得的一种启示，并成为一种法则：只有讲究公共卫生和环境保护，自己这个群体才能在生存竞争中获得优势，并能使自己的群体绵延不绝，长期生存。

（761 字）

一、根据课文内容，选择恰当的词语填空

1. 这种做法最为著名的是大象，其他动物也有这样的行为，________獾、大猩猩等都这么做。（　　）

   A. 还有　B. 比如　C. 同时　D. 举例

2. 长期以来，动物这种做法的重要意义却被人类所忽略，________给予了它们种种解释。（　　）

   A. 就　B. 所以　C. 省得　D. 而且

3. ________这样的解释有一定道理，________动物这种行为最重要的本质却被掩盖了。（　　）

   A. 即使……，也……　B. 虽然……，但……
   C. 不但……，而且……　D. 之所以……，是因为……

4. 显然它________动物特有的一种有效的自我保护方式，________对自己生存环境的最大保护，从而使自己所属的这个群体能更好地生存下去。（　　）

   A. 因为……，所以……　B. 不是……，就是……
   C. 不只是……，更是……　D. 尽管是……，但是……

5. 因为________用泥土浅浅地埋掉或遮盖住尸体，________可以极大地减少尸体的腐烂和苍蝇传播疾病的机会。（　　）

   A. 只要……，就……　B. 虽然……，但……
   C. 要么……，要么……　D. 不但……，而且……

6. 但是众所周知，________动物死亡后不做任何处理，其尸体________会腐烂，病菌丛生，从而造成整个群体的生病和死亡。（　　）

A. 不管……，都…… B. 即使……，也……

C. 如果……，就…… D. 只有……，才……

7. 事实上________每天蜂巢里都有很多蜜蜂死亡，________我们从来没有看到死亡蜜蜂的腐烂现象以及其导致的传染病在蜜蜂中的大流行。（　　）

A. 因为……，所以…… B. 尽管……，但是……

C. 一边……，一边…… D. 要是……，那么……

二、根据课文内容，选择正确答案

1. 许多动物在死亡时要走到很远的地方，是为了：（　　）

A. 寻找食物 B. 寻找同伴 C. 不想悲伤 D. 自我埋葬

2. 对于动物自我埋葬这种行为，不合理的解释是：（　　）

A. 保护自己的生存环境 B. 有效的自我保护方式

C. 不愿让别人知道自己死在哪儿 D. 为了减少病菌传播和疾病流行

3. "另一些鲜为人知的事实是"中，"鲜为人知"的意思是：（　　）

A. 完全没人知道 B. 很多人都知道

C. 很少有人知道 D. 很新鲜，大家都知道

4. "蜜蜂死亡如同人一样，喜欢'寿终正寝'"中，"寿终正寝"的意思是：（　　）

A. 在睡觉时死去 B. 活了很久才死掉

C. 在泥土里埋掉自己 D. 老死在自己的家里

5. 蜜蜂在死后会：（　　）

A. 把自己埋在泥土里 B. 被人类做成木乃伊

C. 把自己包裹在蜂蜡中 D. 出现腐烂并导致传染病

6. 这篇文章主要讲的是：（　　）

A. 人类和动物的关系 B. 动物很注重和同伴的情感

C. 动物是怎样进行环保活动的 D. 动物的死亡方式中体现出的环保意识

7. 本文想要告诉我们：（　　）

A. 动物比人类更有智慧 B. 环保对于生存的重要性

C. 环保意识应该是与生俱来的 D. 动物世界形形色色的死亡方式

三、根据课文内容，判断正误

1. 大象在死亡时会在附近找个地方把自己的尸体埋葬掉。 （ ）
2. 很长时间里，人类对动物自我埋葬的意义并不太清楚。 （ ）
3. 动物很聪明，它们能知道自己什么时候要死了。 （ ）
4. 动物自我埋葬是为了保护群体的生存环境。 （ ）
5. 研究结果发现，动物死后都是用泥土浅浅埋掉或遮盖住尸体。 （ ）
6. 蜜蜂的死亡方式和人类一样。 （ ）
7. 蜂蜡具有防腐作用。 （ ）
8. 动物有很强的保护环境和维护公共卫生的本领与知识。 （ ）

四、根据课文内容，回答问题

1. 人们一般认为，动物在死亡时要走到很远的地方去把自身的尸体埋葬掉的原因是什么？
   答：________________________________
2. 环境生态学和公共卫生学对动物自我埋葬的解释是什么？
   答：________________________________
3. 如果动物死亡后不做任何处理，会出现什么情况？
   答：________________________________

五、选词填空

A. 鲜为人知　　B. 寿终正寝　　C. 众所周知　　D. 与生俱来　　E. 绵延不绝

1. 又一款曾经是明星级的电子产品________了，这一次，是前几年还风光一时的索尼 PSP 掌上游戏机。
2. 追求美好是人类________的本能。
3. 本书讲述了那些大明星光鲜背后________的一面。
4. ________，农业是第一产业，但相比其他行业来说，农业的附加值一直偏低。
5. 心里的思念________，爱要走多远才会是幸福的相逢。
6. 作者将自己经历过的________的事，用故事和照片的形式告诉大家：艾滋病就在我们身边。
7. 我对你的仰慕之情犹如滔滔江水________。

六、将下列句子按照一定顺序连起来

1. A. 虽然这样的解释有一定道理
   B. 更是对自己生存环境的最大保护
   C. 但动物这种行为最重要的本质却被掩盖了
   D. 从而使自己所属的这个群体能更好地生存下去
   E. 显然它不只是动物特有的一种有效的自我保护方式

   ____

2. A. 这种身边的美味佳肴也万万动不得
   B. 兔子知道，“窝边草”再可口，自己再饥饿
   C. 其目的之一当然是为了保护自己周边的生存环境
   D. 或者让低矮的灌木阻挡自己的天敌——老鹰的进攻
   E. 至少可以让“窝边”茂密的青草成为掩藏自己的天然屏蔽

   ____

七、说一说

1. 请说说动物自我埋葬的意义。
2. 蜜蜂是怎样保护自己的生活环境的?
3. 动物的环保意识和行为对人类有什么启示?

泛读课文

会排队的毛毛虫

朋友从南非回来，用幻灯片介绍当地的野生动物。我在银幕上看见一条游走的蛇。待他解释，才知道这条“蛇”原来竟是排成一长串的毛毛虫。这么听话、有纪律的毛毛虫，我还是第一次见到，真是大开眼界。

当我得知这些排队的毛毛虫是一种蛾的幼虫之后，就着手查考它们的身世。昆虫学家称这些会排队行进的蛾类为行列蛾类。它们的成虫没有特别引人注意的地方，但幼虫不仅会排队，还懂得织帐篷居住。此外，它们身上的

毛会严重刺激人类和动物的皮肤，难怪人们对这类毛毛虫印象深刻。它们排队要到哪里去呢？原来是要集结外出大啖植物的叶子。大批毛毛虫一起用餐，轻而易举就能将一棵树的叶子啃个精光。欧洲的松树、橡树和柏树等都惨遭它们的侵扰，令当地政府大为头疼，得花大笔经费从事行列毛虫的研究和防治工作。

行列蛾主要分布在地中海和非洲一带。刚孵出来的幼虫就知道要吐丝织个圆形的个人帐篷。年龄愈大，织的帐篷也愈大。等到快过冬时，它们会共同织出一个坚固耐用的大帐篷，一起生活。这些幼虫几乎都是夜猫子，在黄昏或晚间外出觅食。通常是由一只队长带头，其他的毛毛虫就头顶着前一只伙伴的屁股，一只贴着一只排成一列或两列前进，这队伍最高纪录是600只。为预防自己不小心走岔路跟丢了。行列毛虫一面爬一面吐丝。这么一来，即使走丢了，也还可以找回原路。在整队"虫"走过的地面，可以很明显地看出它们遗留下的一条"丝路"，阳光下这条"丝路"会闪闪发光。

行列毛虫到达目的地后，立刻自动解散，三三两两地啃食树叶，不多久嫩芽和树叶全被吞噬殆尽。毛毛虫有边吃边拉的恶习，从满布的绿色颗粒可得知它们的造访。当叶子全被吃光，毛毛虫就会再次排队，跟着队长寻找下一个目标。等大伙全吃饱了，才又排好队，循着丝路回家去。

法国的昆虫学家法布尔曾经仔细观察过松树行列毛虫的行进行为，并以它们为对象做过实验。他先将队长夹走，结果排在它后面的那一只立刻主动补位，成为新的队长，前进的队伍丝毫不受影响。接着他切断它们的丝路，观察这会产生什么影响。结果虽被切成两队，但后面那一队的队长就会到处闻，到处找，只要追上前面，两队又会合而为一。

（860字）

节选自《海外星云》 作者：陈景亭

一、根据课文内容，选择正确答案

1. 排队的毛毛虫： （ ）

A. 是一种有毒的虫　B. 是一种蛾的幼虫

C. 是一种游走的“蛇”　D. 没有特别引人注意的地方

2. 排队的毛毛虫会： （ ）

A. 咬动物的皮肤　B. 自己建造“房屋”

C. 自己单独外出觅食　D. 钻进其他动物的体内

3. 毛毛虫排长队，是为了： （ ）

A. 一起玩儿　B. 一起外出觅食

C. 一起对付敌人　D. 很容易地破坏一棵树

4. 欧洲的一些政府： （ ）

A. 对毛毛虫排队很头疼　B. 想花大笔钱去研究毛毛虫

C. 对毛毛虫造成的破坏很头疼　D. 舍不得花大笔钱去消灭毛毛虫

5. 在寒冷的冬天，毛毛虫会： （ ）

A. 储存食物　B. 共同生活

C. 外出觅食　D. 吐丝织个人帐篷

6. 毛毛虫外出觅食的时候会： （ ）

A. 边爬边做记号　B. 先织好一个大帐篷

C. 像猫一样迅速出动　D. 寻找有阳光的地方爬行

7.“绿色颗粒”是指： （ ）

A. 毛毛虫的粪便　B. 绿色的小石头

C. 绿色的小昆虫　D. 毛毛虫吃剩的叶子

8. 排队毛毛虫如果失去了队长： （ ）

A. 就会重新推选一个　B. 就会到处闻，到处找

C. 就会分成两队继续前行　D. 排在它后边的那只就主动上来做队长

9. 这篇文章主要告诉我们，排队毛毛虫： （ ）

A. 对人类的危害　B. 组织非常严密

C. 是怎样被发现的　D. 是如何找到食物的

二、根据课文内容，判断正误

1. 朋友从南非带给“我”一长串毛毛虫。 （ ）

2. 这种毛毛虫成虫的学名叫行列蛾。 （ ）

3. 人们对这类毛毛虫印象深刻，是因为它们排队去觅食。 （ ）
4. 一只毛毛虫轻而易举就能将一棵树的叶子吃光。 （ ）
5. 在欧洲，行列蛾的幼虫通常以松树、橡树、柏树的叶子为食。 （ ）
6. 行列蛾主要生活在欧洲。 （ ）
7. 这种毛毛虫通常在太阳落山后出去寻找食物。 （ ）
8. 出去觅食时，排队毛毛虫一只紧跟着一只排成长列爬行。 （ ）
9. 最多的一次是 600 只排队毛毛虫一起出去觅食。 （ ）
10. 一棵树的叶子吃光后，毛毛虫就排好队循着“丝路”回家了。 （ ）
11. 一旦毛毛虫的队伍被切断，毛毛虫就会乱作一团。 （ ）

三、说一说

1. 请介绍一下行列毛虫的习性。
2. 请介绍一下昆虫学家法布尔的实验。

精读课文2

蜜蜂的民主

蜜蜂主要通过分裂和分蜂的形式进行繁殖。每到春季，蜂群的活动开始复苏。这时花朵产出大量花蜜，食物充足。大量幼蜂同时出房，蜂群内部“人口爆炸”，蜂巢变得十分拥挤。没有更多的巢房储存蜂蜜，巢内开始混乱。为了维持群内秩序，释放出空间，分蜂正式启动。

分蜂时蜂王会带着一半以上的工蜂离开母巢。离巢的蜂群在树干上聚成一团暂时栖身，为建一个新家做准备。它们首先派几百只工蜂作为“侦察蜂”，去寻找可能的建巢地点——树洞。每只侦察蜂花费大约 30 分钟考察有关建巢的条件：洞穴的大小、朝向以及有无蚁害等。大多数情况下侦察蜂们能发现几个或十几个候选新居，这时侦察蜂会飞回来向蜂群汇报。它们用跳舞的方式告诉同伴它们找到的新居的方位，然后邀请同伴一起再次访问该地点，让同伴再次进行评价。如果同伴也喜欢该地点，回来也会以同样的方式跳舞，向蜂群做正面评价的汇报，同时吸引更多的同伴到该地点重复访问。如此循环往复，形成一种正反馈，喜欢该地点的同伴数量越来越多。侦察蜂跳舞的热情取决于新居的质量。如果有很多同伴参与，它们就会跳得更加兴奋，这样它们找到的新居成为分蜂后新居的概率也就更大些。相反，如果没有同伴参与，侦察蜂会自动停止舞蹈，那么它找到的新居也就同时被淘汰了。当喜欢某地点的同伴数目足够多，超过"法定人数"后，整个蜂群就做出决定——迁到该新居营建新巢，开始分群后的新生活。

值得关注的是，蜂群达成共识主要是靠停止自己的舞蹈，而不是把自己的舞蹈改成其他蜜蜂的舞蹈。只有非常少的蜜蜂为多个候选新居跳舞。在为最终被选定的新居跳舞的蜜蜂中，至少有一半蜜蜂在新居选出前就停止了跳舞。这个结果说明蜜蜂停止跳舞不是简单地因为其他蜜蜂找到的新居不好，而是每只跳舞的侦察蜂都有停止跳舞的趋势。所以每天都有许多侦察蜂开始跳舞，也有许多侦察蜂停止舞蹈。这种机制十分重要，它能保证所有蜜蜂参与决定的可能性，并且避免由于互不妥协而陷入无法选出新居的僵局中。

（794字）

一、根据课文内容，选择正确答案

1. "分蜂"是指： （ ）
   A. 蜜蜂的民主选举　　B. 蜜蜂分出新的蜂群
   C. 蜜蜂春天的采蜜活动　　D. 蜜蜂寻找新居的活动
2. 分蜂主要是为了： （ ）
   A. 满足采蜜的需要　　B. 满足繁殖的需要
   C. 平息蜂巢内部的争斗　　D. 找到更合适的建巢地点
3. 下列哪一项不是春天时蜂群常常出现的情况？ （ ）
   A. 分蜂正式启动　　B. 大量幼蜂出房
   C. 蜂巢变得十分拥挤　　D. 花朵产出大量花蜜
4. "侦察蜂"一般由谁担任？ （ ）
   A. 蜂王　　B. 幼蜂　　C. 母蜂　　D. 工蜂

5. 下列哪一项不是侦察蜂需要考察的？（　　）

A. 是不是树洞　　B. 洞穴的大小

C. 有没有蚁害　　D. 洞穴的朝向

6. “如此循环往复，形成一种正反馈”中，“循环往复”的意思是：（　　）

A. 多方奔走　　B. 反复进行

C. 转圈地复习　　D. 不断转圈子

7. 蜂群决定新居的方法是：（　　）

A. 根据侦察蜂跳舞的热情　　B. 根据侦察蜂跳舞的方式

C. 在蜂群中进行民主投票　　D. 根据喜欢某个地点的蜜蜂数目

8. 蜜蜂停止跳舞是：（　　）

A. 为了达成共识　　B. 因为意见没被采纳

C. 为了让其他蜜蜂更多地参与　　D. 因为不喜欢其他蜜蜂找的新居

9. 本文主要介绍：（　　）

A. 蜜蜂如何采蜜　　B. 蜜蜂的繁殖方式

C. 蜜蜂跳舞的意义　　D. 蜜蜂如何决定新居

10. 本文是一篇：（　　）

A. 应用文　　B. 说明文　　C. 议论文　　D. 记叙文

二、根据课文内容，判断正误

1. 每到春季蜜蜂就会迅速繁殖。（　　）
2. 分蜂时蜂王会带着一半以上的工蜂离开母蜂。（　　）
3. 分出来的蜂群会暂时住在树干上。（　　）
4. 侦察蜂发现一个地方就马上回来汇报。（　　）
5. 如果侦察蜂找到的新居被淘汰了，它就停止舞蹈。（　　）
6. 如果蜜蜂都坚持自己的意见，就可能会选不出新居。（　　）

三、根据课文内容，回答问题

1. 春季蜂巢内为什么会出现混乱？

答：________________

2. 侦察蜂怎样向蜂群汇报情况？

答：________________

3. 蜂群是怎样就新居的选择达成共识的？

答：________________

四、找出可以替换画线词语的一项

1. 每到春季，蜂群的活动开始<u>复苏</u>。（ ）

A. 苏醒 B. 重复 C. 反复 D. 恢复

2. 大量幼蜂同时<u>出房</u>，蜂群内部“人口爆炸”，蜂巢变得十分拥挤。（ ）

A. 出生 B. 活动 C. 建房 D. 出门

3. 为了维持群内秩序，释放出空间，分蜂正式<u>启动</u>。（ ）

A. 发动 B. 出发 C. 开始 D. 打开

4. 离巢的蜂群在树干上聚成一团暂时<u>栖身</u>，为建一个新家做准备。（ ）

A. 上树 B. 安身 C. 休息 D. 讨论

5. 如此循环往复，形成一种正<u>反馈</u>，喜欢该地点的同伴数量越来越多。（ ）

A. 反应 B. 反对 C. 馈赠 D. 赠送

6. 侦察蜂跳舞的热情<u>取决于</u>新居的质量。（ ）

A. 在……决策 B. 由……决定

C. 被……取得 D. 从……取舍

7. 值得关注的是，蜂群达成<u>共识</u>主要是靠停止自己的舞蹈，而不是把自己的舞蹈改成其他蜜蜂的舞蹈。（ ）

A. 公共知识 B. 共享知识 C. 一起认识 D. 一致认识

8. 这种机制十分重要，它能保证所有蜜蜂参与决定的可能性，并且避免由于互不<u>妥协</u>而陷入无法选出新居的僵局中。（ ）

A. 协商 B. 让步 C. 了解 D. 可靠

五、将下列句子按照一定顺序连起来

1. A. 食物充足

B. 每到春季

C. 巢内开始混乱

D. 大量幼蜂同时出房

E. 蜂巢变得十分拥挤

F. 蜂群的活动开始复苏

G. 蜂群内部“人口爆炸”

H. 这时花朵产出大量花蜜

I. 没有更多的巢房储存蜂蜜

____

2. A. 它们自我组织如此有序
   B. 蜜蜂是多雄性真社会性昆虫
   C. 它们通过信息素和蜂舞来传递信息
   D. 它们在分蜂过程中扮演着不同的角色
   E. 分蜂是这个庞大家族繁衍的重要手段
   F. 分工如此高效是十分值得我们深入研究的
   G. 群内工蜂由不同亚家庭的全同胞姐妹和半同胞姐妹组成

____

六、说一说

1. 请讲一讲蜂群是如何选择新居的。
2. 为什么本文的题目叫“蜜蜂的民主”？读完本文你有什么感想？

快速阅读1

建议阅读3分钟

不久前，我从电视新闻上看到上海动物园里一头长颈鹿患了病，最后不治身亡。解剖后发现长颈鹿肠胃内竟然有许多五彩的泡沫塑料袋！原来这些塑料袋是导致它肠胃溃烂而死的元凶，我的心震颤了。多么可怜的长颈鹿啊！

这么多塑料袋是哪儿来的？来自每天络绎不绝的游客！我们人类天天在呼唤保护野生珍稀动物，却又在不知不觉中残害屠杀它们。这是多么矛盾啊！然而这就是现实。

其实，这种矛盾现象在生活中是大量存在的。我们埋怨环境被污染，可是我们自己又何尝不是在污染环境呢！比如，我们一方面大声疾呼抽烟污染环境，有害健康，而另一方面又大批量地生产和销售香烟。我们一方面大力提倡不乱扔垃圾，另一方面在吃冰棍儿时往往随便地将包装纸扔在地上。又比如，有些厂的老板把厂房装饰得美丽豪华，可是背地里却偷偷地把污水、废水源源不断地往河里排放……所以，尽管我们天天在宣传环保意识，可是污染环境、危害生物的现象仍然屡禁不止。

为什么会有这么多矛盾现象呢？我认为，关键在于很多人没有真正重视环境保护问题。埋怨别人污染了环境，恰恰忘记了自己也在污染环境。所以在宣传环保时，还要加上“从我做起”这后半句。要让环保意识真正在我们每个人的头脑里扎下根，使我们的所作所为时刻都考虑到保护环境。

但愿可怜的长颈鹿不再无辜地病死，但愿它的死能唤醒我们许多人的良知！

（546字）

一、根据课文内容，选择正确答案

1. 长颈鹿死亡的根本原因是：（　　）

A. 得了病　　B. 被人类解剖

C. 没有人给它治疗　　D. 吃进了很多塑料袋

2. “来自每天络绎不绝的游客”中，“络绎不绝”的意思是：（　　）

A. 认识不清　　B. 愚昧无知　　C. 接连不断　　D. 拥挤不堪

3. 文章第三段列举了几种污染环境的矛盾现象？（　　）

A. 两种　　B. 三种　　C. 四种　　D. 五种

4. “可是污染环境、危害生物的现象仍然屡禁不止”中，“屡禁不止”的意思是：（　　）

A. 不止一次看到　　B. 一次又一次地发生在身边

C. 多次发布禁令却不能制止　　D. 对不停止的人进行严格禁止

5. 作者为什么希望在宣传环保时加上“从我做起”这后半句？（　　）

A. 为了让人们更加热爱生活

B. 为了提醒人们自己也在污染环境

C. 使人们理解保护环境的作用，好好生活

D. 为了让每个人时刻牢记环保，从自身做起

6. 在本文中作者主要表达的情感是：（　　）

A. 同情　　B. 愤怒　　C. 犹豫　　D. 高兴

7. 这篇短文告诉我们：（　　）

A. 要爱护动物　　B. 人人都要有环保意识

C. 长颈鹿死得非常可怜　　D. 现在环境污染随处可见

二、根据课文内容，判断正误

1. 上海动物园的长颈鹿因为得了肠胃溃烂治不好，死了。 （　　）
2. 人们嘴上讲环保，而行动上却不知不觉地污染环境。 （　　）
3. 有些厂房正面看美丽豪华，而背面却在排放污水。 （　　）
4. 作者理想的环保口号可能是“保护环境，从我做起”。 （　　）
5. 作者最后呼吁长颈鹿不要病死。 （　　）

快速阅读2

建议阅读3分钟

很久以前，有一个人看到了蚂蚁的壮举。突如其来的水包围了一小块陆地，那一小块陆地有许多蚂蚁，是蚂蚁的家园。蚂蚁们对水是很敏感的，因为它们不会游泳。天要是要下大雨了，它们总是能够预先知道，于是就能看到它们浩浩荡荡搬家的场面。但是这一次它们无法预先知道，因为这一次是人祸。那个人挖开了沟渠，要浇灌他的菜园子。天灾可以预知，但是对于人祸，蚂蚁们就无法预知了。蚂蚁们爬出了洞穴，一阵慌乱。但是很快，蚂蚁们就有秩序了。它们聚拢，聚拢，聚拢，成了一个大大的蚂蚁团。这时，水__1__了上去，蚂蚁团就__2__在了水面。在微风的__3__吹动下，蚂蚁团滚动着，借着风力在水面上__4__滚动。没有一只蚂蚁松手，那蚂蚁团好像漂得很轻灵。终于，它们到了陆地。它们分散开来，一定是又一次开始重建家园。

那人看得呆了。他想，假如有蚂蚁不想在最外边，而是想在里边安全地待着，还会有那紧密的蚂蚁团吗？假如有更多的蚂蚁这样想，还会有蚂蚁团吗？他的脑海里闪现了一个词：团结。这是他因为目睹蚂蚁的壮举而创造的一个词。他想，这是一个多么好的词啊！

他把蚂蚁的壮举讲给他的子孙听，临了总要说一句：“团结啊！”

他的子孙把蚂蚁的壮举讲给他们的子孙听，临了总要说：“这就是团结啊！”

后来蚂蚁的故事传丢了，一代还是在叮嘱一代：“团结啊！”

（528 字）

一、根据课文内容，选择恰当的词语填空

1. 这时，水________了上去。（　　）

A. 游　B. 漫　C. 漂　D. 浮

2. 蚂蚁团就________在了水面。（　　）

A. 游　B. 走　C. 漂　D. 跑

3. 在微风的________下，蚂蚁团滚动着。（　　）

A. 吹动　B. 力量　C. 带领　D. 运动

4. 蚂蚁团滚动着，借着风力在水面上________滚动。（　　）

A. 来回　B. 前后　C. 左右　D. 向前

二、根据课文内容，选择正确答案

1. 通过这篇文章，我们知道：（　　）

A. 蚂蚁遇到了天灾　B. 蚂蚁被人赶跑了

C. 蚂蚁窝被水冲了　D. 蚂蚁决定要搬家了

2. 关于这篇文章，下面哪种说法正确？（　　）

A. 危险一结束，蚂蚁们就不再团结了

B. 蚂蚁在遇到危险时会马上团结起来

C. 那个人不喜欢蚂蚁在他家的菜园子里

D. 那个人没想到蚂蚁可以结成这么大的一团

3. 蚂蚁在水面上滚动时，没有一只蚂蚁松手，这说明：（　　）

A. 蚂蚁很轻　B. 蚂蚁很会游泳

C. 蚂蚁非常团结　D. 蚂蚁生存能力强

4. 从文章最后一句可以知道，随着时间流逝：（　　）

A. 人们忘记了蚂蚁的故事　B. 没有人再想讲蚂蚁的故事了

C. 蚂蚁的故事已经变得没有意义了　D. 人们已经忘了为什么要说“团结”

三、根据课文内容，判断正误

1. 蚂蚁们对水是很敏感的，因此人祸也可以预知。（　　）

2. 微风将蚂蚁团吹到了水面上。（　　）

3. 蚂蚁到了陆地后，继续团在一起，建设它们的家园。（　　）

4. 蚂蚁的壮举可以用“团结”这个词来总结。（　　）

第14课 奇妙的动物世界（下）

精读课文1

乌鸦真的讨厌吗

“呱——呱——呱——”这是谁的声音？好像青蛙的叫声，但比青蛙的叫声难听多了。这是乌鸦的声音。乌鸦站在落雪前的老树枝上，站在墓地边的土岗上，“呱——呱——呱——”的叫声那么凄惨和恐怖！乌鸦还喜欢吃腐烂的动物尸体呢！所以人们说：“乌鸦叫了，准没有什么好事！”农民把乌鸦视为“灾星”和不吉利的黑鸟。当有的人在一些喜庆的场合突然说出了不吉利的话来，别人就会说他长了一张“乌鸦嘴”！

乌鸦真的这么叫人讨厌吗？这实在是人类对乌鸦的一种误解。乌鸦虽然叫起来很难听，但却十分懂情义。有人看到过这样的情景：乌鸦的一个伙伴死了，其他的乌鸦站在它的尸体周围，排成弧形的队伍，呱呱地悲鸣着，表示自己的“哀悼”。一会儿，其中的几只乌鸦合力衔起伙伴的尸体，飞到附近的一个池塘上空，将尸体抛入水中，完成“水葬”。然后它们又悲鸣一阵，才盘旋着离去。

在鸟类中，乌鸦是一种比较聪明的鸟。有个童话说：乌鸦要喝到一个长颈瓶里的水，但嘴巴伸不进去。它便衔来很多小石子儿，扔进瓶里。当瓶里的石子儿多了，水就溢到瓶口。乌鸦轻而易举地喝到了长颈瓶里的水。

乌鸦也是果园里害虫的天敌。当果园里出现大量害虫时，乌鸦就会飞来，并且呱呱地叫着，吸引来更多的乌鸦，直到把害虫啄食干净。

泰国有位动物学家名叫纳端，专门研究过乌鸦，写过一本叫《乌鸦会话辞典》的书。他认为，在鸟类世界里，乌鸦的语言是最丰富的，它们的叫声大约有三百多种。乌鸦有很多属于自己种族的“方言土语”。比如，美国密歇根湖畔的乌鸦和意大利佛罗伦萨郊区的乌鸦之间，就存在着“语言障碍”。生活在城市里的乌鸦和乡下乌鸦之间，也有一些语言隔阂。

乌鸦的形象并非人们常说的那样“天下乌鸦一般黑”，在有些地方，还生活着白色、棕色和浅灰色的乌鸦呢。

乌鸦是人类的朋友。我们不应该因为它们的叫声和羽色而讨厌它们，甚至冤枉它们。

（741字）

选自《大自然》 作者：徐鲁

一、根据课文内容，选择正确答案

1. 人们认为“乌鸦叫了，准没有什么好事儿”，是因为：（ ）
   A. 乌鸦的叫声凄惨恐怖　　B. 乌鸦的叫声好像青蛙的叫声
   C. 乌鸦总是站在老树枝上叫　　D. 乌鸦吃了腐烂的动物尸体后就要叫
2. “乌鸦嘴”是形容：（ ）
   A. 总是叫个不停　　B. 叫声凄惨恐怖
   C. 一种不吉利的黑鸟　　D. 在喜庆场合说不吉利的话
3. 说乌鸦十分懂情义，是因为它们：（ ）
   A. 会排成队伍呱呱地悲鸣　　B. 是一种比较聪明的鸟儿
   C. 能原谅人们对它们的误解　　D. 会哀悼并埋葬死去的同伴
4. 乌鸦的聪明表现在：（ ）
   A. 会喝水　　B. 会讲童话
   C. 会想办法喝到水　　D. 能轻而易举地喝到瓶子里的水
5. 泰国动物学家纳端认为：（ ）
   A. 自己的书很了不起　　B. 乌鸦之间存在着语言障碍
   C. 乌鸦有属于自己的种族　　D. 鸟类中乌鸦的语言是最丰富的
6. 生活在不同国家和不同地区的乌鸦：（ ）
   A. 长得完全不同　　B. 都只会说一种语言
   C. 生活习性差异很大　　D. 所使用的“语言”存在差异

7. 乌鸦的颜色：（ ）

A. 非常亮丽 B. 比较多样 C. 非常单一 D. 难看极了

8. 本文表达的观点认为，人们应该：（ ）

A. 讨厌乌鸦 B. 敌视乌鸦 C. 善待乌鸦 D. 研究乌鸦

二、根据课文内容，判断正误

1. 乌鸦和青蛙的叫声一样难听。（ ）
2. 农民们认为乌鸦是一种很不吉利的鸟。（ ）
3. 乌鸦的嘴会说出很多不吉利的话。（ ）
4. 人类其实对乌鸦很不了解。（ ）
5. 乌鸦的嘴巴很长，很容易伸进长颈瓶中喝到水。（ ）
6. 乌鸦是果园里的害虫每天都会遇到的敌人。（ ）
7. 乌鸦会说各种国家的语言，它们的表达能力非常强。（ ）
8. 乌鸦也有属于自己的“方言”。（ ）
9. 不同地区的乌鸦在交流方面会有障碍。（ ）
10. 人们通常认为乌鸦都是黑色的。（ ）

三、根据课文内容，回答问题

1. 乌鸦常常停留在什么地方？

答：________________

2. 乌鸦的叫声有多少种？

答：________________

3. 乌鸦的羽毛都有哪些不同的颜色？

答：________________

四、根据课文内容，选择最接近下列画线词语的解释

1. 乌鸦还喜欢吃腐烂的动物尸体呢！（ ）

A. 肮脏 B. 破烂 C. 烂掉 D. 刚死

2. 一会儿，其中的几只乌鸦合力衔起伙伴的尸体，飞到附近的一个池塘上空，将尸体抛入水中，完成“水葬”。（ ）

A. 用嘴叼 B. 用嘴啃 C. 用爪子抓 D. 用爪子拉

3. 然后它们又悲鸣一阵，才盘旋着离去。（　　）

A. 转来转去　　B. 飞腾跳跃

C. 低低地飞　　D. 绕着圈儿飞

4. 当瓶里的石子儿多了，水就溢到瓶口。（　　）

A. 变得很多　　B. 应该增加

C. 很快地涨起来　　D. 满了以后流出来

5. 乌鸦轻而易举地喝到了长颈瓶里的水。（　　）

A. 轻轻地　　B. 一下子　　C. 轻轻举起　　D. 非常容易

6. 生活在城市里的乌鸦和乡下乌鸦之间，也有一些语言隔阂。（　　）

A. 不相通　　B. 不熟悉　　C. 不交往　　D. 不知道

7. 我们不应该因为它们的叫声和羽色而讨厌它们，甚至冤枉它们。（　　）

A. 彻底抛弃　　B. 严厉批评

C. 因为不喜欢而责骂　　D. 没根据地加上恶名

五、选词填空

A. 腐烂　　B. 隔阂　　C. 冤枉　　D. 轻而易举

1. 有些年轻人很自以为是，不愿了解父母，与父母之间有着深深的________。
2. 西汉古墓中的女尸保存完好，一点儿都未________。
3. 我赶紧举起双手，高喊道："我说的都是真的，我是________的！"
4. 就是因为她们有了邻居太太这个共同的责难对象，所以才能消除________，团结对外。
5. 小张认为自己无故挨打很________，小王应该为此承担法律责任。
6. 减肥并非她说的那么________，这是长期坚持锻炼和控制饮食的结果。
7. 一个________的苹果会使周遭的空气变得污浊，而一个鲜艳的苹果带来的是快乐的心境。
8. 到别人家里，替他们把房子里的东西摆放整齐也不是一件________的事情。

六、说一说

1. 人们为什么不喜欢乌鸦？
2. 纳端对乌鸦的研究成果是什么？
3. "天下乌鸦一般黑"的深层含意是什么？

泛读课文

动物“计划生育”觉悟高

看了题目，你有可能不信，不过这是确实存在的事实。某些种类的动物在漫长的进化过程中，逐渐“懂”得了要想使其种族生存繁衍下去，就必须节制生育。

生活在瑞典南部的红狐，一旦发现它们的主要食物来源野兔的数量明显减少时，它们并不是采取迁徙的办法，离开生活惯了的“家园”，而是采取“积极措施”，实行计划生育。与正常年景相比，只有一半数量的红狐交配繁殖，用减少生殖数量的办法，来对付饥饿对整个狐群的威胁，从而保障狐群生存繁衍下去，不至于造成种族的灭绝。

在尼罗河两岸的树林里，生活着许多非洲大象。它们为了保障各自象群的生存，也知道根据食物的多寡，来确定繁殖相适应数量的幼象。如果尼罗河一侧的植物很繁茂，食物资源很丰富的话，那么这一侧的母象就会每隔 4 年生下一胎幼象；而河的另一侧如果由于地理环境和气候等原因，植物稀少，食物资源不充足的话，那么生活在那一侧的有生育能力的母象就会自觉地“节制生育”，要间隔 9 年才生一胎小象。

狼不仅做到了“计划生育”，而且还做到了“优生优育”。在一个典型的狼群中，总是有一只经过角斗取胜的雄狼为狼王。只有狼王才能和占有优势的雌狼进行交配繁殖，而其他有生育能力的雌狼和雄狼都无权交配。狼采取这种“节制生育”的办法，限制了过多的繁殖，从而保障了有限的食物来源，不至于饿毙或是自相残食，造成种族的灭亡。再者，参加交配的雄狼和雌狼都是“佼佼者”，这就保证了后代的“优选性”，做到了“优生优育”。

雌非洲羚羊“节制生育”的本领实在令人称奇。如果它发现自己怀胎不是时候，感知到分娩时会逢上严冬的恶劣季节，那么雌羚羊就会将胎儿继续留在腹内，让其推迟至春暖时节再出生。非洲羚羊这种“晚生晚育”的本领，在动物世界中大概是独一无二的了。

最“懂”计划生育的，那要数和人类血缘相近的灵长类动物了。动物学家在非洲野外考察时发现，那里的黑猩猩竟然能够吃当地人也吃的堕胎植物来堕胎。在产下小黑猩猩以后，一些黑猩猩居然能够有目的地大量吃一些富含雌激素而又有避孕作用的野生豆子，从而达到避孕的目的。而需要加强生育能力的时候，它们又吃那些有催情作用的其他种类的野豆子。

（869字）

一、根据课文内容，选择正确答案

1. 如果红狐繁殖的数量非常多，说明：（　　）
   A. 红狐发现了食物　　B. 野兔的数量也非常多
   C. 红狐采取了积极措施　　D. 有一半的红狐在交配繁殖
2. 非洲大象9年才生一头小象，说明：（　　）
   A. 它们学会了节制生育　　B. 它们的生殖能力大大下降
   C. 生活的地区食物资源不充足　　D. 它们种群的数量在逐渐增多
3. 要想成为“狼王”，必须要：（　　）
   A. 学会优生优育　　B. 战胜其他的雄狼
   C. 具有强健的体魄　　D. 具有很强的生殖能力
4. 如果缺乏足够的食物，那么狼群会：（　　）
   A. 停止交配　　B. 互相残杀
   C. 对后代进行优选　　D. 无奈地等待饿死
5. 雌非洲羚羊最独特的本领是：（　　）
   A. 总是在春天分娩　　B. 会计算分娩的时间
   C. 自由选择分娩的时间　　D. 不需要与雄羚羊交配就可怀孕
6. 黑猩猩要想避孕，通常会：（　　）
   A. 拒绝交配　　B. 减少交配的次数
   C. 偷吃当地人的避孕药　　D. 吃具有避孕作用的植物

二、根据课文内容，判断正误

1. 人类教会了动物节制生育。（　　）

2. 野兔的数量如果减少，红狐就会离开生活惯了的地方。 (   )
3. 非洲大象会根据食物的多少来调节生育的频率。 (   )
4. 尼罗河两岸的非洲大象生育能力并不相同。 (   )
5. 在狼群中，除了狼王之外，其他雌狼和雄狼都没有交配能力。 (   )
6. 狼群通过竞争交配权的办法保证了后代的优选性。 (   )
7. 雌非洲羚羊不会选择在严冬生小羚羊。 (   )
8. 在非洲，有些植物具有终止怀孕的作用。 (   )
9. 黑猩猩会选择一些具有特殊作用的食物来调节自己的生育。 (   )

三、将下列句子按照一定顺序连起来

1. A. 让其推迟至春暖时节再出生
   B. 如果它发现自己怀胎不是时候
   C. 感知到分娩时会逢上严冬的恶劣季节
   D. 那么雌羚羊就会将胎儿继续留在腹内
   E. 雌非洲羚羊“节制生育”的本领实在令人称奇

____

2. A. 它们的生育速度极快
   B. 旅鼠是北极草原上数量最多的动物
   C. 这时，它们得考虑子孙后代的事了
   D. 每隔三四年，旅鼠的数量就会发生爆炸式增长
   E. 这么多的旅鼠会把大草原上的可食之物全部吃光

____

四、说一说

1. 当野兔的数量急剧减少时，红狐会怎么做？
2. 狼怎样做到“优生优育”？
3. 为什么说黑猩猩最“懂”计划生育？

精读课文2

河马的礼仪

人们往往对河马认识不足。由于它整天泡在水里，很少动弹，于是有人就觉得它有些痴呆。这种看法是不对的。

首先，我们应该知道，河马之所以夜晚出来觅食，那是因为夜间气温下降，不像白天那样酷热。河马各有自己的领地，其领地形状似梨，由一个狭窄的出口通向河流，底部渐宽。每只河马雄踞一方，不容许任何一只同类涉足。只有一个例外：当雌河马产崽后，它和幼崽生活在一起，直至它们长大加入同伴的行列。

其次，我们还应该知道，河马张开大嘴并不是烦恼的标志。它之所以张嘴，完全是为了显露它暗黄色的、呈圆柱形的下门齿，是一种威吓对方的姿势。

不过，河马最可爱之处是它们那优雅的礼仪。这种盛行于河马之间的礼仪旨在调节雄雌间的关系。因为，除了河流和各自的领地外，它们在岸边的沙滩上还拥有沙龙和聚会地点。

人们有时发现，几十只河马并排站立在一起。若再仔细看，便会发现这是一群雌河马。但是，倘若从排列有序的雌河马里发现一只躺卧在地上的河马的话，切莫以为它是病倒了，那是一只雄河马。

原来雄性无权涉足雌性的圈子，除非它们躺卧在沙滩上。对于一只体重达4000公斤的河马来说，这个条件是苛刻的。不过，雄性似乎能强制自己"遵纪守法"。因为它知道，要是它斗胆站立起来，那么，它便会立即遭到驱逐。这就是河马的礼仪。

为什么会有这样的礼仪呢？只需稍加思索，便会明白个中原委。一只躺在沙地上的雄河马不可能向雌性大献殷勤以及无休止地纠缠。假若它站立在那儿，那么，什么事都有可能发生。它也许行为不轨，这样，雌性要想摆脱一个重达4吨的“鲁莽汉”无休止的纠缠，几乎是不可能的。

那么，那只躺在地上的雄河马有何贵干呢？事情很简单：它在审视“女士们”，端详其中的中意者，对它暗送秋波，用点头和皱皮肤的方式向它表白“爱情”。这一切不是在暗中进行的吗？请放心，雌性自会心领神会。接下来的事情留待入夜后，在它们俩之中的领地上完成。如此一来，礼仪得以维护。

（781字）

选自《动物趣闻》 作者：[法]雅克·特雷莫兰 译者：冯志军 佟毓文

一、根据课文内容，选择正确答案

1. 河马夜间出来寻找食物，是因为：（　　）
   A. 白天太热　　B. 夜间很冷
   C. 夜间食物更丰富　　D. 白天要看守自己的领地
2. 关于河马的领地，下面哪种说法不正确？（　　）
   A. 领地的形状像一个梨　　B. 雄河马守护着每个领地
   C. 每只河马都有自己的领地　　D. 领地的出口窄窄的，通向河流
3. 河马张开大嘴，表明它：（　　）
   A. 饿了　　B. 困了
   C. 牙齿很健康　　D. 在吓唬对方
4. 河马的礼仪主要用于：（　　）
   A. 在沙滩上聚会　　B. 在河流中觅食
   C. 守护自己的领地　　D. 调节雌雄之间的关系
5. 要想进入雌河马的圈子，雄河马必须要：（　　）
   A. 优雅可爱　　B. 躺在沙滩上
   C. 体重达到4000公斤　　D. 与其他河马并排站立
6. 如果一只雄河马站立在雌河马群中，那么：（　　）
   A. 所有的雌河马会保护它　　B. 雌河马会为它发生争斗
   C. 所有的雌河马都会喜欢它　　D. 它会对雌河马造成潜在的威胁
7. 雄河马躺在沙滩上，是为了：（　　）
   A. 悄悄地送雌河马礼物　　B. 看自己的河马太太在做什么
   C. 让所有的雌河马明白它的爱情　　D. 寻找喜欢的雌河马并向它传达爱意

8. 雄河马向雌河马表达“爱情”的方式是：（ ）

A. 一直看它　　B. 暗中送礼物

C. 点头和皱皮肤　　D. 仔细地看谁的心中对它有爱意

二、根据课文内容，判断正误

1. 人们对河马的认识不够正确。（ ）
2. 河马整天泡在水里，很少动弹，变得有些痴呆了。（ ）
3. 雌河马生下小河马后，就会和雄河马一起生活。（ ）
4. 小河马成年以后，就离开妈妈，有了自己的领地。（ ）
5. 河马的礼仪有利于调节雌雄之间的关系。（ ）
6. 雌河马在沙滩上聚会时，是按照大小顺序排列的。（ ）
7. 雄河马只有躺在沙滩上，才能被雌河马圈子所接受。（ ）
8. 雌河马聚会时，如果雄河马站立在那儿，也许它会不知道该怎么做。（ ）
9. 入夜以后，相爱的雌雄河马会一起到沙滩上来。（ ）

三、根据课文内容，回答问题

1. 河马的领地是什么样的？

答：____

2. 河马的下门齿是什么样的？

答：____

3. 在雌河马聚会的沙滩上，如果雄河马站起来会怎么样？

答：____

四、根据课文内容，选择最接近下列画线词语的解释

1. 每只河马<u>雄踞</u>一方，不容许任何一只同类涉足。（ ）

A. 雄壮地屹立　　B. 雄伟而奇特

C. 威武地占据　　D. 雄性居住在

2. 这种盛行于河马之间的礼仪<u>旨在</u>调节雄雌间的关系。（ ）

A. 现在　　B. 是在　　C. 有利于　　D. 目的在于

3. 但是，倘若从排列有序的雌河马里发现一只躺卧在地上的河马的话，<u>切莫</u>以为它是病倒了，那是一只雄河马。（ ）

A. 可能会　　B. 一定会　　C. 不能不　　D. 一定不要

4. 对于一只体重达 4000 公斤的河马来说，这个条件是苛刻的。（　　）

A. 认真规定　B. 要求过严　C. 时刻要求　D. 清楚明确

5. 因为它知道，要是它斗胆站立起来，那么，它便会立即遭到驱逐。（　　）

A. 大胆地　B. 胆小地　C. 战斗着　D. 艰难地

6. 因为它知道，要是它斗胆站立起来，那么，它便会立即遭到驱逐。（　　）

A. 打击　B. 责骂　C. 追赶　D. 赶走

7. 只需稍加思索，便会明白个中原委。（　　）

A. 每一个原因　B. 其中的原因

C. 一个正确的结果　D. 每一个当中的理由

8. 一只躺在沙地上的雄河马不可能向雌性大献殷勤以及无休止地纠缠。（　　）

A. 暂停　B. 停止　C. 继续　D. 为止

9. 那么，那只躺在地上的雄河马有何贵干呢？（　　）

A. 有什么价值　B. 询问事情的意义

C. 询问对方要做什么　D. 有什么重要的事做

10. 请放心，雌性自会心领神会。（　　）

A. 心中有了领导　B. 精神上互相沟通

C. 不用说明心里就明白了　D. 心里想象会面时的情景

五、选词填空

A. 旨在　B. 苛刻　C. 驱逐　D. 个中原委　E. 心领神会

1. 小王对于领导的想法总是能够________，并且总能够在领导犹豫不决的时候给出参考意见。
2. 立法工作者 11 日在北京接受采访时说，劳动合同法________构建和谐劳动关系，实施以来总体情况良好。
3. 当她了解了________后，不一会儿就请来了一位手提工具箱的师傅，开始修理起来。
4. 十多年来，两国间多次发生互相________外交官的事件。
5. 我们都觉得她不好相处，不仅要求很多，而且态度还非常粗鲁，即便是对待自己的助理也是非常________。
6. 比赛场上的双打选手配合默契，只要一个眼神，对方就能________。
7. 人们在回顾和反思的同时，也在梳理和探寻这一事件的前因后果、________，并密切关注它的未来走向和结局。
8.《爱莲说》一文运用借物喻人的写法，________托物言志。

六、说一说

1. 河马之间为什么会有这样的礼仪？

2. 河马如何维护这种礼仪？

快速阅读1

建议阅读3分钟

古代流传过这样一个有趣的故事。秦朝灭亡后，楚汉相争，刘邦节节胜利，项羽步步败退，一直被逼到乌江边。项羽在江边看到由无数蚂蚁聚集而成的六个大字“霸王自刎乌江”，以为蚂蚁代表了天意，于是拔剑自刎身亡。

其实哪有什么天意啊，这只不过是刘邦手下足智多谋的军师张良所施的小计。张良算计着项羽必定要退到乌江，便事先派人用蜜糖水在江边写了六个大字，引来了无数的蚂蚁在字迹上吃糖，鲁莽的项羽果然上了当。

蚂蚁怎么会知道江边有蜜糖吃呢？这全凭着它们头上长的两个小“犄角”——触角。我们知道，昆虫头上都长着触角。形形色色的昆虫触角虽然很不起眼儿，却在昆虫的生活中起着相当重要的作用。例如蝴蝶的聚会、蜜蜂的采蜜、蚂蚁的聚集、苍蝇的逐臭等现象，无一不是依靠触角的作用。触角就是昆虫灵敏的“鼻子”。

触角为什么能闻到气味呢？原来触角上分布着许许多多能辨别气味的嗅觉器。据动物学家研究，蜂王的每个触角上有2000多个嗅觉器，工蜂有6000多个，雄蜂有3000多个；雄金龟子的每个触角上有40000多个嗅觉器……昆虫的嗅觉器如此之多，难怪昆虫的触角要比人的鼻子灵敏亿万倍啊！

触角除了有嗅觉功能外，还具有触觉、听觉等功能。像蟑螂，如果你在它探头探脑觅食时，轻轻地碰一下它那细长的触角，它便会立即逃掉；雄蚊子凭着触角，能听到雌蚊子发出的细微声音，找到雌蚊子在哪里呼唤；水中生活的仰泳蜻蜓用触角来平衡身体；水龟虫则用触角来帮助呼吸……

仿生学家们也因此受到启迪。他们模拟触角的特点，制造出现代化的精密仪器，如装置在宇宙飞船座舱里的一种仪器，能及时发出警报，以避免事故的发生。看来，昆虫小小的触角里大有学问啊！

（667 字）

一、根据课文内容，选择正确答案

1. 文章开始介绍楚汉相争，是为了：（　　）
   A. 说明张良很聪明　B. 说明天意不可违
   C. 引出刘邦是个英雄　D. 引出下文介绍昆虫的触角
2. 蚂蚁聚集而成的六个大字“霸王自刎乌江”是：（　　）
   A. 项羽的幻觉　B. 蚂蚁来传达的天意
   C. 张良事先策划的计谋　D. 张良用死去的蚂蚁摆成的
3. 工蜂的触角上有多少个嗅觉器？（　　）
   A. 2000 多个　B. 3000 多个　C. 6000 多个　D. 40000 多个
4. 本文第五段用了几种昆虫举例？（　　）
   A. 三种　B. 四种　C. 五种　D. 六种
5. 本文最后一段主要讲的是：（　　）
   A. 精密仪器的制作原理　B. 触角能避免事故的发生
   C. 昆虫触角对科学家的启发　D. 触角被用来制作精密仪器

二、根据课文内容，判断正误

1. 项羽在和刘邦的战争中失败，自杀身亡。（　　）
2. 张良利用了蚂蚁喜欢吃糖的特点。（　　）
3. 昆虫触角的作用和人类鼻子的作用一样。（　　）
4. 昆虫用鼻子和触角闻气味。（　　）
5. 雄蚊子凭触角就能找到雌蚊子在哪里。（　　）
6. 水龟虫利用触角在水中保持平衡。（　　）

快速阅读2

建议阅读3分钟

大象特别爱吃盐，就像孩子嗜糖一样。那么庞大的身躯，那么大的活动量，每天需要补充多少盐分啊，难怪它们嗜盐如命。被驯养的大象，可以每天定期从人类那里获得食盐，野生大象就没有这个福分了。那么，它们靠什么来补充体内的盐分呢？

在西双版纳自然保护区内的野象谷，生活着大约 200 头野生亚洲象。为了帮助这些野生大象，保护区的工作人员会定期在河边投放一些食盐，供野生大象食用。有意思的是，他们从不露天投放，而是在河边挖深坑，将食盐埋进土里。野生象就会成群结队地来到河边，长鼻子像探雷器一样，在河边探寻着，搜索着。最后，它们总是能够准确地嗅到埋藏在泥土中的食盐，然后，用长鼻子将泥土拱开，开始卷食盐巴。

我很好奇为什么要将盐埋起来，而不是直接放在地面？

其实，不需要人类的帮助，野生大象完全可以依靠自己找到含有盐分的食物。野生大象很聪明，它们会嚼食一些盐分含量较高的植物，或者靠饮用含盐的水来补充体内的盐分。此外，它们还有一个特殊的本领——能够从河边找到含有较高盐分的咸土。人们之所以把在河边投放的盐巴深埋在泥土中，其实也没有什么特殊的原因，只是不希望野生大象觉察到这是人类故意施舍的。掩埋起来，就是想让它们觉得，这是大自然的馈赠，是它们靠自己的智慧找到的。

（513 字）

节选自《科海故事博览（智慧文摘）》

一、根据课文内容，选择正确答案

1.“难怪它们嗜盐如命”中，“嗜盐如命”的意思是：（　　）

A. 有吃盐的习惯　　B. 非常喜欢吃盐

C. 吃起盐来很拼命　　D. 可以用生命来换取食盐

2. 大象是怎么吃盐巴的？（　　）

A. 用探雷器搜寻　　B. 和泥土一起吃

C. 用鼻子卷起来吃　　D. 成群结队一起吃

3. 下面哪个不是野生大象补充体内盐分的方法？（　　）

A. 饮用含盐的水　　B. 依靠人类投放

C. 找含有较高盐分的咸土　　D. 嚼食盐分含量高的植物

4. 西双版纳保护区的工作人员将食盐埋起来的原因是：（　　）

A. 大象喜欢把泥土翻开吃东西　　B. 这样野生象才会成群结队地来

C. 大象自己能够找到埋藏的地方　　D. 不想让大象感觉到是人类投放的

二、根据课文内容，判断正误

1. 被驯养的大象不定期地从人类那里获得食盐。（　　）

2. 保护区的工作人员投放食盐时，野生象会成群结队地来到河边。（　　）

3. 野生象的长鼻子样子和探雷器一样，可以探寻、搜索。（　　）

4. 工作人员不想让野生大象觉得人类在帮助它们。（　　）

第15课 知识广角镜

精读课文1

假如没有灰尘

灰尘是人人讨厌的东西。它有碍环境卫生，危害人体健康。因此，古往今来，人们总是“时时勤拂拭，勿使染尘埃”。然而你可曾想到，人类的生息离不开灰尘。假如自然界真的没有灰尘，我们将__1__怎样的境地呢?

灰尘颗粒的直径一般在万分之一到百万分之一毫米之间。人眼能看到的灰尘，是灰尘中的庞然大物，细小的灰尘只有在高倍显微镜下才能看见。灰尘的主要__2__是土壤和岩石。它们经过风化作用后，分裂成细小的颗粒。这些颗粒和其他有机物颗粒一起在空中__3__。它们在吸收太阳部分光线的同时，向四周反射光线，如同无数个点光源。阳光经过灰尘的反射，强度大大__4__，因而变得柔和。假如大气中没有灰尘，强烈的阳光将使人无法睁开眼睛。

有趣的是，尘粒还有个“怪脾气”，容易反射光波较短的紫、蓝、青三色光，而“喜欢”吸收光波较长的其他色光。由于下层大气中的灰尘含量较高，我们在地面上看到的天空才是蔚蓝色的。假如大气中没有灰尘，天空将变成白茫茫的一片。

灰尘大多具有吸湿性能。空气中的水蒸气，必须依附在灰尘上，才能凝结成小水滴。这样，当空气中的水蒸气达到饱和时，分散的水汽便依附着灰尘而形成稳定的水滴，可以在空中长时间地飘浮。假如空气中没有灰尘，地面上的万物都将是湿漉漉的。更严重的是，天空中不可能有云、雾，也不可能形成雨、雪来调节气候，从地面上蒸发到上空的水也就不可能再回到地面上来。假如地球上的水越来越少，最后完全干涸，生物就不能生存。此外，由于这些小水滴对阳光的折射作用，才会有晚霞朝晖、闲云迷雾、彩虹日晕等气象万千的自然景色。假如空气中没有灰尘，大自然将多么单调啊！

（653 字）

一、根据课文内容，选择恰当的词语填空

1. 假如自然界真的没有灰尘，我们将________怎样的境地呢？（　　）

A. 创造　　B. 面向　　C. 面临　　D. 开始

2. 灰尘的主要________是土壤和岩石。（　　）

A. 组成　　B. 来源　　C. 作用　　D. 目标

3. 这些颗粒和其他有机物颗粒一起在空中________。（　　）

A. 飘浮　　B. 奔跑　　C. 活动　　D. 浮动

4. 阳光经过灰尘的反射，强度大大________，因而变得柔和。（　　）

A. 增强　　B. 变化　　C. 消失　　D. 削弱

二、根据课文内容，选择正确答案

1. “时时勤拂拭，勿使染尘埃”的意思是：（　　）

A. 要经常擦拭，不要让灰尘堆积

B. 每天都应该很勤快，不然就会有灰尘

C. 要记得轻轻地擦，不要让灰尘飘浮起来

D. 不管每时每刻怎么擦拭，总是会落上灰尘

2. 第二自然段中提到的灰尘的作用不包括：（　　）

A. 使阳光变得柔和　　B. 向四周反射光线

C. 使天空成为蓝色　　D. 吸收太阳部分光线

3. 尘粒“喜欢”吸收下面哪种颜色的光？（　　）

A. 白色光　　B. 紫色光　　C. 青色光　　D. 蓝色光

4. 文章一共介绍了灰尘的几种作用？（　　）

A. 两种　　B. 三种　　C. 四种　　D. 五种

5. 作者对灰尘的态度是：（　　）

A. 讨厌的　　B. 否定的　　C. 科学的　　D. 无法看出

6. 本文主要介绍灰尘： （ ）

A. 对人体的危害　　B. 是如何形成的

C. 和人类的关系　　D. 在大自然中的作用

三、根据课文内容，判断正误

1. 灰尘在人类的生活中发挥着重要的作用。 （ ）
2. 灰尘颗粒都很大，我们都能看见。 （ ）
3. 灰尘是土壤和岩石风化以后形成的。 （ ）
4. 灰尘吸收阳光后，就变成了一个个小光源。 （ ）
5. 灰尘对云、雾、雨、雪的形成起到很大的作用。 （ ）
6. 如果没有灰尘，大自然会变得洁净美好。 （ ）

四、根据课文内容，回答问题

1. 为什么人人讨厌灰尘？

答：____

2. 灰尘是怎样形成的？

答：____

3. 灰尘的“怪脾气”是什么？

答：____

五、选词填空

A. 有碍　B. 柔和　C. 依附　D. 白茫茫　E. 湿漉漉　F. 庞然大物

1. 很多原殖民地国家的经济发展完全________于发达国家。
2. 小时候第一次去飞机场，爸爸指着一个________告诉我，那就是飞机。
3. 今天好想哭，眼睛________的，但眼泪还是让我给逼回去了。
4. 驾驶姿势不端正，喜欢仰着、趴着或歪着，都________行车安全。
5. 宝玉披着大红猩猩毡的斗篷，消失在一片________的大地上，真干净。
6. 她性情________，从来不和别人发生矛盾。
7. 对于小小的蚂蚁来说，能够抓到一只________——毛毛虫，可谓美餐了。
8. 但在现实生活中，我们更多看到的是像藤条一样________在父母身上的孩子。

六、说一说

1. 如果大自然没有灰尘，会出现怎样的情况？
2. 晚霞朝晖、闲云迷雾、彩虹日晕等气象景观的形成原理是什么？

泛读课文

红绿灯的来历

19 世纪初，在英国中部的约克城，红、绿装分别代表女性的不同身份。着红装的女人表示“我已结婚”，而着绿装的女人则是未婚者。后来，英国伦敦议会大厦前经常发生马车撞人的事故，于是人们受到红绿装启发，1868 年 12 月 10 日，信号灯家族的第一个成员就在伦敦议会大厦的广场上诞生了。它是由当时英国机械师德·哈特设计制造的。灯柱高 7 米，上面挂着一盏红、绿两色的提灯。这是城市街道的第一盏信号灯——煤气交通信号灯。在灯的脚下，一名手持长杆的警察随心所欲地牵动皮带转换提灯的颜色。后来人们又在信号灯的中心装上煤气灯罩，在它的前面用红、绿两块玻璃交替遮挡。不幸的是，面世仅 23 天的煤气灯突然爆炸自灭，一位正在值勤的警察也因此断送了性命。从此，城市的交通信号灯被取缔了。直到 1914 年，美国的克利夫兰市才率先恢复了红绿灯，不过，这时已是“电气信号灯”。稍后又在纽约和芝加哥等城市相继出现了交通信号灯。

随着各种交通工具的发展，出于交通指挥的需要，第一盏名副其实的三色灯（红、黄、绿三种标志）于 1918 年诞生。它是三色圆形四面投影器，被安装在美国纽约市五号街的一座高塔上，由于它的诞生，城市交通大为改善。

黄色信号灯的发明者是我国的胡汝鼎。他怀着科学救国的抱负到美国深造，在大发明家爱迪生的美国通用电器公司工作。一天，他站在繁华的十字路口等待绿灯信号，当他看到红灯结束正要过马路时，一辆转弯的汽车“呼”的一声擦身而过，吓了他一身冷汗。回到宿舍，他反复琢磨，终于想到在红、绿灯中间再加上一个黄色信号灯，提醒人们注意危险。他的建议立即得到有关方面的肯定。于是红、黄、绿三色信号灯作为一个完整的信号指挥家族，遍及全世界交通领域了。

中国最早的马路红绿灯，于1928年出现在上海的英租界。

（707字）

一、根据课文内容，选择正确答案

1. 交通信号灯的发明受到了什么启发？（　　）

A. 交通堵塞事故　　B. 女性的不同身份

C. 女性服装的颜色　　D. 马车撞人的事故

2. 关于第一盏信号灯，下列哪种说法不正确？（　　）

A. 只用了23天就自己爆炸了　　B. 可以自动转换红、绿两种颜色

C. 由英国机械师德·哈特设计制造　　D. 最早出现在伦敦议会大厦的广场上

3. 第一盏交通信号灯是：（　　）

A. 一盏煤气灯　　B. 一个长形灯柱

C. 可以提在手里的红、绿两色灯　　D. 用红、绿两块玻璃做成的提灯

4. 交通信号灯从手牵皮带控制发展到电气控制用了多少年？（　　）

A. 14年　　B. 46年　　C. 50年　　D. 60年

5. 三色交通信号灯最早出现在哪里？（　　）

A. 英国伦敦　　B. 中国上海

C. 美国纽约　　D. 美国克利夫兰

6. 谁发明了黄色交通信号灯？（　　）

A. 爱迪生　　B. 胡汝鼎

C. 德·哈特　　D. 一名交通警察

二、根据课文内容，判断正误

1. 19世纪初，英国约克城的女人用服装的颜色来表明自己的身份。（　　）

2. 第一盏交通信号灯出现，是因为当时经常出现汽车撞人的事故。（　　）

3. 第一盏交通信号灯灯柱高7米，上边挂着红、绿两盏灯。（　　）

4. 第一盏交通信号灯爆炸时炸死了一名警察。（　　）

5. 1914 年，美国克利夫兰市出现的红绿灯是“电气信号灯”。（ ）
6. 第一盏名副其实的三色灯诞生于 1918 年。（ ）
7. 黄色信号灯的作用是提醒人们注意危险。（ ）
8. 中国最早的马路红绿灯出现在上海。（ ）

三、说一说

1. 第一盏交通信号灯是什么样的？又是怎样使用的？
2. 第一盏三色交通信号灯是什么样的？它有什么作用？
3. 请讲一讲黄色信号灯的发明故事。

精读课文2

神奇的指纹

人的皮肤由表皮、真皮和皮下组织三部分组成，指纹就是表皮上突起的纹线。由于人的遗传特征，虽然指纹人人皆有，但各不相同。伸出你的手，仔细观察，就可以发现小小的指纹也分好几种类型：有的纹线是同心圆或螺旋形纹线，看上去像水中漩涡的，叫斗形纹；有的纹线是一边开口的，就像簸箕似的，叫箕形纹；有的纹线像弓一样，叫弓形纹。各人的指纹除了形状不同之外，纹线的多少、长短、粗细等也有差别。即使是父子、母女、孪生兄弟或姐妹，即使他们的相貌极为相似，但指纹也有明显不同。据说，全世界的几十亿人中，还没有发现两个指纹完全相同的人呢。更有趣的是，指纹在胎儿第四个月时便开始产生，到第六个月左右就形成了。当婴儿长成大人时，指纹只不过变大增粗，它的形状特征却固定不变。

你可别小看指纹，它的用途可大啦！指纹由皮肤上许多小颗粒排列组成。这些小颗粒__1__非常敏锐。只要你用手__2__物体，它们就会立即把感觉到的冷、热、软、硬等各种“情报”通报给大脑这个司令部。然后，大脑根据这些“情报”，发号施令，指挥动作。指纹还具有__3__皮肤摩擦的作用，使手指能紧紧地抓住东西，不易滑掉。我们平时画图、写字、拿工具、做手工，__4__能够那么得心应手、运用自如，这里面就有指纹的功劳。

正因为指纹的这些特性，它很早就引起了人们的兴趣。在古代，人们把指纹当作“图章”，印在公文上。据说，在100多年前，警察就开始利用指纹破案。现在，随着科学技术的发展，指纹在医学上又有了新的用途。有的医生发现，通过检查人的指纹、掌纹，能够查出某些疾病。近年来，指纹又和电子计算机成了好朋友。

小小的指纹将来究竟还会有哪些新的用途？新的迷宫又摆在我们的面前，等待着我们去探索、去寻求。

（692字）

一、根据课文内容，选择恰当的词语填空

1. 这些小颗粒________非常敏锐。（　　）

   A. 样子　B. 形状　C. 性格　D. 感觉

2. 只要你用手________物体，它们就会立即把感觉到的冷、热、软、硬等各种“情报”通报给大脑这个司令部。（　　）

   A. 拿住　B. 握住　C. 触摸　D. 抓起

3. 指纹还具有________皮肤摩擦的作用，使手指能紧紧地抓住东西，不易滑掉。（　　）

   A. 增强　B. 产生　C. 促进　D. 消除

4. 我们平时画图、写字、拿工具、做手工，________能够那么得心应手、运用自如，这里面就有指纹的功劳。（　　）

   A. 即使　B. 因为　C. 要不是　D. 之所以

二、根据课文内容，选择正确答案

1. 指纹纹线一边开口的是：（　　）

   A. 螺旋纹　B. 斗形纹　C. 箕形纹　D. 弓形纹

2. 本文第一段介绍了几种类型的指纹？（　　）

   A. 两种　B. 三种　C. 四种　D. 五种

3. 指纹是在胎儿第几个月形成的？（ ）

A. 第四个月 B. 第五个月 C. 第六个月 D. 第七个月

4. 本文第二段主要介绍指纹的：（ ）

A. 分类 B. 形成 C. 特点 D. 用途

5. 本文第三段主要介绍了指纹的几种用途？（ ）

A. 两种 B. 三种 C. 四种 D. 五种

6. 本文是一篇什么类型的文章？（ ）

A. 科普类 B. 心理类 C. 社会类 D. 文学类

三、根据课文内容，判断正误

1. 人的皮肤包括表皮、真皮、皮下组织和指纹。（ ）
2. 指纹的形状受遗传基因影响。（ ）
3. 簸箕是一边开口的。（ ）
4. 相貌相似的人指纹也会相同。（ ）
5. 指纹从产生到形成大约需要两个月的时间。（ ）
6. 指纹的形状特征会随着年龄的增长发生改变。（ ）
7. 指纹能帮助手指抓紧东西。（ ）
8. 古代人们就认识到了指纹的作用。（ ）
9. 近年来，指纹和电子计算机一样成了我们的好朋友。（ ）

四、根据课文内容，回答问题

1. 什么叫斗形纹？

答：______________________________

2. 为什么手能够感觉到冷、热、软、硬？

答：______________________________

3. 指纹在医学上有什么用途？

答：______________________________

五、将下列句子按照一定顺序连起来

1. A. 但指纹也有明显不同

B. 即使他们的相貌极为相似

C. 各人的指纹除了形状不同之外

D. 即使是父子、母女、孪生兄弟或姐妹
E. 纹线的多少、长短、粗细等也有差别

____

2. A. 从而更容易发力及抓紧物件
B. 是人类进化过程中自然形成的
C. 指纹能使手在接触物件时增加摩擦力
D. 指纹是人类手指末端指腹上由凹凸的皮肤所形成的纹路

____

六、说一说

1. 请观察一下你自己的指纹，并和同学互相介绍一下自己指纹的类型。
2. 为什么警察可以利用指纹破案？
3. 在我们的生活中，指纹有哪些作用？

快速阅读1

建议阅读3分钟

立体种养是国内农村日渐红火的一种农业生产方式。它是一种充分利用时间、空间和资源等多方面种植（养殖）条件来实现优质、高产、高效、节能、环保的农业种养模式。

拿立体种植来说，农民根据不同作物的特性，如高秆与矮秆、富光与耐阴、早熟与晚熟、深根与浅根，利用它们在生长过程中的时空差，合理地实行科学的间种、套种、混种、复种、轮种等配套种植，形成多种作物、多层次、多时序的立体交叉种植结构。

立体种养是传统农业和现代农业科技相结合的新发展，是传统农业精华的优化组合。实践证明，立体种养是农业高效之路，富农之路，可以让有限的空间或土地发挥出最大效率，从而获得最大效益。因此，提倡和推广立体种养，大有潜力。

要提倡立体种养，首先要求农民要解放思想，勇于创新，大胆打破传统农业生产常规的束缚，把两种或多种不同品种的农作物、畜禽、鱼虾蟹等组合在一起，根据它们的特性和共性，在农渔、粮菜、林畜等之间实行混养、套种、间作等生产，形成新的农业生产理念。其次要求农民要大胆尝试，积极探索，借鉴他人的经验，总结自己的体会，寻找一套行之有效的立体种养方法。立体种养绝不是简单的组合，而是融进科学的技术元素，将现代农业植入到传统农业，使多种农业品种互相包容，互相促进，携手成长。

农民通过创造多种新颖的立体种养模式，将农业生产搞得有声有色。立体种养已成为当下农民津津乐道、跃跃欲试的农业生产时尚模式。

（579 字）

一、根据课文内容，选择正确答案

1. 立体种养在国内农村目前的发展现状是：（　　）

   A. 遇到阻力　B. 发展成熟　C. 越来越好　D. 刚刚起步

2. 在提到立体种植时，文中提到了几种种植方法？（　　）

   A. 两种　B. 三种　C. 四种　D. 五种

3. 下列哪一项不是立体种养对农民的要求？（　　）

   A. 解放思想　B. 大胆尝试　C. 借鉴经验　D. 保持传统

4. “立体种养已成为当下农民津津乐道、跃跃欲试的农业生产时尚模式”中，“津津乐道”的意思是：（　　）

   A. 努力实践　B. 乐于谈论　C. 乐于接受　D. 很受欢迎

5. 本文最适合的标题是：（　　）

   A. 什么是立体种养　B. 立体种养蓬勃发展

   C. 立体种养与传统农业　D. 立体种养对农民的要求

6. 本文作者对“立体种养”这种农业生产方式的态度是：（　　）

   A. 赞成　B. 反对　C. 中立　D. 没表明态度

二、根据课文内容，判断正误

1. 立体种养是要充分利用时间、空间和资源。（　　）
2. 立体种植主要是利用植物生长过程中的时空差。（　　）
3. 立体种养就是把各种精华进行优化组合。（　　）

4. 立体种养可以极大地提高农业的效率。 （ ）

5. 立体种养可以把不同品种混在一起成套种养，在不同时间劳作。 （ ）

6. 立体种养还在不断探索创新中。 （ ）

快速阅读2

建议阅读3分钟

现在，国内一些城市也开始采用彩色路面。以北京为例，当汽车行驶到二环路雍和宫到东直门转弯处时会发现此处路面与别处不同，一是呈暗红色，二是路面加铺了一层颗粒状防滑材料。原来此处为事故多发地，改变路面颜色可以引起司机注意。在上海的局部地区还出现了碧绿色、橘黄色的路面，各种车辆“各行其道”。这种彩色路面不仅美化了市容，还能起到防滑、提示司机减速以减少交通事故发生、方便交通管理等作用。

与此同时，一种新颖的多孔隙沥青透水路面也应运而生。这种能够吸纳回收雨水的路面技术的采用，对于缺水的城市来说，无疑是一个福音。这种技术将沥青路面做成“三层”：最上层安置了透水材料，中间层安置了雨水分流设施，将来自最上层的雨水分流到排水管以回收利用，最底层为密封层，防止雨水渗透到地下。

透水路面采用的是在普通沥青中加入了强化纤维的混合料，使路面孔隙率由普通沥青路面的4%左右提高到15%～25%，有的甚至高达30%，大大提高了路面吸收雨水的能力。这种材料的特点还决定了其使用寿命要高于传统路面，因为它能避免冬季道路冻结对路面材料结构造成的破坏。另外，下雨时，这种路面不积水，不溅水，汽车行驶时不易打滑，有利于交通安全。

目前在欧洲，透水路面的普及率已达15%～18%。在我国普遍缺水的城市也应大力推广这项技术。

（536字）

一、根据课文内容，选择正确答案

1. 第一段提到的彩色路面中没有： （ ）

A. 碧绿色　B. 天蓝色　C. 橘黄色　D. 暗红色

2. 第一段中介绍的彩色路面有几种作用？ （ ）

A. 三种　B. 四种　C. 五种　D. 六种

3. 透水路面密封层的作用是： （ ）

A. 防滑、提示司机减速　B. 将雨水分流到排水管

C. 防止雨水渗透到地下　D. 提高路面材料的寿命

4. 文中提到了透水路面材料的几个优点？ （ ）

A. 两个　B. 三个　C. 四个　D. 五个

5. 本文最适合的标题是： （ ）

A. 公路与节水　B. 城市公路新面貌

C. 路面上的新科技　D. 如何减少交通事故

6. 这篇文章最有可能选自： （ ）

A.《消费者》　B.《教育园地》

C.《百科知识》　D.《饮食与健康》

二、根据课文内容，判断正误

1. 彩色路面主要是为了美化市容。 （ ）
2. 彩色路面在美化市容的同时，也能够吸纳回收雨水。 （ ）
3. 透水路面技术的出现对于多水城市来说是一个福音。 （ ）
4. 透水路面的最上层安置了雨水分流设施。 （ ）
5. 在普通沥青中加入一种强化纤维可以提高路面的透水能力。 （ ）
6. 冬季道路结冰会影响路面材料的寿命。 （ ）

第16课 生命离不开水

精读课文1

全球面临水资源危机

根据联合国最新公布的报告，全球很多地方正在面临水资源匮乏的危机，而水资源开发与管理不善是导致这一危机的重要原因。据联合国公布的数据，全球用水量在20世纪增加了6倍，其增长速度是人口增速的两倍。联合国教科文组织认为，目前地球上淡水资源总体充足，但由于分布不均、管理不善、环境变化及基础设施投入不足等原因，全球约有五分之一的人无法获得安全的饮用水，40%的人缺乏基本卫生设施。

目前，在全球500条大河中，超过半数严重枯竭。全球很多地区的农村和城市面临水资源匮乏的危机。就农村而言，据预测，到2030年，全球粮食需求将提高55%，因此农村地区需要更多的灌溉用水，而这部分用水已经占到全球人类淡水消耗的近70%。就城市而言，据预测，到2030年，城镇人口比例会增加到近三分之二，从而造成城市用水需求激增。联合国估计，届时缺乏清洁用水和卫生设施将严重威胁城市贫民的基本生存。

此外，科学证据表明，全球每年大约有400亿立方米的污水排入江河，大部分地区的水质正在下降。科学家发现，淡水物种和生态系统的多样性正在迅速衰退，其退化速度往往快于陆地和海洋生态系统。五分之一的淡水鱼种群或濒临灭绝，或已经绝迹。每年约有310万人死于腹泻和疟疾，其中近90%的死者是不满5岁的儿童。而每年约160万人的生命原本都是可以通过提供安全的饮用水来挽救的。

联合国在最新公布的《世界水资源开发报告》中认为，导致目前全球水危机的主要原因是管理不善。表现在水资源浪费严重，发展中国家水资源开发能力不足及用于水资源的财政投入滞后。联合国认为，全球水资源危机基本上可以说是一场公共管理体系的危机。这个体系“决定了哪些人、在什么时候、通过何种方式、能够得到什么样的水，并且决定了哪些人有权得到水资源以及相关服务”。

根据联合国制定的千年发展目标，2015 年前使全球得不到安全饮用水的人数减半。另外，联合国还呼吁各国和地区建立水的安全机制，预防各种与水有关的自然灾害，如海啸、洪水、风暴、旱灾等。

（798 字）

一、根据课文内容，选择正确答案

1. 淡水是指：（　　）

A. 味道清淡的水　　B. 颜色很淡的水

C. 供人饮用的水　　D. 含盐分极少的水

2. 造成水资源危机的重要原因是：（　　）

A. 全球用水量激增　　B. 全球人口增加了两倍

C. 没有很好地开发与管理　　D. 用水量的增长超过了人口增长

3. 关于水资源，下面哪种说法正确？（　　）

A. 总体资源充足　　B. 在 20 世纪增长了 6 倍

C. 全球 20% 的人处于缺水状态　　D. 全球五分之二的人没有饮用水

4. 据预测，到 2030 年：（　　）

A. 全球大部分河流将干涸　　B. 全球粮食产量将增加 55%

C. 农村将需要更多的灌溉用水　　D. 全球淡水资源消耗将超过 70%

5. 对城市来说，2030 年将面临的严重问题是：（　　）

A. 城镇人口激增　　B. 城市中的水大量增加

C. 在城市中贫民人口比例大幅上升　　D. 城市贫民缺少清洁用水和卫生设施

6. 淡水鱼种群减少的主要原因是：（　　）

A. 自身退化　　B. 水质恶化

C. 保护措施不利　　D. 没有足够的食物

7. 下列哪一项不是水资源管理不善的表现？（　　）

A. 全球水资源浪费严重　　B. 水资源开发能力不足

C. 公共管理体系出现危机　　D. 用于水资源的财政投入不足

8. 联合国制定的发展目标是：（　　）

A. 创建全球水的安全机制　　B. 减少与水有关的自然灾害

C. 建立水资源公共管理体系　　D. 使更多的人得到安全的饮用水

二、根据课文内容，判断正误

1. 20世纪全球用水量增加的速度是人口增速的两倍。（　　）
2. 水资源在全球分布不均匀也是造成危机的原因之一。（　　）
3. 全球500条大河中已经有250条以上严重枯竭。（　　）
4. 到2030年，农村灌溉用水将占全球人类淡水消耗的70%以上。（　　）
5. 到2030年，城市人口数量的大幅增加将导致用水需求激增。（　　）
6. 五分之一的淡水鱼种群已经灭绝了。（　　）
7. 导致全球水资源危机的主要原因是水质下降。（　　）
8. 联合国要求各国和地区必须建立水的安全机制。（　　）

三、根据课文内容，回答问题

1. 哪些原因导致了水资源匮乏的危机？

答：________________

2. 到2030年，严重威胁城市贫民基本生存的是什么？

答：________________

3. 与水有关的自然灾害有哪些？

答：________________

四、根据课文内容，选择最接近下列画线词语的解释

1. 根据联合国最新公布的报告，全球很多地方正在面临水资源<u>匮乏</u>的危机，而水资源开发与管理不善是导致这一危机的重要原因。（　　）

A. 缺少　　B. 断绝　　C. 乏力　　D. 疲乏

2. 目前，在全球500条大河中，超过半数严重<u>枯竭</u>。（　　）

A. 断绝　　B. 干燥　　C. 枯萎　　D. 缺少

3. 就农村而言，据预测，到 2030 年，全球粮食需求将提高 55%，因此农村地区需要更多的灌溉用水，而这部分用水已经占到全球人类淡水消耗的近 70%。（　　）

A. 大江大河　　B. 生产粮食

C. 农民们洗浴　　D. 给农田浇水

4. 就城市而言，据预测，到 2030 年，城镇人口比例会增加到近三分之二，从而造成城市用水需求激增。（　　）

A. 激烈增长　　B. 剧烈增强　　C. 强烈增加　　D. 急剧增长

5. 联合国估计，届时缺乏清洁用水和卫生设施将严重威胁城市贫民的基本生存。（　　）

A. 当时　　B. 暂时　　C. 到那时　　D. 这一次

6. 科学家发现，淡水物种和生态系统的多样性正在迅速衰退，其退化速度往往快于陆地和海洋生态系统。（　　）

A. 各种动物　　B. 各种事物　　C. 生物种类　　D. 事物种类

7. 五分之一的淡水鱼种群或濒临灭绝，或已经绝迹。（　　）

A. 临时　　B. 临近　　C. 面对　　D. 最终

8. 表现在水资源浪费严重，发展中国家水资源开发能力不足及用于水资源的财政投入滞后。（　　）

A. 后退　　B. 落后　　C. 停留　　D. 跟上

五、选词填空

A. 匮乏　　B. 枯竭　　C. 届时　　D. 濒临　　E. 滞后

1. 公司计划在 4 月 10 日安排一场慈善晚宴，________会有许多明星到场。
2. 这个湖泊的神秘之处在于，一年四季无论阴雨还是干旱，其水位一直保持不变，从不________。
3. 近年来，青岛发电公司利用________大海的优势，积极开发海水资源，广泛应用于发电设备冷却、海水淡化等领域，每年利用海水量近 5 亿立方米。
4. 由于历史欠账较多，尽管近年来电网建设一再提速，但仍________于经济社会发展的需要，这已经成为制约国民经济发展的“瓶颈”。
5. 为了缓解中小企业人才________的问题，市经委积极组织我市中小企业参加全国中小企业网上招聘活动。
6. 下个月月底，河西路桥西侧将建起两座便桥，________，老桥将要拆除。
7. 黑社会活动的猖獗也暴露出当局管理方面的巨大漏洞和法律的________无力。

六、说一说

1. 水质下降造成的危害有哪些？
2. 为什么说全球水资源危机是一场公共管理体系的危机？
3. 面对全球水资源危机，人类应该怎么做？

泛读课文

喷泉是城市中的“负离子发生器”

水珠飘洒、造型优美的喷泉，不仅能为城市增添许多灵气，降低周围环境的温度，增加湿度，而且还能产生大量的负离子，是城市中名副其实的“负离子发生器”。

同济大学基础医学院院长厉曙光教授对上海市区的喷泉进行了连续两年的研究，他发现，喷泉开启时，其周围环境中的空气负离子最高瞬间值可达到7万个以上，是喷泉未开时的90～200倍，而且在一天中任何时间内开启时产生的负离子量都没有明显差别。

负离子素有“空气维生素”的美称，一般家庭居室中的空气负离子含量仅为每立方厘米50个左右，城市公园中约为400～800个，旷野郊区为1000个左右，乡村为5000个，而在海滨、瀑布、河流、山川等处，空气中负离子含量则高达2万个左右。

现代医学研究表明，空气负离子具有广泛的生物学作用。它作用于神经系统可使人精神焕发，心情愉快，并可提高脑啡呔的水平，从而起到镇静作用；它还可促进血液中红细胞血红蛋白的合成，刺激造血功能，改善心脏的功能；肺是空气负离子作用的重要部位，它可提高平滑肌的张力，改善肺的通气功能；空气负离子还有助于心血管系统，对原发性和更年期高血压病人的舒张压和收缩压都有一定的降低作用。

与天然形成的空气负离子相比，喷泉产生的空气负离子有什么局限呢？

经过反复研究，厉教授发现，喷泉产生的空气负离子在空气中滞留的时间很短，只有喷泉开启时才是享用空气负离子的最佳时机。空气负离子的含量多少不仅与喷泉的大小、人与喷泉的距离远近成正比，而且受风向的影响很大，下风向空气负离子明显增多，上风向或侧风向则低得多，当人们在喷泉边感觉到有丝丝水珠扑面而来时，正是空气负离子含量最高处。此外，喷泉产生的空气负离子含量从季节上来看也有一些不同。炎热炙人的 7 月份产生的空气负离子最多，而春寒料峭的 3 月份则最少。

城市的建筑设计师从讲究美观和观赏艺术性的角度出发，常常把喷泉设计成贴墙式、垂直式、水帘式、高水柱、低水柱等风格迥异的不同类型。而厉教授从科学研究者的角度认为，那些贴墙式、垂直式水柱、低水柱的喷泉，产生负离子的效果较差，从城市生物学角度来看，是一种很可惜的资源浪费。

（851 字）

一、根据课文内容，选择正确答案

1. 下列哪一项不是喷泉的作用？（　　）
   A. 清洁城市　B. 增加湿度
   C. 降低温度　D. 产生大量负离子
2. 喷泉周围空气负离子含量最高的时候是：（　　）
   A. 喷泉打开时　B. 喷泉未开时
   C. 一天中任何时间　D. 打开后一段时间
3. 下面哪个地方空气负离子含量最高？（　　）
   A. 家居室内　B. 城市公园　C. 旷野郊区　D. 瀑布河流
4. 空气负离子是如何作用于心脏的？（　　）
   A. 通过刺激造血，从而改善心脏功能
   B. 通过提高脑啡呔水平，起到镇静作用
   C. 通过提高平滑肌张力，改善通气功能
   D. 通过改善舒张压和收缩压，起到降压作用
5. 空气负离子对人体哪个部位起的作用最重要？（　　）
   A. 肺部　B. 心脏　C. 心血管　D. 神经系统

6. 喷泉产生的负离子的局限是： （ ）

A. 在空气中停留的时间短　　B. 只能在有风的时候感受

C. 受地点和季节变化影响　　D. 受喷泉大小和人与喷泉距离的影响

7. 下面哪种情况下能感受到更多喷泉产生的空气负离子？ （ ）

A. 炎热的天气在喷泉周围

B. 当喷泉周围潮湿的空气远远吹来时

C. 在春季有风的天气，喷泉开启的时刻

D. 夏季站在迎风的方向，感觉到喷泉开启时吹来的水珠

8. “而春寒料峭的3月份则最少”中，“料峭”的意思是： （ ）

A. 温度低　　B. 非常寒冷　　C. 变化无常　　D. 略有寒意

9. 厉教授认为贴墙式的喷泉： （ ）

A. 很讲究美观　　B. 设计不够美观

C. 具有艺术观赏性　　D. 是一种资源浪费

二、根据课文内容，判断正误

1. 喷泉能给城市增添一些神秘气息。 （ ）
2. 厉教授对喷泉进行了两年的研究。 （ ）
3. 负离子是存在于空气中的一种维生素。 （ ）
4. 室内的空气负离子含量最低。 （ ）
5. 喷泉产生的空气负离子不如天然形成的负离子。 （ ）
6. 人距离喷泉越近，感受到的空气负离子越少。 （ ）
7. 从喷泉下边吹过去的风产生的负离子比较多。 （ ）
8. 当你感受到喷泉的丝丝水珠时，你也享受到了大量的空气负离子。 （ ）
9. 季节也是影响喷泉产生的空气负离子含量的因素之一。 （ ）
10. 贴墙式、垂直式、水帘式的喷泉非常美观、有艺术性。 （ ）

三、选词填空

A. 灵气　　B. 开启　　C. 局限　　D. 滞留

1. 一些专家指出，考试三分之一是考心态，当考生________潜能、调整心态后，临场往往会有非常好的发挥。

2. 一些本土企业的新车，已不再________于产品外销，而是连设计和目标都定位于海外。

3. 到昨天为止，老人________在社区卫生中心已经四天了，他的出院手续早已办好，但是他的四个子女没有一个来接他。
4. 在尚未________空调的各大卖场，初夏的燥热将对消费者的购买欲望以及消费耐心产生巨大的影响。
5. 在千万人口的大城市，高速交通系统尚未能随城市扩大而普遍建立，这必然会导致交通高峰期间人员的________现象。
6. 因为那里富有天地________且没有环境污染，因而当地生产的端午茶保持了自然本性，真正具有了天然保健饮品的特质。
7. 他只知道埋头苦干，从来不出去走走看看，思维已经受到了严重的________，失去了创新能力。
8. 最近频繁出现在各类时尚、综艺类电视节目中的她，不仅演技充满________，生活中更是个旷达之人。

四、说一说

1. 为什么说喷泉是城市中名副其实的“负离子发生器”？
2. 空气负离子具有哪些生物学作用？
3. 喷泉产生的空气负离子的含量受哪些因素影响？

精读课文2

海洋——人类的宝库

我们地球的海洋面积占地球表面的71%。如果将海洋中所有的水均匀地铺盖在地球表面，地球表面就会形成一个厚度2700米的水圈。所以有人说地球的名字起错了，应该叫作“水球”。

浩瀚的海洋不但是孕育生命的摇篮，还给我们带来了无比丰富的财富。世界上大部分资源皆蕴藏于海洋中。据估计，世界石油极限储量1万亿吨，可采储量3000亿吨，其中海底石油储量1350亿吨。世界天然气储量255万亿～280万亿立方米，海洋储量占140万亿立方米。20世纪末，海洋石油年产量达30亿吨，占世界石油总产量的50%。

世界上许多近岸海底已开始开采煤铁矿藏。日本海底煤矿开采量占其总产量的30%；智利、英国、加拿大、土耳其也有开采。亚洲一些国家还发现许多海底锡矿。

海滨沉积物中有许多稀贵金属矿物。如用于提炼钛金属的金红石（钛是制造火箭发动机的关键金属），用于提炼稀有金属铌的铌铁矿（铌是制造火箭、飞船外壳的重要材料），用于提炼稀有金属钽的独居石（钽是微电路中广泛应用的重要材料），用于提炼稀有金属锆的锆铁矿与锆英石（锆是制造核潜艇和核反应堆中耐高温、耐腐蚀材料的重要原料），某些海区还有黄金、铂金和银等贵金属。已发现的海底固体矿产有20多种。

世界海洋3500～6000米深的海底储藏的多金属结核约有3万亿吨。多金属结核含有锰、铁、镍、钴、铜等几十种元素。其中锰的产量可供世界用18000年，镍可用25000年。

热液矿藏是一种含有大量金属的硫化物，由海底裂谷喷出的高温岩浆冷却沉积形成，目前在大洋深处已发现30多处矿床。仅美国的加拉帕戈斯裂谷储量就达2500万吨，开采价值39亿美元。

可燃冰是一种被称为天然气水合物的新型矿物，分布于深海沉积物或陆域的永久冻土中。可燃冰使用方便，可直接点燃，燃烧后几乎不产生任何残渣，污染比煤、石油、天然气都要小得多。科学家估计，海底可燃冰分布的范围约4000万平方公里，占海洋总面积的10%，储量够人类使用1000年，在世界油气资源逐渐枯竭的情况下，可燃冰的发现又为人类带来新的希望，因而被科学家誉为“未来能源”“21世纪能源”。美国、日本等国均已经在各自海域发现并开采出天然气水合物。

由于人类对两极海域和广大的深海区的了解还很不够，大洋中还有多少海底矿产，人们还难以知晓。

（883字）

一、根据课文内容，选择正确答案

1. 关于海洋，下面哪种说法不正确？ （ ）

A. 海洋中蕴藏着许多资源 B. 海洋是孕育生命的摇篮

C. 地球表面大部分是海洋 D. 人类已全面认识了海洋

2. 海底石油的储量是： （ ）

A. 30 亿吨 B. 1350 亿吨 C. 3000 亿吨 D. 1 万亿吨

3. 下列哪一项不属于海滨沉积物中的稀贵金属矿物？ （ ）

A. 煤铁矿 B. 金红石 C. 锆铁矿 D. 独居石

4. 制造飞船外壳需要用的稀有金属是： （ ）

A. 钛 B. 锆 C. 铌 D. 钽

5. 下面哪种说法不正确？ （ ）

A. 日本已经进行海底煤矿开采

B. 目前已发现的海底固体矿产有 30 多种

C. 美国加拉帕戈斯裂谷的热液矿藏储量为 2500 万吨

D. 3500 ～ 6000 米深的海底储藏的多金属结核约有 3 万亿吨

6. 关于可燃冰，下面哪种说法不正确？ （ ）

A. 是一种新型矿物 B. 海底储量非常丰富

C. 是一种几乎无污染的新能源 D. 已完全代替了石油和天然气

二、根据课文内容，判断正误

1. 地球表面有一个厚度为 2700 米的水圈。 （ ）
2. 世界上可供开采的石油储量达 1 万亿吨。 （ ）
3. 海底石油的储量占全球储量的 50%。 （ ）
4. 靠近海岸的海底煤铁矿已经开始开采。 （ ）
5. 智利、英国等国家也开始开采海底锡矿。 （ ）
6. 金红石中含有钛。 （ ）
7. 锆能用于制造耐高温、耐腐蚀材料。 （ ）
8. 多金属结核储藏在深海海底。 （ ）
9. 美国发现了 30 多处热液矿藏。 （ ）
10. 可燃冰将成为未来重要的资源。 （ ）

三、根据课文内容，回答问题

1. 多金属结核含有哪些元素？

答：____

2. 热液矿藏是如何形成的？

答：____

3. 可燃冰作为一种新型矿物有哪些优点？

答：____

四、根据课文内容，选择最接近下列画线词语的解释

1. 海洋——人类的宝库　（　　）

A. 珍稀的物品　B. 储藏的珍宝

C. 生产珍稀物品的地方　D. 保存珍贵物品的地方

2. 浩瀚的海洋不但是孕育生命的摇篮，还给我们带来了无比丰富的财富。　（　　）

A. 深不见底　B. 广大无边　C. 水波荡漾　D. 波涛汹涌

3. 世界上大部分资源皆蕴藏于海洋中。　（　　）

A. 储存　B. 含蓄　C. 包含　D. 藏起来

4. 据估计，世界石油极限储量1万亿吨，可采储量3000亿吨，其中海底石油储量1350亿吨。　（　　）

A. 最高级数　B. 最低程度　C. 最大限度　D. 最低限度

5. 世界上许多近岸海底已开始开采煤铁矿藏。　（　　）

A. 打开　B. 取出　C. 采取　D. 开挖

6. 海滨沉积物中有许多稀贵金属矿物。　（　　）

A. 落到下面　B. 沉淀堆积　C. 大量聚集　D. 沉重积压

7. 可燃冰使用方便，可直接点燃，燃烧后几乎不产生任何残渣，污染比煤、石油、天然气都要小得多。　（　　）

A. 形状奇怪的东西　B. 燃烧过后的样子

C. 对人产生伤害的物质　D. 剩下的少量没用的东西

8. 由于人类对两极海域和广大的深海区的了解还很不够，大洋中还有多少海底矿产，人们还难以知晓。　（　　）

A. 觉得困难　B. 很难知道

C. 知道得很少　D. 所以不知道

五、选词填空

A. 培育　　B. 孕育　　C. 养育

1. 袁隆平________出了新品种的杂交水稻，大大提高了我国的粮食产量。
2. 我从农村来，故乡的土地________了我。
3. 学校不光要教学生文化知识，还要________学生的科学精神。
4. 恬静的村庄，忙碌的农夫，积雪覆盖的大地________着新的生机。
5. ________孩子时，母亲需要补充营养，才能使腹中的孩子更健康。
6. 他崇尚自然________，一心要给孩子最幸福的童年。

六、说一说

1. 为什么说海洋是“人类的宝库”？
2. 为什么说可燃冰的发现为人类带来新的希望？
3. 海洋中蕴藏着哪些资源？

快速阅读1

建议阅读3分钟

专家推算，10万吨雪换算成等量制冰所需能耗，相当于1.2万吨石油。如果能够进行存雪制冷，节约的燃油将十分可观。现在，无能耗的“雪能源”正在日本北方市民生活中扮演越来越重要的角色。入冬以后，人们把降雪随时积存起来，集中保管在专用的雪库里。来年夏天，再把它送入各户以达到制冷的目的。据报道，日本北海道的美呗市，最近出现了一座以存雪为制冷剂的六层空调住宅楼，这一奇特方式目前尚属世界首例。虽然一个夏天的用雪量为数不小，但美呗市每年的降雪量很大，一个冬天郊外地面积雪可厚达两米。一间雪库可积存100吨，足以满足夏天需要。

除了制冷以外，雪还可以用于空气净化。雪的晶粒结构非常复杂，即使攥成雪团，内部的微孔仍可保持足够的空间，含有甲醛、花粉等有害物质的空气从中经过，这些有害物质就会吸附在上面。因此，只要把空气流量调整至适当程度，便可滤除 90% 以上的甲醛、花粉等有害成分。

雪水是水经过蒸发后重新凝结而成的冰状水，是一种超软水。它不含钾、钠等矿物质，具有很强的渗透力，因此，对人体有着奇妙的保健作用。雪水对治疗红眼病、皮肤烫伤、冻伤都有效果，尤其对于轻患者，只需每三四个小时涂洗一次，可不用其他药物，四五天就能痊愈。常用雪水洗澡，可以增强皮肤的抵抗力，促进血液循环，减少疾病。清纯的雪水还是一种美妙的天然饮料。研究表明，雪水中所含酶化合物比普通水多，所以当今医学界普遍认为，每天饮用雪水，可使血中胆固醇含量显著降低，能防治动脉硬化症。俄罗斯的医学专家还提醒人们，随着年龄的增长，体内水分会日渐不足，从而加速人的衰老。所以，上了年纪的人喝雪水更有好处，可以延年益寿。

（668 字）

一、根据课文内容，选择正确答案

1.“节约的燃油将十分可观”中，“可观”的意思是：（　　）

A. 好看的　　B. 优美的

C. 值得观看　　D. 达到较高的程度

2.“这一奇特方式目前尚属世界首例”中，“奇特方式”指的是：（　　）

A. 一间雪库可积存 100 吨雪

B. 美呗市夏天的用雪量为数不小

C. 以存雪为制冷剂的六层空调住宅楼

D. 美呗市冬天降雪量很大，积雪可厚达两米

3. 文中介绍的雪水对人体奇妙的保健作用不包括：（　　）

A. 治疗冻伤　　B. 治疗感冒

C. 治疗红眼病　　D. 治疗皮肤烫伤

4. 医学界对雪水保健作用的普遍态度是：（　　）

A. 否定的　　B. 肯定的

C. 不确定的　　D. 文中无法看出

5. 这篇文章主要讲的是：（　　）

A. 雪的功能　　B. 雪水的形成

C. 什么是超软水　　D. 雪水可以养生

二、根据课文内容，判断正误

1. 雪如果用来进行存雪制冷，节约的燃油数量很大。 (　　)
2. 雪由于内部有微孔，所以可滤除的甲醛、花粉等很有限。 (　　)
3. 雪水富含钾、钠等矿物质，具有很强的渗透力。 (　　)
4. 雪水中所含酶化合物比普通水多。 (　　)
5. 人衰老的最主要原因是体内水分日渐不足。 (　　)

快速阅读2

建议阅读3分钟

灾难对人类来说，兴许是最好的老师。大灾之后必有大识。从海啸灾难中科学地认识海啸，对提高海啸防御能力是十分有益的。

海啸，古已有之。历史文献中已有对海啸灾害的记载，当时称之为海溢、海立，形象地描述了海啸灾害降临时大海满溢、波浪立起成海墙的情景。唐代诗人杜甫在《朝献太清宫赋》中云“九天之云下垂，四海之水皆立”，描述了天空乌云密布，海水直立而起、猛扑过来的态势。这说明古人对海啸早有所知。

海啸是一种极具破坏力的自然灾害，它是由于地震、海底火山喷发或风暴而引起的海面巨大涨落。海啸的英文“tsunami”一词是由日文音译而来。常受海啸侵扰的日本人首先创造了“tsu（海港）nami（波）”一词。海啸的成因有三类：一是由气象变化引起，诸如强大的低气压通过时产生的海面异常升高，称为“风暴潮”；二是由地质变化引起，如地震、海底火山喷发、海底断层、滑坡等都能造成海啸，称“地震海啸”，就像2004年印度洋发生的海啸；三是由核爆炸、人工地震等引起。美国在第二次世界大战后在北太平洋比基尼岛进行了持续多年的核爆炸试验，曾经诱发海啸。

但是，也不是任何海洋地质的突变都会导致海啸的发生。据统计，每15000次海底构造地震中，只有100次会酿成海啸。通常海啸的产生受震源条件、震源水深、震源深度和震级大小控制。震级大于里氏6.5级、震源深度在25千米以内的地震会产生海啸，震级在里氏7.5级以上、震源深度在40千米以内，会形成灾难性海啸，如2004年印度洋发生的地震海啸。

（595字）

一、根据课文内容，选择正确答案

1. “灾难对人类来说，兴许是最好的老师”中，“兴许”的意思是：（ ）

A. 绝对　B. 也许　C. 应该　D. 不大可能

2. 第二段引用杜甫诗歌的主要作用是：（ ）

A. 体现杜甫很有才华　B. 说明中国诗歌历史悠久

C. 说明古人对海啸早有认识　D. 说明海啸给人类带来的灾害很大

3. 从本文看，最常发生海啸的国家是：（ ）

A. 日本　B. 美国　C. 中国　D. 印度

4. 下列哪种情况不是引发海啸的因素？（ ）

A. 地震　B. 风暴

C. 严寒天气　D. 海底火山喷发

5. 这篇文章最适合的题目是：（ ）

A. 如何预防海啸　B. 科学认识海啸

C. 海啸带来的灾难　D. 印度洋海啸的成因

二、根据课文内容，判断正误

1. 中国人对海啸很早就有认识。（ ）
2. 日语的“海啸”一词是由英文“tsunami”音译而来的。（ ）
3. 印度洋发生的海啸是由核爆炸引起的。（ ）
4. 任何海洋地质的突变都会导致海啸的发生。（ ）
5. 2004年印度洋发生了里氏7.5级以上、震源深度在40千米以内的地震。（ ）

第17课 环保与健康

精读课文1

环境荷尔蒙

鱼的雌性化、人类精子数的减少……种种不明原因的生物变化，据称都与“环境荷尔蒙”有关。环境荷尔蒙问题已成为当前最重要的全球性环境问题之一。

荷尔蒙，指在生物体内分泌的物质。“环境荷尔蒙”，则指人工合成的化学物质。由于它是一种“存在于环境之中、具有类似动物荷尔蒙作用的化学物质”，于是便有了“环境荷尔蒙”这个新创造的复合词，它又被称为“环境内分泌扰乱化学物质”“环境雌激素物质”“类激素物质”。至今，已发现的七十余种可能含有环境荷尔蒙的物质包括二噁英、PCB、除草剂和杀虫剂中曾被广泛使用的剧毒物质DDT、塑料制品原材料的双酚A等。

由于工业生产的发展，在制药、使用塑料制品添加剂和除草剂、垃圾处理等过程中，大量环境荷尔蒙不断被释放，给生物和人类自身带来许多危害，这已引起人们的广泛关注。目前，环境荷尔蒙已被认为是继臭氧层破坏、地球变暖之后的第三大地球环境问题。

环境荷尔蒙并不直接发生毒作用，它只是扰乱生物体内荷尔蒙的合成以及荷尔蒙的信息传递。环境荷尔蒙破坏了体内的正常荷尔蒙，随之就会引起各种异常现象，包括生殖器异常，精子数量减少，卵巢癌和乳房癌等癌症，性行为异常等现象。

人类精子数的减少，被怀疑是“环境荷尔蒙”对人类影响最为直接的结果。1992年，丹麦科学家首先指出，从1938年至1990年间，人类的精子数呈减少趋势。随后，法国、美国、英国、日本等也相继提交了类似的报告。同时，女性中，患乳癌、子宫癌等恶性肿瘤和子宫内膜疾病的人数明显增加。目前，二噁英已被认为是近年来急剧增加的子宫内膜炎的主要发病原因。

面对环境荷尔蒙污染，我们应加强自我保护，比如不吸烟；不要用塑料容器加热食品，婴儿奶瓶要选用玻璃的而不是塑料的，少给孩子玩儿聚氯乙烯玩具，避免使用聚苯乙烯制的一次性杯子；尽量少用或不用化学材料制的家庭内装修材料；减少家用杀虫剂、洗涤剂的用量；避免食用残留农药、化肥多的蔬菜、水果，尽量少吃罐头食品；避免使用含有环境荷尔蒙的化妆品、生成剂等。

（807字）

一、根据课文内容，选择正确答案

1. 当前最重要的全球性环境问题之一是： （ ）
   A. 鱼的雌性化　　B. 添加剂的使用
   C. 环境荷尔蒙问题　　D. 人类精子数的减少
2. 荷尔蒙是指： （ ）
   A. 环境雌激素物质　　B. 人工合成的化学物质
   C. 在生物体内分泌的物质　　D. 环境内分泌扰乱化学物质
3. 环境荷尔蒙的产生源于： （ ）
   A. 地球环境恶化　　B. 不明原因的生物变化
   C. 人类工业生产的发展　　D. 生物体内分泌的物质
4. 第三大地球环境问题是： （ ）
   A. 地球变暖　　B. 臭氧层破坏
   C. 环境荷尔蒙　　D. 人类精子数的减少
5. 下列哪一项不是环境荷尔蒙引起的异常现象？ （ ）
   A. 生殖器异常　　B. 精子数量减少
   C. 卵巢癌和乳房癌　　D. 破坏正常的荷尔蒙

6. 环境荷尔蒙对人类最为直接的影响是： （ ）

A. 产生毒作用　　B. 精子数减少

C. 子宫内膜炎发病率增加　　D. 患各种癌症的人数明显增加

7. 二噁英是下列哪种疾病的主要发病原因？ （ ）

A. 子宫癌　　B. 卵巢癌

C. 生殖器异常　　D. 子宫内膜炎

8. 根据课文内容，下列哪一项不正确？ （ ）

A. 尽量少做室内装修　　B. 尽量少吃罐头食品

C. 不要用塑料容器加热食品　　D. 少给孩子玩儿聚氯乙烯玩具

二、根据课文内容，判断正误

1. 鱼的雌性化、人类精子数的减少可能与环境荷尔蒙有关。 （ ）
2. 荷尔蒙和环境荷尔蒙是相同的物质。 （ ）
3. 二噁英、PCB、DDT、双酚 A 等可能含有环境荷尔蒙。 （ ）
4. 环境荷尔蒙是地球变暖之后出现的环境问题。 （ ）
5. 目前，地球三大环境问题包括臭氧层破坏、地球变暖、环境荷尔蒙。 （ ）
6. 环境荷尔蒙能够对人类身体产生各种毒作用。 （ ）
7. 环境荷尔蒙破坏人类体内正常荷尔蒙，从而造成各种危害。 （ ）
8. 环境荷尔蒙直接引发各种癌症。 （ ）
9. 二噁英对女性身体健康的影响很大。 （ ）
10. 为防止环境荷尔蒙可能造成的危害，我们要避免食用过多的蔬菜、水果。 （ ）

三、根据课文内容，回答问题

1. 什么是环境荷尔蒙？

答：________________________________

2. 目前已经发现的可能含有环境荷尔蒙的物质有哪些？

答：________________________________

3. 哪些工业生产活动容易造成环境荷尔蒙污染？

答：________________________________

四、根据课文内容，选择最接近下列画线词语的解释

1. 荷尔蒙，指在生物体内分泌的物质。（　　）

A. 作用　　B. 产生　　C. 分解　　D. 分配

2. 由于工业生产的发展，在制药、使用塑料制品添加剂和除草剂、垃圾处理等过程中，大量环境荷尔蒙不断被释放，给生物和人类自身带来许多危害，这已引起人们的广泛关注。（　　）

A. 消除　　B. 解释　　C. 放出来　　D. 造出来

3. 环境荷尔蒙并不直接发生毒作用，它只是扰乱生物体内荷尔蒙的合成以及荷尔蒙的信息传递。（　　）

A. 使混乱　　B. 使困扰　　C. 使打扰　　D. 使干涉

4. 1992年，丹麦科学家首先指出，从1938年至1990年间，人类的精子数呈减少趋势。（　　）

A. 表现　　B. 大量　　C. 具有　　D. 开始

5. 随后，法国、美国、英国、日本等也相继提交了类似的报告。（　　）

A. 各自　　B. 共同

C. 一个接一个　　D. 源源不断地

6. 目前，二噁英已被认为是近年来急剧增加的子宫内膜炎的主要发病原因。（　　）

A. 发烧　　B. 疾病　　C. 生病　　D. 发生

五、选词填空

A. 呈　　B. 扰乱　　C. 释放　　D. 相继

1. 近年来，一些商家________推出了多款新颖别致的纸盒包装，使其在食品领域的应用日趋广泛。

2. 平时生活较规律的人若在假期大睡懒觉，就会________体内生物钟的节律，使内分泌激素出现异常。

3. 如果你想要________出更多的内存空间，也可以通过降低回收站占用的空间量来达到目的。

4. 百城住宅均价三连涨，一、二线城市房价将________复苏态势。

5. 随着城市基础设施的完善和公共财力的提高，城市的一些公共场所________开始向市民免费开放。

6. 河南汝阳一条灌溉渠被污染，渠水________黑褐色，大量鱼虾死亡。

7. 富起来的中国人，正把购买力向境外市场________，于是海淘、代购逐渐兴起，很多人甚至打“飞的”买奶粉、马桶盖。

六、说一说

1. 环境荷尔蒙是如何对人类产生影响的？
2. 面对环境荷尔蒙污染，我们应该如何保护自己？

泛读课文

零食主义

问喜欢零食的原因，恐怕没有几个人可以说出具体而详细的理由来，更多的人是把眼一瞪：为什么喜欢？喜欢就是喜欢呗，哪有为什么！零食的魅力亦在于此。它可以不露声色、不露痕迹地把你的爱好占领，而到头来，它还靠在那里一脸无辜。

真的要追究原因，应该是零食可以满足人“口齿留香”和不停咀嚼的愿望。自古食为第一，基本的温饱问题已经解决，人的牙口却仍旧不愿意就此清闲。它总想不停地找事干，以满足主人不断膨胀的幸福感。于是，寻找并咀嚼美味的食品成了其最大目标，也成了人体验幸福感的一大途径。美容界有一个说法：不停地咀嚼可以锻炼人的面部肌肉，从而增加并平衡人面部的线条感，使人的脸看起来更舒服。换句通俗点儿的话来说，就是可以美容。内因外因都对零食笑脸相迎，我们似乎没有理由拒绝它的诱惑。

零食就是乐趣。学会吃零食，其实是学会发现并享受人生的一种乐趣。一项统计显示，人生的快感很大一部分来自味觉。没事的时候，拿点儿零食放进嘴里，体会它们各种各样或酸或甜或辣或咸的感觉，一种与主食氛围完全不同的休闲和快意油然而生。这份放松，在生活节奏快如列车的今天，很难得。

吃零食还可以放松心情，释缓压力。吃零食是一种心境，是一种适合在轻松的氛围中做的动作，如同打呵欠。研究显示，在紧张或受惊吓的状态中，人不可能打呵欠，只有在懒散的情况下才有可能让呵欠畅通无阻。零食也一样。有的人忙如陀螺，或整天莫名紧张，估计他没时间也没心境去体验零食。零食只有在清闲时才能好好享用。要想让自己放松，不妨试一试来点儿零食吃吃。

当然，爱吃零食还有其他好处，比如爱吃零食的人一般懂得一心二用的精髓所在。纵观零食界，喜欢吃零食的人肯定能在吃零食的时候兼干其他事情：看电视、看书、看电影、聊天儿、玩儿，甚至思考。如此一举多得，高效率，不简单。

爱吃零食的人心态年轻，热爱生活。人们对零食的常规性认识是：儿童的专利。其实错了。成年人喜欢吃零食的也有很多，而且这些人都有着和儿童一样的心态和性情，单纯、可爱，生活里处处充满着阳光。

零食主义，是一种情调，是一种状态，更是一种生活理念和追求。零食主义，没有什么特别的意思，只是代表了一种消费理念，一种生活状态。

（890字）

改写自《华商报》 作者：钟河

一、根据课文内容，选择正确答案

1. 大部分人喜欢零食是：（　　）

A. 没有理由的　　B. 因为零食有营养

C. 因为零食能美容　　D. 因为零食很美味

2. 零食的魅力在于：（　　）

A. 能够迅速补充能量　　B. 能够在吃的同时美容

C. 能让人找到幸福的感觉　　D. 让人不知不觉就喜欢上了

3. 零食吸引人的真正原因是：（　　）

A. 能够释放压力　　B. 解决温饱问题

C. 能让幸福不断膨胀　　D. 满足人的咀嚼愿望

4. 美容界认为吃零食：（ ）

A. 可以美容　B. 能给人满足感

C. 可以让人体验幸福　D. 可以提高咀嚼能力

5. 研究表明，吃零食：（ ）

A. 让人莫名紧张　B. 吸引人的注意力

C. 可以提高工作能力　D. 可以缓解释放压力

6. 作者认为吃零食：（ ）

A. 是孩子的专利　B. 对健康大有好处

C. 没有什么特别的意义　D. 是一种休闲的生活态度

二、根据课文内容，判断正误

1. 吃零食的人不喜欢别人问为什么。（ ）
2. 吃零食可以满足人们对于口感的要求。（ ）
3. 从古到今，零食都是第一重要的事情。（ ）
4. 吃零食是体验幸福感的一种方式。（ ）
5. 人的心理和生理都需要零食，所以我们应该吃零食。（ ）
6. 零食给人的乐趣主要来自味觉。（ ）
7. 心情放松的时候，人才会想吃零食。（ ）
8. 爱吃零食的人常常能同时做几件事。（ ）

三、选词填空

A. 魅力　B. 无辜　C. 懒散　D. 精髓　E. 纵观　F. 不露声色

1. 尽管他在场上并不张扬，也________，但他却一直是球队最危险、最稳定的杀手。
2. 太极拳的________不是如何攻击敌人，而是如何调整自己的内心。
3. 小张在火车站出口发现了上次的那个骗子，于是________地跟在骗子后面，并用朋友的手机拨打了报警电话。
4. 周大伟坚决认为自己是________的，并相信自己的部分罪名能在上诉中平反，这能极大地减少刑期。
5. 武夷山的________在于它的灵气，让你流连忘返，不忍离去。
6. 很多人在春节后患上了“节后综合征”，这主要是因为春节假期里，日子过得轻松而________，而上班后各种压力接踵而至，一时无法适应所导致的。

7. 检察官深知，放纵一名犯罪分子不但危及法律的权威，也会让更多________的人遭受危害。
8. 周恩来的人格________使他受到全世界的尊敬。
9. 被释放回家后，________惯了的他仍不思悔改，成天游手好闲，家人只好用控制经济的办法来约束他。
10. ________当今社会，一股复兴传统文化的浪潮方兴未艾，这充分表明中国本土文化复兴已经成为中国人的一个既内在又普遍的心理诉求和基本共识。

四、说一说

1. 人们喜欢吃零食的深层原因是什么？
2. 为什么说“零食就是乐趣”？
3. 吃零食都有哪些好处？
4. 你喜欢吃零食吗？请介绍几种你喜欢的零食并说明原因。

精读课文2

危险的餐桌

我们的身边原本充满看不见的危险，但现在我们不幸看见了，而且是在餐桌上。来自食物安全方面的问题，正成为公众视野中一个日渐热门的话题。

还有多少人会因为担惊受怕而决心成为一位素食主义者？至少，美国资深记者尼科尔斯·福克斯就是慢慢变成这样一个人的。那是20世纪最后十年左右发生的事情。一开始，做出这个决定仅仅是因为她对口味的挑剔。那些她曾非常喜爱的肉制品变得不再美味可口，再也不能挑动她的食欲。但数年之后，当她知道其中的原因是因为它们受到污染的时候，她决定去追索真相。她那本轰动一时的环保著作《美食与毒菌：食物链受污染的惊人真相》，令公众对围绕着他们生活的噩梦——20世纪90年代中期爆发的疯牛病的产生和演变过程第一次有了触目惊心的详尽了解。在书中，尼科尔斯·福克斯描绘了一幅幅令人震惊的图景：疯牛病和相关的克雅氏病，被大肠埃希氏杆菌严重污染的蔬菜沙拉，墨西哥湾受毒物侵染的牡蛎……

这是并不遥远的美国往事。在这本书出版后至今的时间里，来自食物方面的危险丝毫没有减少。危险来自农药，来自制造、加工、包装过程中的各种不安全因素，危险甚至就来自食品原料本身。

现在，我们身处于一个被农药和毒物戕害的世界。由于生物链交叉感染，致病的因素几乎残留在我们所有的食物中：肉类里有激素，水果中含防腐剂，鱼被水银污染，鸡蛋里也有致癌物质……人类正在失去对食物供应链的控制，最普通的日常食品在生产的每一道工序中都可能受到污染而置人于死地。

长久以来的食物安全危机带来了生活方式的改变。越来越多的人逐渐成为素食者。英国素食者协会曾经宣布，1996 年关于疯牛病和相关的克雅氏病的消息披露后，加入素食者行列的人数创下了历史新高。

但在这场人与自身创造的巨大灾祸的斗争中，成为素食者仅仅是防守的一种方式。建立完善的法规标准、监督机制和规范的行业生产方式则是在修筑城墙。改变目前状况的原动力必须来自那些对现状极度不满、决心重新控制局面、获得安全食品的消费者。

（799 字）

改写自《新周刊》 作者：符郁

一、根据课文内容，选择正确答案

1. 人们正在日益关注： （ ）

A. 素食主义者　　B. 食品安全问题

C. 环境污染问题　　D. 我们生存的世界

2. 关于尼科尔斯·福克斯，下面哪种说法不正确？ （ ）

A. 是一位素食主义者　　B. 是一位经验丰富的记者

C. 为了拒绝污染，她不再吃肉　　D. 她的那本环保著作曾非常流行

3. 尼科尔斯·福克斯开始调查食品污染问题，是因为她： （ ）

A. 是资深记者　　B. 对口味十分挑剔

C. 想写一本能引起轰动的书　　D. 知道了肉制品不再可口的原因

4. 尼科尔斯·福克斯在她的书中揭露了： ( )
A. 美食与毒菌的关系 B. 疯牛病产生的原因
C. 公众生活中的噩梦 D. 食物链受污染的严重情况

5. 下列哪一项不是尼科尔斯·福克斯的书中所描绘的？ ( )
A. 鸡蛋能够致癌 B. 疯牛病和克雅氏病
C. 蔬菜沙拉受到污染 D. 海洋食品被毒物侵染

6. 尼科尔斯·福克斯的书出版后： ( )
A. 食品安全大大提高 B. 食品安全没有改进
C. 国际社会非常重视 D. 政府提出解决方案

7. 几乎所有的食物中都有致病因素，是因为： ( )
A. 生物链交叉感染 B. 人类没有控制食物链
C. 食品生产工序污染严重 D. 这个世界充满农药和毒物

8. 食品安全危机使： ( )
A. 人类面临巨大灾难 B. 人口数量大大减少
C. 越来越多的人成为素食者 D. 消费者对社会现状极其不满

9. 从根本上解决食品安全问题的力量来自： ( )
A. 生产行业 B. 消费者自身
C. 素食主义者 D. 政府监管部门

二、根据课文内容，判断正误

1. 对于来自食物安全方面的问题，公众议论纷纷。 ( )
2. 有些人是因为担心肉类的安全问题而变成素食主义者的。 ( )
3. 1990年尼科尔斯·福克斯就开始关注食品安全问题了。 ( )
4. 尼科尔斯·福克斯是一个口味比较挑剔的人。 ( )
5. 尼科尔斯·福克斯想知道为什么肉制品引不起她的食欲了。 ( )
6. 从尼科尔斯·福克斯的书中，公众对疯牛病有了全面的了解。 ( )
7. 我们吃的任何一种食品都有可能受到污染。 ( )
8. 现在最普通的日常食品也可能会因污染而导致死亡。 ( )
9. 自从疯牛病出现后，英国的素食者们成立了自己的协会。 ( )
10. 疯牛病出现后，新增加的素食者人数超过了以往任何一年。 ( )

三、根据课文内容，回答问题

1. 尼科尔斯·福克斯成为素食者的起因是什么？

答：______________________________

2. 食品危险来自哪些方面？

答：______________________________

3. 生物链交叉感染的后果是什么？

答：______________________________

四、根据课文内容，选择最接近下列画线词语的解释

1. 来自食物安全方面的问题，正成为公众视野中一个日渐热门的话题。（ ）

A. 全面认识　B. 认识范围
C. 关心的问题　D. 看到的原野

2. 还有多少人会因为担惊受怕而决心成为一位素食主义者？（ ）

A. 非常担心害怕　B. 担心受到惊吓
C. 因为受到惊吓而害怕　D. 非常坚定，没什么可担心的

3. 一开始，做出这个决定仅仅是因为她对口味的挑剔。（ ）

A. 挑选　B. 挑出
C. 过分严格要求　D. 按照规矩办事

4. 但数年之后，当她知道其中的原因是因为它们受到污染的时候，她决定去追索真相。（ ）

A. 追逐打闹　B. 追踪思考　C. 追求索取　D. 追寻探索

5. 她那本轰动一时的环保著作《美食与毒菌：食物链受污染的惊人真相》，令公众对围绕着他们生活的噩梦——20 世纪 90 年代中期爆发的疯牛病的产生和演变过程第一次有了触目惊心的详尽了解。（ ）

A. 很多梦　B. 奇怪的梦　C. 可怕的梦　D. 常常做梦

6. 她那本轰动一时的环保著作《美食与毒菌：食物链受污染的惊人真相》，令公众对围绕着他们生活的噩梦——20 世纪 90 年代中期爆发的疯牛病的产生和演变过程第一次有了触目惊心的详尽了解。（ ）

A. 因接触到眼睛而心里吃惊　B. 睁开眼看到了可怕的情况
C. 因碰到眼睛引起的强烈不适　D. 看到严重的情景而内心震动

7. 现在，我们身处于一个被农药和毒物戕害的世界。（ ）

A. 严重伤害　B. 用刀砍伤　C. 非常害怕　D. 得病而死

8. 英国素食者协会曾经宣布，1996 年关于疯牛病和相关的克雅氏病的消息披露后，加入素食者行列的人数创下了历史新高。 （ ）

A. 颁发 B. 公布 C. 透露 D. 显露

五、选词填空

A. 视野 B. 挑剔 C. 披露 D. 担惊受怕 E. 触目惊心

1. 调查结果令人________，这个城市竟然有如此多的流浪者。
2. 她从小生活条件优越，吃饭非常________，稍微不合口味就不吃。
3. 一栋歪楼就那样立在田边，几个月来，过往的村民们整天________。
4. 沉寂已久的昆曲终于再次进入了大众的________，国家对于昆曲文化的传承投入了很大关注。
5. 5 日晚间，多家券商陆续________10 月份财务数据，净利润环比均大幅上涨。
6. 在干部人事制度改革方面，要着眼于拓宽用人________，着力构建公开、平等、竞争、择优的选人用人机制。
7. 这样刺耳的电钻声到底还要持续多久？居民们________的日子啥时才是个头呢？
8. 人无完人，如果对朋友太________了，终究会被朋友抛弃。
9. 自上周集团________有超过 1100 万辆柴油车涉及二氧化碳排放违规后，这些问题的讨论及解决显得尤为紧迫。
10. 《黑镜头》是一个摄影集系列，里面很多照片揭露了令人________的贫困与黑暗。

六、说一说

1. 请介绍一下尼科尔斯·福克斯的书。
2. 面对食品安全问题，我们应该怎么做？

快速阅读1

建议阅读3分钟

由于过多食用动物性食品，富贵病逐渐增多，现在很多人转而对素食感兴趣了。甚至有人认为，一切疾病都是由于过多食用动物性食物造成的。我们知道，素食，即植物性食品，可以降低胆固醇和饱和脂肪酸的摄入量，防止胆固醇进入血液，减少肥胖病、高胆固醇血症和冠心病等的发生，保持人体酸碱平衡。另外，素食中含有丰富的维生素，可以调节代谢功能，加强皮肤的营养。如此说来，素食似乎是养生的最好途径了。

但是，最新研究表明，素食能养生，却不利于强身健体。

由于食物单调，素食者机体中掌管食物消化的酶系统的功能逐渐遭到破坏，最后导致物质交换失调，疾病丛生。虽然植物性食品中富含维生素、无机盐类和有机酸，但缺少造血的微量元素钴、锰、铁和铜等。此外，植物性食品除油料外，脂肪含量极少，但人的机体每昼夜至少需要 60 ～ 70 克脂肪，而且，植物蛋白永远代替不了动物蛋白。因此，专家建议只有在特殊情况下，作为临时性饮食措施才可素食。

现代营养学家认为，植物性食品和动物性食品比例合理地结合起来，才能满足机体生长发育的需要。长期素食，蛋白质得不到充分供给，其后果是记忆力下降，精神萎靡，反应迟钝。临床医学发现，蛋白质不足是引起消化道肿瘤和胃癌的一个重要原因。另外，人脑的形成发育所需的大部分营养成分必须从动物性食物中摄取，如缺乏则可导致人脑退化，患痴呆症。由于单纯素食无法得到维生素 B_{12}，而机体缺乏维生素 B_{12}，可导致精神和心理上的缺陷，以及记忆力下降、表情呆滞、舌头肿痛、吞咽困难、容易疲劳等。孕妇若长期素食，可导致胎儿巨幼红细胞贫血和脑组织永久性损伤。

因此，人们应当放弃素食养生的传统观念，单纯素食不可取，只有荤素搭配，平衡膳食，营养全面，才能有一个健康的身体。

（702 字）

一、根据课文内容，选择正确答案

1. 人们转而对素食感兴趣的原因是：（　　）

A. 素食能治病　　B. 素食更有营养

C. 素食对健康有益　　D. 荤食会让人生病

2. 植物性食物缺少： （ ）

A. 有机酸　　B. 无机盐类

C. 造血所需的微量元素　　D. 人体所需的各种维生素

3. 缺乏蛋白质会导致： （ ）

A. 患痴呆症　　B. 出现贫血

C. 患肠胃疾病　　D. 精神、心理有缺陷

4. 根据本文，下列哪一项是正确的？ （ ）

A. 素食是养生的最好途径

B. 植物性食品能满足机体生长发育的需要

C. 一切疾病都是由于过多食用动物性食物造成的

D. 荤素结合，平衡膳食，营养全面，才能身体健康

5. 本文最恰当的题目是： （ ）

A. 素食逐渐流行　　B. 荤素搭配的学问

C. 过多荤食危害多　　D. 素食养生也有危害

二、根据课文内容，判断正误

1. 过多食用动物性食品容易得富贵病。 （ ）
2. 最新研究表明，素食既能养生，也有利于强身健体。 （ ）
3. 食物单调容易破坏掌管食物消化的酶系统的功能。 （ ）
4. 植物性食物完全不含脂肪。 （ ）
5. 动物性食物可以提供人脑形成发育所需的大部分营养。 （ ）

快速阅读2

建议阅读3分钟

近年来，各种带香味的文具大量上市，受到众多小学生的青睐，但质量优劣参差不齐。国家质检总局曾明确公告：劣质芳香文具对学生的健康十分有害，应引起广大家长和老师的高度重视。

带香味的文具是厂家为了满足孩子们的好奇心而制造的。由于小学生具有好奇心重、贪玩儿、注意力不易集中的特点，因此很容易被有香味的文具

吸引。这些芳香文具除了会分散听课注意力外，因香精含有不同程度的甲醛、苯等易挥发且有害人体健康的化学物质，尤其是部分劣质芳香文具，其香味会刺激孩子的嗅觉、视觉，可能诱发过敏性鼻炎、结膜炎甚至哮喘等病症。过多的劣质芳香进入体内，还可能损害孩子的神经和血液系统，引起头昏、恶心、胸闷、乏力、反应力下降等症状。

同时这些芳香文具的材料中往往还含有一定量的铅，对有啃咬、口含文具或吸吮手指习惯的孩子来说，就容易将这些有毒成分直接或间接摄入体内，久而久之，便可能造成慢性铅中毒。一些不法商贩在生产中使用了不符合安全要求的有机溶剂，为了掩盖难闻的气味而过量使用香精，从而使芳香文具的化学成分更加复杂，有害成分叠加，这无疑会给正处在生长发育期的少年儿童带来更大的健康隐患。

因此，家长在为孩子选购文具时，首先要从安全、健康与实用的角度出发，最好选用正规厂商生产的颜色正常、没有刺激气味的产品。此外，还要及时纠正孩子啃咬、口含及吸吮各种学习用品的不卫生的坏习惯，尽可能防止或减少此类文具对孩子身体的伤害。

（588 字）

一、根据课文内容，选择正确答案

1. 下列哪一项不是小学生的特点？（　　）

A. 贪玩儿　　B. 好奇心重

C. 注意力不易集中　　D. 喜欢有香味的文具

2. 芳香文具危害健康的根本原因是：（　　）

A. 香味过于刺激　　B. 香精含量不同

C. 会分散孩子注意力　　D. 香精中含有有害物质

3. 劣质芳香文具的危害不包括：（　　）

A. 刺激视觉、嗅觉　　B. 满足孩子的好奇心

C. 损坏神经和血液系统　　D. 诱发过敏性鼻炎、结膜炎

4. 家长在选购文具时可以不考虑的是： （ ）

A. 厂家是否正规　　B. 颜色是否正常

C. 有没有刺激气味　　D. 能否纠正坏习惯

5. 下列哪一项最适合做本文的标题？ （ ）

A. 如何选购文具　　B. 孩子青睐芳香文具

C. 芳香文具为何畅销　　D. 儿童不宜使用芳香文具

二、根据课文内容，判断正误

1. 很多小学生喜欢带香味的文具。 （ ）
2. 带香味的文具质量都很差。 （ ）
3. 如果神经、血液系统受到损害，会出现头昏、恶心等症状。 （ ）
4. 长期啃咬或口含芳香文具容易造成慢性铅中毒。 （ ）
5. 香精是一种不符合安全要求的有机溶剂。 （ ）
6. 芳香文具容易使孩子养成啃咬、口含及吮吸学习用品的坏习惯。 （ ）

第18课 你了解自己的身体吗

精读课文1

停下脚步 欣赏风景

“累死了！累死了！”不知从哪一天开始，这句话成了许多人的口头禅。这句话确实恰如其分地反映了现代上班族的精神状态。“亚健康”一词就这样悄然诞生。

亚健康是介于健康与疾病之间的一种状况，身体上并没有任何器质性病变，因此常常被人忽视。在目前激烈的竞争环境下，人的生存压力比以往大大增加，导致很多人都处于亚健康状态。前不久公布的一项健康调查结果显示，上海、无锡、深圳等地的1197位中年人中，66%的人有失眠、多梦、不易入睡或白天打瞌睡的现象，62%的人经常感到腰酸背痛。

看到这些数据，很多人开始觉得紧张，开始对自己的健康状况产生怀疑。其实也大可不必。只要做好自我调节，适当减压，摆正自己的位置，不过高要求自己，也不低估自己的能力，放宽心，多运动，就能成为一个正常的健康人。

有一位著名的心理学家说过：“工作、爱情、游戏是人生的三个重要方面，偏废了任何一方面，都不能算作一个精神健康的人。”

每个人都希望拥有一个温馨的家，能够在工作之余尽情放松。但是，生活中有些人已经停不住了，他们就像开足马力的战车，只想着工作、挣钱、投资、再挣钱……这些人用拼命工作来压抑对爱情和娱乐的渴望。他们一边抱怨着，一边却仍在不断地给自己加大各种压力：没有房子的要房子，赚到房子的要换别墅；当了科长想处长，当了处长想局长……年年月月，天天如此，大脑就这样日夜不停地转动着。但无论多么努力，不少人却觉得生活似乎越来越没有意思，感觉自己好像被一个巨大的旋涡吸附着，身体里的能量正慢慢消失。对于这种人，就算他获取了再多的金钱与名利，也感受不到亲情、友情、爱情带来的幸福和快乐。然而，在这个现实世界里，我们发现越来越多的人正在这无穷的物欲中痛苦地挣扎着。

有位哲人说得好："爬山的时候，别忘了欣赏周围的风景。"假如工作的目的是为了挣钱，挣钱的目的是为了投资，投资的目的是为了挣到更多的钱，就会在"爬山"的时候只顾低头看路，而完全忘记出游的目的。所以，在"爬山"的途中，别忘记停下来欣赏周围美丽的风景，或许你还会有意外的发现和收获。

（837 字）

一、根据课文内容，选择正确答案

1. 现代上班族的精神状态是：（　　）

　A. 感觉很累　　B. 竞争激烈

　C. 流行口头禅　　D. 生存压力大

2. "亚健康"的意思是：（　　）

　A. 第二个健康　　B. 有严重的病

　C. 无法正常睡眠　　D. 身体不好，但没有生病

3. 现在处于"亚健康"状态的人越来越多，是因为：（　　）

　A. 人们经常腰酸背痛　　B. 生活压力越来越大

　C. 人们睡得越来越不好　　D. 人们常常忽视自身的病变

4. 健康调查显示：（　　）

　A. 亚健康就是失眠、腰酸背痛　　B. 三个城市的人处于亚健康状态

　C. 超过一半的人处于亚健康状态　　D. 中年人更容易处于亚健康状态

5. 下列哪一项不是精神健康的必需条件？（　　）

　A. 爱情　　B. 工作　　C. 游戏　　D. 成功

6. 人们的压力越来越大，是因为：（ ）

A. 欲望越来越多　B. 无法尽情放松

C. 都变成了开足马力的战车　D. 没有对爱情和娱乐的渴望

7. “感觉自己好像被一个巨大的旋涡吸附着”中，“巨大的旋涡”是指：（ ）

A. 水里的旋涡　B. 生活的艰难

C. 无穷的欲望　D. 不健康的心态

8. 什么人感受不到生活的幸福与快乐？（ ）

A. 生病的人　B. 没有家庭的人

C. 处于亚健康状态的人　D. 一心只想着名利的人

9. “爬山”在这里是：（ ）

A. 比喻挣钱的过程　B. 比喻对成功的追求

C. 指治疗亚健康的办法　D. 指一种能唤起对生活的热爱的运动

10. 这篇文章告诉我们：（ ）

A. 爬山的时候应该看风景　B. 越来越多的人在追求名利

C. 我们都可能处于亚健康状态　D. 应该享受生活，而不只是挣钱

二、根据课文内容，判断正误

1. “累死了”这句话现在很流行。（ ）
2. “亚健康”这个词不知不觉地出现在我们的生活中。（ ）
3. 亚健康会引起身体器官的病变。（ ）
4. 亚健康状态没有引起人们的重视。（ ）
5. 关于亚健康的调查让许多人感到紧张。（ ）
6. 要避免出现亚健康，就必须善于调整自己的状态。（ ）
7. 只要不低估自己的能力，就不会出现健康问题。（ ）
8. 那位著名的心理学家认为人生最重要的是工作。（ ）
9. 生活中有些人已经不会让自己放松享受了。（ ）
10. 人生就像爬山，享受过程很重要。（ ）

三、根据课文内容，回答问题

1. 什么是亚健康状态？

答：____

2. 那项健康调查的范围是什么？

答：____

3. 那位哲人的名言是什么？

答：________________________________

四、根据课文内容，选择最接近下列画线词语的解释

1. 不知从哪一天开始，这句话成了许多人的口头禅。（　　）

A. 口语　　B. 佛教用语

C. 互相之间交流的常用语言　　D. 经常不自觉地说出来的词语

2. 这句话确实恰如其分地反映了现代上班族的精神状态。（　　）

A. 非常恰当　　B. 刚好到点

C. 恰巧完成　　D. 如同表一样准

3. 亚健康是介于健康与疾病之间的一种状况，身体上并没有任何器质性病变，因此常常被人忽视。（　　）

A. 生病的变化　　B. 病情变化加重

C. 变得容易生病　　D. 疾病引起的身体变化

4. 其实也大可不必。（　　）

A. 完全没必要　　B. 大部分多余

C. 大概可以避免　　D. 从大的方面看不需要

5. 只要做好自我调节，适当减压，摆正自己的位置，不过高要求自己，也不低估自己的能力，放宽心，多运动，就能成为一个正常的健康人。（　　）

A. 降低标准　　B. 心胸宽广

C. 不要紧张　　D. 心里放不下

6. 工作、爱情、游戏是人生的三个重要方面，偏废了任何一方面，都不能算作一个精神健康的人。（　　）

A. 倾斜作废　　B. 一定要废除

C. 重视一个而忽视其他　　D. 单单荒废了某一方面

7. 但无论多么努力，不少人却觉得生活似乎越来越没有意思，感觉自己好像被一个巨大的旋涡吸附着，身体里的能量正慢慢消失。（　　）

A. 旋转不停的机器　　B. 复杂多变的环境

C. 急速旋转的水流　　D. 充满吸引力的地方

8. 然而，在这个现实世界里，我们发现越来越多的人正在这无穷的物欲中痛苦地挣扎着。（　　）

A. 自然的欲望　　B. 食物的欲望

C. 物质享受的欲望　　D. 想要更好的条件

五、选词填空

A. 偏废　　B. 放宽心　　C. 恰如其分　　D. 大可不必

1. 在具体的教学过程中，针对每个学生运用不同的数学方法解答问题，老师都应给予________的评价，以便让他们都得到被肯定的快乐。
2. 你就________吧，这孩子学习这么努力，考大学没问题的。
3. 不同的人或同一人在不同年龄段对电磁辐射的承受能力是不一样的，即使在超标环境下，也不意味着所有人都会得病，因此________对电磁辐射“草木皆兵”。
4. 报考艺术类专业的学生越来越多了，专家提醒我们，在搞好专业课的同时千万不能________文化课。
5. 那如何________地把你体会到的感情表达出来呢？首先，要进入作者创作时的“情境”，从这一角度对其心理进行更深入、更为细致的体会。
6. 各地政府应该知道，在搞经济建设的时候，千万不可________对文化遗产的保护。
7. 我素来不把生日当回事儿，随便在哪儿吃顿饭还不都一样，________如此挑东挑西，铺张浪费讲排场。
8. 妈妈劝我说，要把大事看作小事，把小事看作没事，________，自己要学会调节。

六、说一说

1. 怎样才能成为一个正常的健康人？
2. 为什么说有的人“就像开足马力的战车”？
3. 你怎样理解那位哲人的话？

泛读课文

语 言 与 脑

目前，脑与语言学习的研究已经成为国际脑与认知科学研究的核心领域之一，受到全世界研究者的关注。

脑损伤病人的研究初步确定了参与语言加工的神经网络，包括布洛卡区、威尔尼克区和角回。其中，布洛卡区负责语言的产出，威尔尼克区负责语言的理解，而角回负责将书面语言与口语相互转换。假如威尔尼克区损伤，病人会表现出什么症状呢？当你要求他指一把汤匙时，他嘴里说汤匙，手却指向无关的物体。布洛卡区和角回损伤也会导致语言障碍，只是表现特点不同。

基于脑成像技术的研究发现，语言加工分布在更广泛的脑的不同区域内，不同的语言加工通道激活了不同的大脑区域。不仅如此，语言的学习还受到情绪的影响。一项研究探讨了情绪对阅读的调节作用。当人们阅读“幸福”“鲜花”等具有积极意义的词汇时，大脑梭状回的激活要比阅读“白天”“桌子”等中性词汇时活跃得多——这为快乐阅读提供了科学依据。

人在一生中可以掌握多种语言。然而，由于开始学习第二语言的年龄不同，能够掌握第二语言的程度也有显著差别。随父母移居海外的儿童可以很快掌握和使用当地语言，并成为父母的语言老师；而很多成人在移居海外几十年后，仍然不能熟练使用当地语言。脑科学的研究很好地解释了这一点。研究发现，对于那些幼年（6岁以前）就学会外语的熟练双语者，在处理句法时，外语与母语的句法引起的脑功能区改变没有差别；而学习外语较晚（12岁以后）的双语者，不管熟练与否，与母语相比，在处理外语语法时引起了额下部和顶部区域的额外激活——也就是说，在执行同样的语言任务时，晚期双语者需要付出更多的认知资源参与和努力。

学习第二语言甚至可以改变大脑的结构。研究人员经过比较发现，双语者与一般人大脑中灰质和白质的厚度不同。5岁以前开始学习第二种语言的人和直到10岁至15岁期间才开始学习第二种语言的人，其大脑中灰质和白质的厚度也不同。对于那些很早就开始学习第二种语言的人，左侧顶下皮层的灰质密度增加尤为明显。而且，他们的语言能力越好，这种区别就越明显。

到底是复杂而神秘的大脑赋予了人类复杂而不可思议的语言，还是复杂而不可思议的语言让我们的大脑在一次又一次的神经脉冲洗礼中变得更加复杂而神秘？脑与语言的关系研究将是一场梦幻之旅，吸引全世界的研究者前赴后继，而揭示这种关系将是人类认识大脑和自身的一次飞跃。

（939 字）

改写自《光明日报》 作者：彭聃龄

一、根据课文内容，选择正确答案

1. 关于大脑中的语言加工，下列哪种说法是错误的？（　　）

   A. 布洛卡区负责语言的产出　　B. 威尔尼克区负责语言的理解

   C. 角回负责将口语和书面语进行转换　　D. 语言加工分布在大脑的三个区域内

2. 语言学习与情绪的关系表现在：（　　）

   A. 阅读能使人快乐　　B. 语言加工能激活大脑

   C. 语言学习时大脑会更活跃　　D. 阅读的内容会影响人的情绪

3. 学习第二语言的最佳年龄是：（　　）

   A. 6 岁后　　B. 成年后　　C. 6 岁以前　　D. 12 岁以后

4. 幼年双语者与成年双语者有何区别？（　　）

   A. 幼年双语者母语能力较差　　B. 成年双语者的第二语言能力更强

   C. 幼年双语者在处理外语句法时更费力　　D. 成年双语者在处理外语句法时更费力

5. 关于第二语言学习，下列哪一项是正确的？（　　）

   A. 成年人很难学好第二语言

   B. 第二语言学习不利于大脑的发育

   C. 学习第二语言可以改变大脑结构

   D. 大脑结构的不同决定了第二语言学习的好坏

6. 本文研究的问题属于哪个领域？（　　）

   A. 医学　　B. 神经科学

   C. 第二语言学习　　D. 脑与认知科学

二、根据课文内容，判断正误

1. 关于语言学习的研究是脑与认知科学研究的主要问题。（　　）
2. 布洛卡区、威尔尼克区和角回都是人大脑中的神经网络。（　　）
3. 一个人能够说出一个句子，却不能理解这个句子，说明他的布洛卡区出现问题了。（　　）

4. 在研究大脑如何加工语言时，使用了脑成像技术。（ ）
5. 语言加工主要分布在大脑的特定区域中。（ ）
6. 那些6岁前就学会外语的孩子，可以很快地掌握和使用这门外语。（ ）
7. 越早开始学习第二种语言，左侧顶下皮层的灰质密度越厚。（ ）
8. 通过研究，科学家已经完全了解了脑与语言的关系。（ ）

三、选词填空

A. 区域　B. 激活　C. 赋予　D. 不可思议　E. 前赴后继

1. 我居然________地拿到了这场比赛的冠军。
2. 上天________了她美丽的面孔，美好的身材，让她在哪儿都受到瞩目。
3. 海浪像暴怒的狮子般从北边的天际________地扑来。
4. 我希望这堂课能够________同学们潜在的艺术创造力，引导同学们用艺术的方式思考身边的事物。
5. 这听起来________，但却绝对是事实。
6. 要正确处理发展中的重大关系，重点促进城乡________协调发展，促进经济社会发展。
7. 整个团的人都很勇敢，面对敌军，________地往前冲。
8. 随着农村改革的深入推进，土地的潜能不断被________，一度“沉睡”的土地正变成“新农民”兴业的热土和增收的渠道。

四、说一说

1. 请介绍一下参与语言加工的神经网络的划分及作用。
2. 科学家是怎样发现情绪对阅读的调节作用的？
3. 儿童学习第二语言和成年人学习第二语言有什么不同？

精读课文2

人体的生物钟

人的生命过程是复杂的，又是奇妙的。它无时无刻不在演奏着迷人的

"生物节律交响乐"。这就是人们通常所说的生物钟。生物钟也叫生物节律、生物韵律，指的是生物体在生理、行为及形态结构等方面随时间做周期性变化的现象。科学家发现，生物钟是多种多样的，就人体而言，已发现一百多种。

生物钟对人体健康的影响是非常巨大的。人类都是以一昼夜为周期作息的。人体的生理指标，如体温、血压、脉搏；人的体力、情绪、智力和妇女的月经周期；体内的信号，如脑电波、心电波、经络电位、体电磁场的变化等等，都会随着昼夜变化做周期性变化。没有人否认这一系列现象与人体健康的关系。科学研究发现，生物钟紊乱的时候，人就容易生病、衰老或死亡。有的人的生物钟几十年都是相对稳定的，他的健康状况就比较好。而生物钟一旦被打破，较长时间处于紊乱状态，就容易产生各种各样的不适或疾病，有的甚至危及生命。据说，欧洲名酒威士忌的商标是一位长寿老人的头像，这位老人活了 152 岁。当时，英国国王想见这位长寿老人，就请他到王宫来吃喝玩乐，以示隆重款待。谁知，由于生活规律突然被改变，一周后老人身体不适，不治而亡。

在我们的生活中，也有一些健康老人，几十年如一日，终日劳作，越显健康。有一天，由于儿女的孝顺，让他们休息"享清福"，结果不是周身不舒服，就是一病不起。有的刚退休的老人，身体状况反而不如上班的时候。这些都与他们的生物钟突然改变有关。

我们认为，年轻人要及早认识、发现和掌握自己的生物钟，然后逐步顺应它，使之发挥良性效果。老年人要把几十年形成的生物钟保养好，不要轻易改变它，免得引起生物钟紊乱而影响身心健康。孝顺的儿女们，也不要轻易让老人迁就你们的"孝心"。据调查，在一家老人保健康复中心里，好几位九旬老人在家的时候身体状况、精神状态都很正常，儿女送他们到中心是想让他们得到良好的医疗保障。但结果，这几位老人都是不到半个月就"无疾"而终。这与老人的生物钟被改变有无关系，我们无法深究。不过，我们相信，认识生物钟、掌握生物钟、顺应生物钟对维护和增进人们的身心健康是有帮助的。

（851 字）

一、根据课文内容，选择正确答案

1. 生物钟是：（ ）
   A. 一种活动　B. 最近才发现的
   C. 人类所特有的　D. 生物体的周期性变化
2. 下列哪一项不是生物钟的同义词？（ ）
   A. 生理变化　B. 生物节律
   C. 生物韵律　D. 生物节律交响乐
3. 人类生物钟周期变化的依据是：（ ）
   A. 人体内的信号　B. 人体的生理指标
   C. 白天和黑夜的变化　D. 人在体力、情绪等方面的变化
4. 生物钟对人体健康的影响不包括：（ ）
   A. 人体磁场　B. 人际交往
   C. 情绪、智力　D. 体温、血压
5. 生物钟紊乱的结果是：（ ）
   A. 肯定会生病　B. 开始迅速衰老
   C. 会导致突然死亡　D. 容易出现健康问题
6. 欧洲那位长寿老人的死亡原因是：（ ）
   A. 他确实太老了　B. 王宫的招待过于隆重
   C. 他突然改变了生活规律　D. 他吃得太多，玩儿得太开心
7. “让他们休息‘享清福’”中，“享清福”的意思是：（ ）
   A. 让生活变得简单清楚　B. 享受清闲舒适的生活
   C. 安安静静什么都不做　D. 享受儿女们给予的幸福
8. 劳动了几十年的老人休息下来容易生病，是因为他们：（ ）
   A. 不喜欢享清福　B. 不得不迁就儿女
   C. 身体已经习惯了劳动　D. 终日劳作影响了身体健康
9. 儿女不恰当的“孝心”有时会让老人：（ ）
   A. 更加健康　B. 终日劳作
   C. 非常生气　D. 生物钟紊乱
10. 老人保健康复中心的事例是要说明：（ ）
   A. 那里的医疗保障很差　B. 儿女不应该太孝顺老人
   C. 改变老人的生物钟是很危险的　D. 九十岁以上的老人最好住在家里

二、根据课文内容，判断正误

1. 生物钟时刻都在发挥作用。（　　）
2. 人体的生物钟可以演奏交响乐。（　　）
3. 人体生物钟的单位时间是一天一夜。（　　）
4. 脑电波、心电波都是人体的生理指标。（　　）
5. 几十年生物钟都很稳定的人一般比较健康。（　　）
6. 生物钟一旦被打破，就会危及生命。（　　）
7. 有些健康的老人觉得几十年的劳动就像一天一样。（　　）
8. 有些刚刚退休的老人身体反而不如工作的时候。（　　）
9. 老年人一定要顺应自身多年形成的生物钟。（　　）
10. 认识、掌握生物钟对健康大有好处。（　　）

三、根据课文内容，回答问题

1. 什么是生物钟？
   答：____________________________
2. 生物钟紊乱的后果是什么？
   答：____________________________
3. 年轻人应该怎样对待自己的生物钟？
   答：____________________________

四、根据课文内容，选择最接近下列画线词语的解释

1. 它无时无刻不在演奏着迷人的"生物<u>节律</u>交响乐"。（　　）
   A. 控制规律　　B. 节制与规律
   C. 运动节奏和规律　　D. 单位时间内的规律
2. 科学研究发现，生物钟<u>紊乱</u>的时候，人就容易生病、衰老或死亡。（　　）
   A. 稳定　　B. 破坏　　C. 变化　　D. 杂乱
3. 而生物钟一旦被打破，较长时间处于紊乱状态，就容易产生各种各样的<u>不适</u>或疾病，有的甚至危及生命。（　　）
   A. 不合适　　B. 不恰当　　C. 不舒服　　D. 不舒适
4. 当时，英国国王想见这位长寿老人，就请他到王宫来吃喝玩乐，<u>以示</u>隆重款待。（　　）
   A. 命令　　B. 显示出　　C. 所以指示　　D. 以此表示

5. 谁知，由于生活规律突然被改变，一周后老人身体不适，不治而亡。（ ）

A. 不愿治疗而死亡　　B. 无法治疗而死亡

C. 不该治疗而死亡　　D. 无法治疗而失去

6. 在我们的生活中，也有一些健康老人，几十年如一日，终日劳作，越显健康。（ ）

A. 种地　　B. 做生意　　C. 工作劳累　　D. 体力劳动

7. 我们认为，年轻人要及早认识、发现和掌握自己的生物钟，然后逐步顺应它，使之发挥良性效果。（ ）

A. 应该沿着　　B. 顺便应该　　C. 掌握适应　　D. 顺从适应

8. 孝顺的儿女们，也不要轻易让老人迁就你们的“孝心”。（ ）

A. 就到那里　　B. 迁移新址

C. 勉强适应别人　　D. 坚持自己的意思

五、选词填空

A. 紊乱　　B. 危及　　C. 顺应　　D. 迁就

1. 孩子小的时候千万不能过分________他，否则他以后会很自私。
2. 对待国际规则，我们需要一种从________到参与的新思维。
3. 医学教授警告，胖大海不能泡茶服用，因为有的患者可能会出现过敏反应，如全身皮肤发痒、口唇水肿等，长期大量饮用还可能________生命。
4. 恋爱中的女人通常智商为零，她们心甘情愿地________对方。
5. 刚到美国的时候，因为12个小时的时差，他的生物钟完全________了。
6. 植物神经功能________是一种内脏功能失调的综合征，包括循环系统功能、消化系统功能、性功能失调的症状。
7. 耕地锐减已成为________我国粮食安全的最大隐忧。目前，各省耕地保护工作大都存在诸多问题。

六、说一说

1. 人体的哪些方面会出现周期性变化？
2. 根据本文，儿女应该怎样孝顺老人？
3. 你知道自己生物钟的规律吗？请说一说你对人体生物钟的认识。

快速阅读1

建议阅读3分钟

在北极附近，有些人能够在零下30度到零下40度的野外打猎、捕鱼、生活，而绝不会发生冻伤现象；相反，在南方地区生活的人，一旦遇上“冷冬”，或冬季去北方地区，则很容易发生冻伤。其实道理并不复杂，气候和生活习惯的不同，造成了人对寒冷适应能力的差异。

提高人的“冷适应”能力，最有效的措施是进行抗寒锻炼。我国古代医学中的“秋冻”说，也包含着抗寒锻炼这层意思。

如何进行抗寒锻炼呢？接触寒冷似乎是唯一的途径。挪威一位科学家曾对山区中的学生进行过抗寒锻炼的研究。受试学生白天在户外打猎、捕鱼，晚上只盖一条毛毯露宿在气温为3度左右的野外。两周以后，这些学生已经能在这种低温环境下熟睡。在以后相当长的时间内，受过寒冷训练的学生都很少感冒。当然，实际生活中，切实可行的措施是适当增加低温下户外活动的时间，让肌肤较长时间地暴露在冷空气中。医疗气象学家研究发现，年轻人每天在0度左右的环境中活动3～5小时，年老者每天在零下10度左右的环境中慢跑7公里，一个月后，即可取得令人满意的抗寒锻炼效果。这些训练可以增强人的心肺功能，使运动的耐力增强，手足在寒冷的环境中能保持较高的皮肤温度，同时，末梢血管的收缩能力增强，手足的灵活性也大大提高。

冷水浴也是一种有效的锻炼方法。但要根据各自的身体状况，按照循序渐进的原则进行。水温开始选择在15度，渐渐降至8度；先是冷水洗脸，局部擦身，最后才可全身冷水浴。如果冷水浴能坚持一个冬天，那么将大大提高人的抗寒能力，避免或减少冬季患感冒和其他疾病的可能。

（626字）

一、根据课文内容，选择正确答案

1. 什么情况下比较容易发生冻伤？ （ ）
   A. 在北极附近生活　　B. 在中国南方生活
   C. 南方人冬季去北方　　D. 北极附近的人在野外工作
2. 下列哪一项不是造成人的“冷适应”能力差异的原因？ （ ）
   A. 气候的不同　　B. 生活习惯的不同
   C. 是否进行抗寒锻炼　　D. 怎样进行抗寒锻炼
3. “我国古代医学中的‘秋冻’说，也包含着抗寒锻炼这层意思”中，“秋冻”的意思是： （ ）
   A. 秋天的天气很冷　　B. 秋天容易出现冻伤
   C. 秋天就要进行抗寒锻炼　　D. 秋天是抗寒锻炼的好季节
4. 挪威科学家的实验目的是探求： （ ）
   A. 怎样才能减少感冒　　B. 怎样学会野外生活
   C. 如何提高人的抗寒能力　　D. 如何尽快在低温的野外睡着
5. 作者给我们提供的最佳抗寒锻炼方式是： （ ）
   A. 去野外打猎、捕鱼、露宿　　B. 增加低温下户外活动的时间
   C. 让肌肤长时间暴露在冷空气中　　D. 在零下10度左右的环境中慢跑
6. 进行抗寒锻炼无法带来哪种效果？ （ ）
   A. 心肺功能得到加强　　B. 运动能力大大提高
   C. 寒冷环境中手足灵活性提高　　D. 寒冷环境中手足能保持较高温度
7. 进行冷水浴要取得良好的效果，最重要的是： （ ）
   A. 长期坚持　　B. 要循序渐进
   C. 注意选择水温　　D. 注意洗浴的过程
8. 作者给我们推荐了几种进行抗寒锻炼的方式？ （ ）
   A. 一种　　B. 两种　　C. 三种　　D. 五种

二、根据课文内容，判断正误

1. 提高抗寒能力的唯一办法就是多与寒冷接触。 （ ）
2. 在挪威科学家的实验中，学生们在低温的野外，晚上睡觉盖得很薄。 （ ）
3. 挪威科学家的研究进行了两周。 （ ）
4. 进行抗寒锻炼时，年轻人和老年人要采取不同的方式。 （ ）
5. 手足的灵活性是由末梢血管的收缩能力决定的。 （ ）
6. 冷水浴就是站在冷水中洗浴。 （ ）

快速阅读2

建议阅读3分钟

健康对人类生存极为重要。它对于人类的发展、社会的变革、文化的更新、生活方式的改变，都有着决定性的作用。那么，一个人怎样才算健康呢?

1948 年世界卫生组织明确规定，健康不仅是身体没有疾病，而且应当重视心理健康。只有身心健康，体魄健全，才是完整的健康。可见心理健康是人类健康不可分割的重要部分。情绪稳定与心情愉快是心理健康的重要标志，它表明一个人的中枢神经系统处于相对平衡的状态，意味着机体功能的协调。如果一个人经常愁眉苦脸，灰心绝望，喜怒无常，则是心理不健康的表现。

人生活在社会中，就要善于与人友好相处，助人为乐，建立良好的人际关系。人的交往活动能反映人的心理健康状态。人与人之间正常的、友好的交往不仅是维持心理健康的必备条件，也是获得心理健康的重要方法。人生活在纷繁复杂、变化多端的大千世界里，一生中会遇到多种环境及变化。因此，一个人应当具有良好的适应能力，无论现实环境有什么样的变化，都能够适应，这也是心理健康的标志之一。

以上是心理健康的主要特征，但是心理健康并非是超人的非凡状态，一个人的心理健康也不一定在每一个方面都有表现。只要在生活实践中，能够正确认识自我，自觉控制自己，正确对待外界影响，使心理保持平衡协调，就已具备了心理健康的基本特征。

（521 字）

一、根据课文内容，选择正确答案

1. 1948 年世界卫生组织明确规定，完整的健康是指：（　　）

A. 身体没有疾病　　B. 重视心理健康

C. 情绪稳定，心情愉悦　　D. 身心健康，体魄健全

2. 心理健康的重要标志是： ( )

A. 机体功能协调 B. 中枢神经系统平衡

C. 情绪稳定和心情愉快 D. 身体没有疾病，情绪稳定

3. 心理不健康主要表现在： ( )

A. 生活纷繁复杂、变化多端 B. 中枢神经系统处于不平衡状态

C. 身体有疾病，不重视心理健康 D. 经常愁眉苦脸，灰心绝望，喜怒无常

4. 根据本文，下列哪一项能够反映人的心理健康状态？ ( )

A. 自觉控制自己 B. 人的交往活动

C. 超人的非凡状态 D. 能够正确认识自我

5. 获得心理健康的方法是： ( )

A. 使心理保持平衡协调 B. 情绪稳定和心情愉快

C. 人与人之间正常的、友好的交往 D. 一个人应当具有良好的适应能力

6. 根据本文，心理健康的基本特征有几个？ ( )

A. 两个 B. 三个 C. 四个 D. 没提到

二、根据课文内容，判断正误

1. 只要身体健康就会心理健康。 ( )
2. 如果一个人经常愁眉苦脸，灰心绝望，喜怒无常，那么他的中枢神经系统可能失去了平衡。 ( )
3. 人的交往活动能反映人的生理健康状态。 ( )
4. 人与人之间正常的、友好的交往是获得心理健康的重要方法。 ( )
5. 人只有适应了变化多端的社会环境，才能获得心理健康。 ( )
6. 心理健康要表现在生活实践的每一个方面。 ( )

参考答案

第 1 课　路上的故事

精读课文 1　开往春天的火车

一、1. D　2. D　3. D　4. A　5. C　6. D　7. D　8. B

二、1. ×　2. √　3. √　4. ×　5. √　6. √　7. ×　8. ×　9. √　10. √

三、略

四、1. A　2. B　3. C　4. D　5. B　6. A　7. B　8. A　9. B　10. B　11. D

五、1. E　2. F　3. C　4. B　5. D　6. E　7. F　8. D　9. C　10. A

六、略

泛读课文　路遇

一、1. B　2. A　3. A　4. D　5. A　6. D　7. B

二、1. √　2. √　3. ×　4. ×　5. √　6. √　7. √　8. ×　9. √　10. ×

三、1. A　2. C　3. A　4. B　5. C　6. B

四、略

精读课文 2　车战

一、1. D　2. B　3. C　4. A　5. D　6. C　7. A

二、1. √　2. √　3. ×　4. √　5. ×　6. √　7. √　8. √　9. √　10. ×

三、略

四、1. D　2. C　3. C　4. C　5. C　6. D　7. D　8. A　9. D

五、1. A　2. C　3. E　4. D　5. C　6. B　7. D　8. E

六、略

快速阅读 1

一、1. D　2. B　3. C　4. B　5. A

二、1. √　2. √　3. ×　4. √　5. ×　6. √

快速阅读 2

一、1. B　2. C　3. C　4. A　5. D

二、1. ×　2. √　3. √　4. √　5. √　6. ×　7. ×

第 2 课　感悟生活

精读课文 1　爱之叶

一、1. D　2. A　3. C　4. B　5. B　6. A　7. C

二、1. √　2. ×　3. √　4. √　5. ×　6. ×　7. √　8. ×　9. ×　10. √
　11. ×

三、略

四、1. C　2. B　3. D　4. D　5. D　6. A　7. C　8. C

五、1. A　2. A　3. B　4. D　5. C　6. C　7. E　8. F　9. E

六、略

泛读课文　谷仓与友谊

一、1. D　2. A　3. D　4. B　5. C　6. C　7. D　8. D　9. B　10. C

二、1. √　2. ×　3. ×　4. √　5. √　6. ×　7. √　8. √　9. √　10. ×
　11. √　12. √

三、1. B　2. B　3. A　4. D　5. D　6. A　7. A　8. B　9. B

四、略

精读课文 2　沙堡与大海

一、1. A　2. A　3. A　4. B　5. A　6. B　7. D　8. D

二、1. √　2. ×　3. √　4. √　5. √　6. ×　7. √　8. √　9. √　10. √

三、略

四、1. A　2. B　3. D　4. C　5. B　6. A　7. D　8. D　9. D　10. A
　11. C　12. A

五、1. A　2. F　3. E　4. C　5. D　6. F　7. C　8. B

六、略

快速阅读 1

一、1. D　2. A　3. A　4. C　5. D　6. A　7. D

二、1. × 2. √ 3. × 4. × 5. × 6. √

快速阅读 2

一、1. A 2. C 3. A 4. C 5. B 6. C

二、1. × 2. √ 3. √ 4. × 5. × 6. √

第 3 课 一起读书吧

精读课文 1 《开往春天的地铁》影评

一、1. A 2. A 3. D 4. D 5. A 6. B 7. B 8. D 9. D 10. D

二、1. × 2. √ 3. √ 4. × 5. √ 6. × 7. √ 8. × 9. √ 10. √

三、略

四、1. D 2. B 3. B 4. C 5. C 6. B 7. C 8. C 9. A 10. D

五、1. C 2. B 3. D 4. A 5. C 6. E 7. B 8. D

六、略

泛读课文 新阅读时代

一、1. C 2. A 3. D 4. A 5. D 6. C 7. C 8. D

二、1. √ 2. × 3. × 4. × 5. √ 6. √ 7. × 8. √ 9. √ 10. √

三、1. C 2. A 3. C 4. B

四、略

精读课文 2 《影响中国的 100 次事件》序

一、1. A 2. B 3. B 4. C 5. D 6. B 7. D 8. A 9. C

二、1. × 2. × 3. × 4. √ 5. √ 6. √ 7. √ 8. √ 9. × 10. ×

三、略

四、1. C 2. C 3. A 4. D 5. B 6. A 7. C 8. C 9. D 10. A 11. C

五、1. C 2. B 3. A 4. D 5. B 6. F 7. E 8. A 9. C 10. E 11. F

六、略

快速阅读 1

一、1. B 2. A 3. B 4. D

二、1. D　2. D　3. B　4. A　5. C

三、1. √　2. ×　3. √　4. √　5. √

快速阅读 2

一、1. C　2. B　3. A　4. C　5. A　6. A

二、1. ×　2. ×　3. √　4. √

第 4 课　成为更好的自己

精读课文 1　内省是做人的责任

一、1. A　2. C　3. C　4. A　5. B　6. A　7. A　8. D　9. B

二、1. ×　2. √　3. √　4. √　5. √　6. ×　7. ×　8. √　9. √

三、略

四、1. B　2. C　3. B　4. C　5. D　6. C　7. C　8. C　9. B　10. A

五、1. E　2. A　3. B　4. D　5. C　6. D　7. E　8. C　9. A

六、略

泛读课文　半小时换来一世从容

一、1. C　2. C　3. C　4. A　5. B　6. D　7. B　8. D　9. A

二、1. √　2. √　3. ×　4. ×　5. ×　6. √　7. √　8. √　9. ×　10. √

三、1. C　2. B　3. A　4. C　5. F　6. E　7. D　8. B　9. E

四、略

精读课文 2　别人的意见有多大用处

一、1. B　2. B　3. C　4. A　5. D　6. C　7. B　8. C　9. D　10. B

二、1. √　2. ×　3. √　4. √　5. ×　6. √　7. √　8. ×　9. ×　10. √
11. √　12. √

三、略

四、1. C　2. C　3. A　4. A　5. D　6. C　7. D　8. D

五、1. D　2. C　3. B　4. C　5. A　6. E　7. A　8. B　9. D　10. F
11. E

六、略

快速阅读 1

一、1. B　2. A　3. B　4. C　5. C　6. C　7. A

二、1. ×　2. √　3. ×　4. √　5. √　6. ×　7. √　8. ×

快速阅读 2

一、1. D　2. D　3. A　4. B　5. A　6. D

二、1. ×　2. ×　3. √　4. ×

第 5 课　世界那么大

精读课文 1　悉尼歌剧院的诞生

一、1. B　2. D　3. A　4. C　5. D　6. A　7. C　8. C　9. D

二、1. √　2. √　3. ×　4. √　5. ×　6. √　7. √　8. √

三、略

四、1. D　2. A　3. C　4. B　5. A　6. A　7. B　8. C

五、1. G　2. C　3. F　4. A　5. E　6. A　7. D　8. G　9. F　10. D
11. B　12. E　13. C

六、略

泛读课文　爱尔兰和诺贝尔文学奖特有缘

一、1. D　2. B　3. C　4. C　5. D　6. D　7. B

二、1. √　2. √　3. ×　4. ×　5. ×　6. √　7. √　8. ×　9. ×　10. √

三、1. D　2. B　3. C　4. E　5. E　6. A　7. B　8. D

四、略

精读课文 2　乌鸦狂轰克里姆林宫

一、1. A　2. C　3. D　4. C　5. D　6. A　7. B　8. D

二、1. ×　2. √　3. √　4. √　5. ×　6. √　7. √　8. √　9. ×

三、略

四、1. A　2. B　3. D　4. D　5. D　6. C　7. C　8. B　9. C　10. A
11. C　12. A

五、1. B　2. E　3. C　4. A　5. D　6. G　7. F　8. A　9. E

六、略

快速阅读 1

一、1. D　2. B　3. C　4. A　5. C

二、1. ×　2. ×　3. √　4. √　5. √　6. ×　7. √

快速阅读 2

一、1. A　2. B　3. C　4. D　5. C　6. B

二、1. √　2. √　3. ×　4. ×　5. ×　6. √

第 6 课　缤纷多彩的民族节日

精读课文 1　那达慕——欢乐的草原

一、1. C　2. B　3. C　4. B　5. A　6. A

二、1. ×　2. √　3. ×　4. ×　5. ×　6. ×　7. √　8. ×　9. √　10. ×
　11. ×　12. ×

三、略

四、1. B　2. A　3. D　4. C　5. C　6. D　7. A

五、1. A　2. D　3. B　4. A　5. C　6. B

六、略

泛读课文　傣家新年——泼水节

一、1. A　2. D　3. A　4. D　5. B　6. B

二、1. √　2. √　3. √　4. ×　5. ×　6. √　7. ×　8. √　9. √

三、1. A　2. B　3. A　4. B　5. C

四、略

精读课文 2　武鸣“壮族三月三”歌圩开幕

一、1. A　2. B　3. C　4. D　5. A　6. A　7. C　8. C

二、1. ×　2. √　3. ×　4. √　5. √　6. √　7. ×　8. √

三、略

四、1. B　2. A　3. C　4. B　5. C　6. A　7. B　8. B　9. B

五、1. F　2. E　3. A　4. G　5. D　6. B　7. H　8. C

六、1. C　2. D　3. B　4. E　5. A　6. B　7. D　8. E　9. C

七、略

快速阅读 1

一、1. A　2. C　3. D　4. A

二、1. C　2. B　3. D　4. B　5. A　6. A

快速阅读 2

一、1. C　2. D　3. D　4. B　5. C　6. B

二、1. ×　2. √　3. √　4. ×　5. ×　6. √

第 7 课　城市印象

精读课文 1　潍坊——美丽古老的风筝城

一、1. B　2. A　3. D　4. C　5. D　6. A　7. B　8. C　9. A　10. D

二、1. √　2. √　3. ×　4. ×　5. √　6. √　7. √　8. ×　9. ×　10. √
11. ×

三、略

四、1. C　2. B　3. A　4. C　5. D　6. A　7. D　8. D　9. D

五、1. C　2. B　3. A　4. D　5. C　6. A

六、略

泛读课文　悠悠厦门

一、1. A　2. D　3. B　4. A　5. C　6. D　7. D　8. D　9. B　10. D
11. D

二、1. ×　2. √　3. ×　4. ×　5. ×　6. √　7. √　8. √　9. ×

三、1. C　2. B　3. A　4. D　5. A　6. C

四、略

精读课文 2　平民城市天津

一、1. C　2. B　3. B　4. A　5. D　6. B　7. D　8. A　9. D

二、1. √　2. √　3. √　4. ×　5. √　6. √　7. √　8. ×　9. ×　10. √
11. √

三、略

四、1. C　2. D　3. B　4. D　5. C　6. B　7. D　8. C　9. C　10. D
11. B　12. C

五、1. D　2. A　3. B　4. C　5. C　6. D　7. A　8. B

六、略

快速阅读 1

一、1. D　2. A　3. B　4. D　5. C　6. A

二、1. ×　2. √　3. ×　4. √　5. √

快速阅读 2

一、1. D　2. D　3. B　4. B　5. D　6. D

二、1. √　2. √　3. √　4. ×　5. √

第 8 课　走近时尚

精读课文 1　越野行走

一、1. D　2. D　3. B　4. B　5. B　6. C

二、1. √　2. ×　3. ×　4. √　5. ×　6. √　7. √　8. ×　9. √

三、略

四、1. C　2. B　3. D　4. B　5. B　6. B　7. B　8. D

五、1. D　2. B　3. A　4. E　5. C　6. D　7. A　8. E　9. B　10. C

六、略

泛读课文　青少年为何喜欢怪打扮

一、1. C　2. B　3. A　4. D　5. C　6. D　7. A　8. D　9. C　10. D

二、1. ×　2. ×　3. √　4. √　5. √　6. √　7. √　8. ×　9. √

三、1. B　2. F　3. C　4. B　5. F　6. A　7. E　8. D

四、略

精读课文 2　时尚是一笔糊涂账

一、1. A　2. B　3. C　4. B　5. C　6. B　7. A　8. C　9. D　10. C

二、1. ×　2. √　3. √　4. ×　5. ×　6. √　7. √　8. ×　9. √　10. √
11. √

三、略

四、1. C　2. C　3. D　4. D　5. C　6. C　7. C　8. C　9. B　10. B

五、1. E　2. C　3. G　4. D　5. B　6. H　7. J　8. F　9. I　10. A

六、略

快速阅读 1

一、1. B　2. C　3. D　4. B

二、1. √　2. √　3. √　4. ×

快速阅读 2

一、1. C　2. D　3. A　4. C　5. A

二、1. √　2. ×　3. ×　4. √

第 9 课　教育问题

精读课文 1　考试中的性别差异

一、1. B　2. D　3. D　4. D　5. D　6. D　7. D　8. B

二、1. ×　2. ×　3. √　4. ×　5. √　6. √　7. ×　8. ×　9. ×　10. √

三、略

四、1. D　2. C　3. A　4. D　5. D　6. C　7. B　8. D

五、1. D　2. A　3. B　4. C　5. A　6. B　7. D　8. C

六、略

泛读课文　走出教育循环

一、1. D　2. B　3. C　4. B　5. B　6. C　7. D　8. C　9. D　10. A　11. D

二、1. ×　2. √　3. √　4. ×　5. √　6. √　7. ×　8. ×　9. √　10. √

三、1. A　2. D　3. B　4. C　5. D　6. C　7. D　8. D　9. A　10. B

四、略

精读课文 2　快乐是最好的教育

一、1. C　2. D　3. C　4. B　5. A　6. D

二、1. ×　2. ×　3. √　4. √　5. √　6. √　7. √　8. ×　9. √　10. √　11. √

三、略

四、1. B　2. B　3. C　4. A　5. B　6. A　7. B

五、1. D　2. C　3. B　4. E　5. C　6. D　7. E　8. A

六、略

快速阅读 1

一、1. C　2. A　3. D　4. D　5. B　6. B　7. D　8. C

二、1. ×　2. √　3. ×　4. √　5. ×　6. √　7. ×　8. √　9. √

快速阅读 2

一、1. C　2. B　3. D　4. D　5. A　6. D　7. A

二、1. √　2. ×　3. ×　4. √　5. √

第 10 课　初入职场

精读课文 1　菜鸟的年终总结

一、1. C　2. C　3. D　4. A　5. B　6. C　7. C　8. A　9. B

二、1. √　2. ×　3. ×　4. √　5. √　6. √　7. ×　8. √　9. ×　10. ×
11. √　12. ×

三、略

四、1. B　2. C　3. D　4. A　5. B　6. B　7. A

五、1. D　2. A　3. B　4. C　5. B　6. D　7. A　8. C

六、略

泛读课文　睡草坪的日子

一、1. A　2. C　3. D　4. C　5. B　6. C　7. C　8. D　9. D

二、1. √　2. ×　3. √　4. √　5. √　6. √　7. ×　8. ×　9. ×　10. √
11. ×

三、1. A　2. B　3. C　4. A　5. C　6. B

四、略

精读课文 2　毕业焦虑困扰学生群体

一、1. C　2. A　3. C　4. C　5. A　6. B　7. A　8. C　9. C　10. C
11. A　12. D

二、1. ×　2. √　3. √　4. √　5. √　6. ×　7. √　8. ×　9. ×　10. √

三、略

四、1. B　2. A　3. C　4. D　5. C　6. B　7. D　8. C　9. D　10. B

五、1. B　2. C　3. B　4. E　5. D　6. A　7. C

六、略

快速阅读 1

一、1. C　2. C　3. A　4. B　5. C　6. D

二、1. ×　2. ×　3. √　4. √　5. √

快速阅读 2

一、1. B　2. B　3. C　4. B　5. D　6. C

二、1. ×　2. √　3. √　4. ×　5. ×

第 11 课　让世界充满爱

精读课文 1　爱心不会闲置

一、1. A　2. C　3. C　4. B　5. D　6. B　7. D　8. D　9. C　10. D

二、1. √　2. ×　3. ×　4. √　5. √　6. √　7. √　8. ×　9. √　10. √

三、略

四、1. B　2. B　3. A　4. C　5. B　6. D　7. C　8. A　9. D　10. A

五、1. C　2. E　3. D　4. B　5. D　6. B　7. E　8. A

六、略

泛读课文　有困难找“小绿人”

一、1. C　2. C　3. C　4. D　5. D　6. D　7. B　8. C

二、1. √　2. ×　3. √　4. ×　5. √　6. √　7. ×　8. √　9. √　10. ×

三、1. B　2. D　3. A　4. C　5. B　6. D　7. C

四、略

精读课文 2　在大桥守望生命

一、1. D　2. D　3. D　4. A　5. D　6. C　7. D　8. B　9. D　10. B
11. D

二、1. √　2. √　3. √　4. ×　5. ×　6. ×　7. ×　8. √　9. √　10. ×

三、略

四、1. B　2. A　3. B　4. B　5. A　6. B　7. D　8. C　9. D

五、1. B　2. C　3. E　4. A　5. D　6. A　7. B　8. D

六、略

快读阅读 1

一、1. B　2. A　3. D　4. D　5. D

二、1. ×　2. √　3. √　4. ×

快速阅读 2

一、1. A　2. C　3. D　4. A　5. C

二、1. ×　2. ×　3. √　4. √

第 12 课　商海弄潮

精读课文 1　赚钱的智慧只需一点点

一、1. C　2. C　3. D　4. C　5. B　6. A　7. C　8. A

二、1. √　2. ×　3. ×　4. √　5. √　6. √　7. ×　8. √　9. √　10. ×

三、略

四、1. D　2. A　3. D　4. B　5. A　6. B

五、1. D　2. C　3. A　4. C　5. D　6. B　7. B　8. A

六、略

泛读课文　创业快速成功从哪儿入手

一、1. C　2. A　3. D　4. C　5. A　6. C　7. A　8. C

二、1. √　2. √　3. ×　4. ×　5. √　6. √　7. √　8. √

三、略

四、略

精读课文 2　商业合同

一、1. C　2. D　3. C　4. A　5. A　6. D　7. C　8. C　9. D

二、1. √　2. ×　3. √　4. √　5. √　6. ×　7. ×　8. ×　9. √　10. √

三、略

四、1. A　2. B　3. D　4. B　5. D　6. A　7. B　8. C　9. B　10. C

五、1. D　2. B　3. C　4. A　5. D　6. B　7. E　8. E

六、略

快速阅读 1

一、1. C　2. A　3. A　4. B　5. D　6. D　7. D

二、1. × 2. √ 3. √ 4. √ 5. √ 6. ×

快速阅读 2

一、1. C 2. B 3. A 4. B 5. C

二、1. √ 2. × 3. √ 4. × 5. √ 6. ×

第 13 课 奇妙的动物世界（上）

精读课文 1 动物的环保意识

一、1. B 2. D 3. B 4. C 5. A 6. C 7. B

二、1. D 2. C 3. C 4. D 5. C 6. D 7. B

三、1. × 2. √ 3. √ 4. √ 5. × 6. × 7. √ 8. √

四、略

五、1. B 2. D 3. A 4. C 5. E 6. A 7. E

六、1. ACEBD 2. BACED

七、略

泛读课文 会排队的毛毛虫

一、1. B 2. B 3. B 4. C 5. B 6. A 7. A 8. D 9. B

二、1. × 2. √ 3. × 4. × 5. √ 6. × 7. √ 8. √ 9. √ 10. × 11. ×

三、略

精读课文 2 蜜蜂的民主

一、1. B 2. B 3. D 4. D 5. A 6. B 7. D 8. A 9. D 10. B

二、1. √ 2. × 3. √ 4. × 5. × 6. √

三、略

四、1. D 2. A 3. C 4. B 5. A 6. B 7. D 8. B

五、1. BFHADGEIC 2. BECGDAF

六、略

快速阅读 1

一、1. D 2. C 3. B 4. C 5. D 6. B 7. B

二、1. √ 2. √ 3. × 4. √ 5. ×

快速阅读 2

一、1. B　2. C　3. A　4. D

二、1. C　2. B　3. C　4. A

三、1. ×　2. ×　3. ×　4. √

第 14 课　奇妙的动物世界（下）

精读课文 1　乌鸦真的讨厌吗

一、1. A　2. D　3. D　4. C　5. D　6. D　7. B　8. C

二、1. ×　2. √　3. ×　4. √　5. ×　6. ×　7. ×　8. √　9. √　10. √

三、略

四、1. C　2. A　3. D　4. D　5. D　6. A　7. D

五、1. B　2. A　3. C　4. B　5. C　6. D　7. A　8. D

六、略

泛读课文　动物“计划生育”觉悟高

一、1. B　2. C　3. B　4. B　5. C　6. D

二、1. ×　2. ×　3. √　4. ×　5. ×　6. √　7. √　8. √　9. √

三、1. EBCDA　2. BADEC

四、略

精读课文 2　河马的礼仪

一、1. A　2. B　3. D　4. D　5. B　6. D　7. D　8. C

二、1. √　2. ×　3. ×　4. √　5. √　6. ×　7. √　8. ×　9. ×

三、略

四、1. C　2. D　3. D　4. B　5. A　6. D　7. B　8. B　9. C　10. C

五、1. E　2. A　3. D　4. C　5. B　6. E　7. D　8. A

六、略

快速阅读 1

一、1. D　2. C　3. C　4. B　5. C

二、1. √　2. √　3. ×　4. ×　5. √　6. ×

快速阅读 2

一、1. B 2. C 3. B 4. D

二、1. × 2. × 3. × 4. √

第 15 课 知识广角镜

精读课文 1 假如没有灰尘

一、1. C 2. B 3. A 4. D

二、1. A 2. C 3. A 4. B 5. C 6. D

三、1. √ 2. × 3. √ 4. × 5. √ 6. ×

四、略

五、1. C 2. F 3. E 4. A 5. D 6. B 7. F 8. C

六、略

泛读课文 红绿灯的来历

一、1. C 2. B 3. A 4. B 5. C 6. B

二、1. √ 2. × 3. × 4. √ 5. √ 6. √ 7. √ 8. √

三、略

精读课文 2 神奇的指纹

一、1. D 2. C 3. A 4. D

二、1. C 2. B 3. C 4. D 5. C 6. A

三、1. × 2. √ 3. √ 4. × 5. √ 6. × 7. √ 8. √ 9. ×

四、略

五、1. CEDBA 2. DBCA

六、略

快速阅读 1

一、1. C 2. D 3. D 4. B 5. B 6. A

二、1. √ 2. √ 3. × 4. √ 5. × 6. √

快速阅读 2

一、1. B 2. B 3. C 4. B 5. C 6. C

二、1. × 2. × 3. × 4. × 5. √ 6. √

第 16 课　生命离不开水

精读课文 1　全球面临水资源危机

一、1. D　2. C　3. A　4. C　5. D　6. B　7. C　8. D

二、1. √　2. √　3. √　4. ×　5. √　6. ×　7. ×　8. ×

三、略

四、1. A　2. A　3. D　4. D　5. C　6. C　7. B　8. B

五、1. C　2. B　3. D　4. E　5. A　6. C　7. E

六、略

泛读课文　喷泉是城市中的“负离子发生器”

一、1. A　2. A　3. D　4. A　5. A　6. A　7. D　8. D　9. D

二、1. ×　2. √　3. ×　4. √　5. √　6. ×　7. ×　8. √　9. √　10. √

三、1. B　2. C　3. D　4. B　5. D　6. A　7. C　8. A

四、略

精读课文 2　海洋——人类的宝库

一、1. D　2. B　3. A　4. C　5. B　6. D

二、1. ×　2. ×　3. ×　4. √　5. ×　6. √　7. √　8. √　9. ×　10. √

三、略

四、1. D　2. B　3. A　4. C　5. D　6. B　7. D　8. B

五、1. A　2. C　3. A　4. B　5. B　6. C

六、略

快速阅读 1

一、1. D　2. C　3. B　4. B　5. A

二、1. √　2. ×　3. ×　4. √　5. ×

快速阅读 2

一、1. B　2. C　3. A　4. C　5. B

二、1. √　2. ×　3. ×　4. ×　5. √

第 17 课　环保与健康

精读课文 1　环境荷尔蒙

一、1. C　2. C　3. C　4. C　5. D　6. B　7. D　8. A

二、1. √　2. ×　3. √　4. ×　5. √　6. ×　7. √　8. ×　9. √　10. ×

三、略

四、1. B　2. C　3. A　4. A　5. C　6. C

五、1. D　2. B　3. C　4. A　5. D　6. A　7. C

六、略

泛读课文　零食主义

一、1. A　2. D　3. D　4. A　5. D　6. D

二、1. ×　2. √　3. ×　4. √　5. √　6. √　7. √　8. √

三、1. F　2. D　3. F　4. B　5. A　6. C　7. B　8. A　9. C　10. E

四、略

精读课文 2　危险的餐桌

一、1. B　2. C　3. D　4. D　5. A　6. B　7. A　8. C　9. B

二、1. √　2. √　3. ×　4. √　5. ×　6. √　7. √　8. √　9. ×　10. √

三、略

四、1. B　2. A　3. C　4. D　5. C　6. D　7. A　8. B

五、1. E　2. B　3. D　4. A　5. C　6. A　7. D　8. B　9. C　10. E

六、略

快速阅读 1

一、1. C　2. C　3. C　4. D　5. D

二、1. √　2. ×　3. √　4. ×　5. √

快速阅读 2

一、1. D　2. D　3. B　4. D　5. D

二、1. √　2. ×　3. √　4. √　5. ×　6. ×

第 18 课　你了解自己的身体吗

精读课文 1　停下脚步　欣赏风景

一、1. A　2. D　3. B　4. D　5. D　6. A　7. C　8. D　9. A　10. D

二、1. √　2. √　3. ×　4. √　5. √　6. √　7. ×　8. ×　9. √　10. √

三、略

四、1. D　2. A　3. D　4. A　5. C　6. C　7. C　8. C

五、1. C　2. B　3. D　4. A　5. C　6. A　7. D　8. B

六、略

泛读课文　语言与脑

一、1. D　2. D　3. C　4. D　5. C　6. D

二、1. ×　2. √　3. ×　4. √　5. ×　6. √　7. √　8. ×

三、1. D　2. C　3. E　4. B　5. D　6. A　7. E　8. B

四、略

精读课文 2　人体的生物钟

一、1. A　2. D　3. C　4. B　5. D　6. C　7. B　8. C　9. D　10. C

二、1. √　2. ×　3. √　4. ×　5. √　6. ×　7. ×　8. √　9. √　10. √

三、略

四、1. C　2. D　3. C　4. D　5. B　6. D　7. D　8. C

五、1. D　2. C　3. B　4. D　5. A　6. A　7. B

六、略

快速阅读 1

一、1. C　2. D　3. C　4. C　5. B　6. B　7. A　8. B

二、1. √　2. √　3. ×　4. √　5. √　6. ×

快速阅读 2

一、1. D　2. C　3. D　4. B　5. C　6. C

二、1. ×　2. √　3. ×　4 √　5. ×　6. ×